立德铸魂

新时代公民道德建设

张治江——主编

人民东方出版传媒
東方出版社

图书在版编目（CIP）数据

立德铸魂：新时代公民道德建设 / 张治江主编 . — 北京：东方出版社，2019.12
ISBN 978-7-5207-1315-3

Ⅰ. ①立…　Ⅱ. ①张…　Ⅲ. ①公民教育—社会公德教育—研究—中国　Ⅳ. ①D648.3

中国版本图书馆 CIP 数据核字（2019）第 269237 号

立德铸魂：新时代公民道德建设
（LIDE ZHUHUN: XINSHIDAI GONGMIN DAODE JIANSHE）

主　　编：张治江
责任编辑：李志刚
出　　版：东方出版社
发　　行：人民东方出版传媒有限公司
地　　址：北京市朝阳区西坝河北里 51 号
邮　　编：100028
印　　刷：三河市金泰源印务有限公司
版　　次：2020 年 2 月第 1 版
印　　次：2020 年 2 月第 1 次印刷
开　　本：640 毫米 ×950 毫米　1/16
印　　张：19.25
字　　数：241 千字
书　　号：ISBN 978-7-5207-1315-3
定　　价：49.80 元
发行电话：（010）85924663　85924644　85924641

坚持目标导向和问题导向相统一 推动新时代公民道德建设达到新高度

唐凯麟*

一

适应我国新时代精神文明建设的新形势新要求，党中央、国务院 2019 年 10 月底印发了《新时代公民道德建设实施纲要》(以下简称“《纲要》”)。《纲要》科学总结了 2001 年党中央印发《公民道德建设实施纲要》以来所取得的显著成效和实践经验，全面体现了党的十八大以来以习近平同志为核心的党中央高度重视公民道德建

---

* 唐凯麟，著名伦理学家，湖南师范大学公共管理学院教授、博士生导师，中央马克思主义理论研究和建设工程《思想道德修养与法律基础》重点教材首席专家。曾任湖南师范大学伦理学研究所所长、教育部人文社科重点研究基地湖南师范大学道德文化研究中心主任、中国伦理学会会刊《伦理学研究》主编、国务院学位委员会哲学学科评审组成员、教育部全国高校哲学教学指导委员会委员、中国伦理学会副会长等职。长期从事伦理学原理、中国伦理思想史和应用伦理学的教学与研究，在伦理学的多个领域都有深厚的造诣和独到的见解，是国家重点学科伦理学专业学科带头人。出版著作 50 多部，发表学术论文 300 余篇，先后获得国家级教学优秀成果奖 2 项、教育部人文社科等优秀成果奖 3 项，是全国师范院校优秀教师“曾宪梓奖”一等奖和中国伦理学会终身成就奖获得者。

设，立根塑魂、正本清源，提出的一系列新思想新举措及所取得的新经验新进展。《纲要》更加突出了公民道德建设的时代性、人民性和实践性，它的颁布是推动我国公民道德建设进入新阶段达到新境界的纲领性文件。《纲要》强调，加强公民道德建设，要坚持目标导向和问题导向相统一。这既是我国公民道德建设长期实践经验的启示，又是在新时代破解新问题、解决新矛盾的必要遵循。认真学习、深入领会、切实贯彻《纲要》精神，全面贯彻落实《纲要》提出的各项举措，对于我国全面建设中国特色社会主义现代化强国，满足人民美好生活的需要，促进社会的全面进步、人的全面发展，具有重大意义。

二

目标的确定是从事任何一项事业的前提和根据，它不仅决定了一项事业的发展方向，也是激发为完成这项事业攻坚克难的动力源泉。只有目标明确坚定，才能唤起人们的斗志，动员人们积极主动地大胆实践，形成一种“不到长城非好汉”的气势和豪情。

道德建设说到底是人的建设，是人的德行的培养和造就。加强新时代公民道德建设，必须聚力于培养造就能够担当民族复兴大任的时代新人。这种时代新人，必须在思想水平、政治觉悟、道德品质、文化素养、精神状况等方面同新时代发展要求相符合。他们能够听从时代的召唤，把自己的本职工作同国家和民族的共同理想信念结合起来，作出自己的贡献，实现自己人生的价值。这是公民道德建设的出发点和落脚点，也是我们公民道德建设必须坚持的目标导向。公民道德建设所要进行的一切工作必须聚集于这个目标，脱离或违背这个目标都可能劳而无功甚至误入歧途。

历史证明，每个时代都会造就出每个时代的人，而这个时代的发展又都有赖于这个时代人的担当和奋斗。因此，对于每个人来说，只有顺应历史发展的要求，才能立时代的潮头，做时代的弄潮儿，为国家和人民作出自己的贡献，无愧自己的一生。反之，则会成为时代的落伍者，其生存的意义和价值也就无从谈起，甚至被时代所淘汰。当前我们正处在新科技革命的浪潮之中，全球化、信息化、智能化正在改变着人们的生活方式和生存方式，也引发出所谓“现代化的陷阱”；在国际关系的大变局中，霸权主义、单边主义在不断给我们国家民族的发展提出各种严重的挑战；在国内，我国社会主义现代化事业取得了举世瞩目的成就，但改革开放也进入深水区，新情况、新问题、新矛盾不断涌现。这些新的挑战需要我们勇敢面对，把挑战转化为机遇；这些新情况、新问题、新矛盾需要我们认真对待，不断破解并将其转化为发展的动力，这样才能把建设社会主义现代化强国，实现民族复兴的伟大梦想、伟大事业、伟大工程、伟大斗争推向前进。因此，培养担当民族复兴大任的时代新人就成了我们各族人民的历史使命和内在要求。

培养担当民族复兴大任的时代新人，必须坚持以习近平新时代中国特色社会主义思想为指导。习近平新时代中国特色社会主义思想是马克思主义和当代世界发展的大趋势、中国改革开放的伟大实践相结合的产物，是马克思主义中国化的最新成果。坚持习近平新时代中国特色社会主义思想的指导，就是坚持马克思主义的道德观、社会主义的道德观，就能保持公民道德建设的社会主义方向，使担当民族复兴大任的时代新人的培养始终着眼于构筑中国精神、中国价值、中国力量，以促进全体人民在理想信念、价值理念、道德观念上紧密团结在一起，在全民族牢固树立中国特色社会主义共同理想，在社会大力弘扬社会主义核心价值观，积极倡导富强民主文明和谐，自由平等公正法治，爱国敬业诚信友善，全面推进社会公德、职业道德、家庭美德、个人品德的建设，持续强化教育引导、实践养成、制度保障、不断提高公民的道德素质，促进人的全面发展。

培养担当民族复兴大任的时代新人，必须坚持以社会主义核心价值观为引领，将国家、社会、个人层面的价值要求贯穿到公民道德建设的各个方面，以主流价值构筑道德规范，强化道德认同，指导道德实践，引导人们明大德、守公德、严私德，做一个勇于奉献、道德高尚的人。

培养担当民族复兴大任的时代新人，必须坚持在继承传统中创新发展，自觉传承中华传统美德，继承我们党领导人民在长期实践中形成的优良传统和革命道德，适应新时代改革开放和社会主义市场经济发展的要求，积极推动创造性转化、创新性发展，使人们在自己的生活和实践中能够立足本来、学习外来、面向未来，能够具有民族复兴大任的深邃的历史意识和博大的文化胸怀。

培养担当民族复兴大任的时代新人，还必须坚持提升人们的道德认知与推动道德实践相结合，尊重人民群众的主体地位，激发人们善良的道德意愿、道德情感，培养正确的道德判断和道德责任，提高道德实践能力尤其是自觉实践能力，引导人们向往和追求讲道德、尊道德、守道德的生活。

总之，实现中华民族伟大复兴是近一百多年来中国人民的强烈愿望和不懈追求。如果说在中华人民共和国成立之前这只能是人们的一种美好的梦想，那么中华人民共和国成立以后，特别是党的十八大以后，人民当家作主、党的领导和社会主义制度的优越性已经创造了实现这一伟大梦想的现实条件，使这一伟大梦想成为各族人民的现实实践。人民群众是历史的创造者，是从事这一伟大实践的担当者。加强新时代公民道德建设必须适应这一伟大实践的需要，坚定不移地把培养担当民族复兴大任的时代新人作为其鲜明坚定的目标导向。

三

加强新时代公民道德建设，培养担当民族复兴大任的时代新人，是一项长期而紧迫、艰巨而复杂的任务。这是一个进行伟大斗争、建设伟大工程、推进伟大事业、实现伟大梦想的历史实践的过程。因此，在坚持目标导向的同时，还必须坚持问题导向，努力把坚持目标导向和坚持问题导向统一起来。

应该看到，在当代，我们所面临的是现实生活中不断涌现的新情况、新问题、新矛盾，这就注定了新时代公民道德建设必须在面对新情况、解决新问题、破解新矛盾中才能向前推进，担当民族复兴大任的时代新人也只有在面对新情况、解决新问题、破解新矛盾中才能健康成长。因此，在坚持目标导向的同时坚持问题导向，实现两者的统一，就成了保证新时代公民道德建设的时代性、现实性和实效性的必然要求。

第一，要引导人们正确认识和处理价值共识和价值多元的关系。

这是公民道德建设中的一个基本问题，也是现实生活必须面对和解决的一个实践问题。随着市场经济的深入发展，中外思想文化交流对话的日益频繁，不同社会阶层与社会群体的经济状况和利益诉求必然呈现出明显的差别，人们思想行为的多元、多样、多变的特征日益增强。由于内外因素的共同作用，价值取向多元化成为新时代最明显的特征之一。应该肯定，价值多元化是社会进步的一种表现，也是现代社会文化发展一个基本趋势，它能使社会充满活力。但价值多元不能也不应该否定社会的价值共识。历史证明，任何一个国家和民族都需要有共同的、统一的价值观来维系。如果仅有价值多元而没有价值共识，就会导致思想混乱，引发思想文化的冲突，破坏联结社会的精神纽带。当前，我国社会更需要价值共识，因为我国的现代化是后发型的现代化，是追赶型的现代化，是需要惠及近14亿人的现代化，其环境更复杂，任务更艰巨，更需要有效整合多元价值，形成一种强大的主流价值，将整个民族紧紧地凝聚在一起。因此在公民道德建设中，如何引导人们在尊重差异中达成价值共识，在包容多样中实现道德认同，是一个极为重要的问题，也是一个实践的难题，这就需要我们去研究、去破解，把坚定目标导向和问题导向统一起来。一个担当民族复兴大任的时代新人应该是一个能够把个人的需求和利益服从于民族复兴的共同崇高事业，并在这个过程中实现自己人生价值的人。

第二，要引导人们正确认识和处理在实际行为活动中的道义取向和功利取向的关系。这就是我们平常讲的义利关系问题，这是公民道德发展的一个核心问题。在义利关系问题上，我国传统社会一直秉持重义轻利的价值模式。改革开放以来，特别是社会主义市场经济体制的建立，自由竞争成为市场运行机制的主导逻辑，利润最大化成为企业追求的主要目标，人们的物质利益诉求更加凸显。在这种情况下，一部分人甚至完全颠覆了传统的义利观，从过去的重义轻利转向了重利轻义。不可否认，对个人利益的追求是市场经济发展的基本动力。马克思主义、社会主义从来不否认个人利益的合理性和正当性。但是重利不能轻义，更不能忘义。否则，人们对利益的追求就会迷失方向，就会失去正确的人生观、价值观和道义观的制约，导致一些领域道德失范、诚信缺失，破坏市场经济的正常秩序，引发各种利益矛盾和社会冲突，同时也会扭曲人的社会本质，阻碍人的全面发展。因此，引导人们树立正确的义利观，坚持义利统一，奉行义利兼顾，以义取利，反对重利轻义、见利忘义的错误倾向，这也是加强公民道德建设，培养担当民族复兴大任的时代新人的一个必须认真研究、加强教育引导、努力达成道德共识的重大现实问题。

第三，要引导人们正确认识和处理道德自主和道德引导的关系。如何使道德自主和道德引导良性互动，这是一个很多国家在现代化过程中都遇到的不可回避的问题。改革开放以来，社会结构发生了重大变化，非政府组织迅速发展，在推进公民道德发展中的作用日渐显现。社会由“熟人社会”变成“陌生人社会”，个人也由“单位人”转变为“社会人”，个人的主体性、自主性和变化性日益增强。应该看到，公民道德自主性的提高无疑是道德上的一种进步，因为尊重个性与自由，不仅是社会主义应有之义，而且也有利于个体责任意识的培养。但是，如果片面地强调道德自主性，在理论上就可能陷入道德的主观性、自发性，甚至发展为道德相对主义，进而走向道德虚无主义；在实践中则会造成一系列的负面效应，如道德价值的冲突日益加剧，道德的约束力遭到严重削弱，突破道德底线的事件时有发生等，这些都是现实中客观存在的。因此，道德自主和道德引导之间的张力，为公民道德建设提出了一系列新的课题。这些课题既需要加强理论研究，揭示其内在规律，又需要在实践中认真摸索，创新体制机制。这些都是在加强公民道德建设，培养担当民族复兴大任的时代新人中必须面对的问题和必须努力破解的矛盾。

第四，要引导人们正确认识和处理网络自由和网络治理的关系。我们已经进入网络时代，我国的网民有数亿之多，如何把握网络治理的合理尺度，就是一个新的难题。应该看到，网络自由是公民自由在虚拟空间的延展，自由是网络和网络技术发展的动力；反过来，网络的发展也极大地促进了公民的自由。由于网络的扁平性、开放性和匿名性，由于传统金字塔式的权力结构被打破，人们的社会交往更加广泛，网民的意见发表更加自由，促进了公民自由权利的实现。但是，与现实社会的自由一样，网络自由也是有限度的。任何人的自由必须以不损害他人利益和社会利益为前提，这是一个起码的常识。但是当前网络上的失德行为却屡见不鲜，从垃圾邮件、“网络暴力”到侵犯隐私和商业侵权，从网络诈骗、网络谣言到网络色情和网络赌博，凡此种种，不胜枚举。这些问题如果不能在一个合理的尺度上加以治理，网络秩序就得不到保障，网络自由也将受到伤害，严重干扰公民道德建设。但如何把握网络治理的尺度并在网民中达成广泛的共识，得到广大网民的自觉维护和共同遵守，就是一个非常复杂又亟待解决的问题。公民道德建设必须面对和破解这一问题，为培养担当民族复兴大任的时代新人创造良好的网络环境和社会条件。

当然，加强新时代公民道德建设，培养担当民族复兴大任的时代新人，需要面对的问题和破解的矛盾远不止上述几个方面。还有一些问题和矛盾同样重要，需要加强引导。例如，在进行社会道德治理中如何协调以德治国和依法治国的关系，既要防止排斥法律的作用，又要避免忽视道德的作用，真正实现和坚持以德治国和依法治国的有机结合；在适应社会主要矛盾的变化，不断满足人民日益增长的美好生活需要中，如何引导人们抵制西方的消费主义和物欲主义的侵袭，在不断提高物质生活水平的同时，注重精神生活的追求，不断提高自己的精神境界，充实自己的精神世界，树立高尚的幸福观，实现物质生活幸福和精神生活幸福的统一等。

总之，加强新时代公民道德建设是一项培养担当民族复兴大任时代新人的伟大工程，它必须面向现实、面向实践，努力融入建设社会主义现代化强国的各项工作中去，渗透到人民日常生活的方方面面之中。它所面临的各种问题和矛盾既表明这一伟大工程的艰巨性和复杂性，又表明它的重要性和高尚性。我们必须在党的领导下，充分发挥中国特色社会主义制度的优越性，努力激发人民群众的创造性，进一步加大工作力度，把握规律，积极创新，持之以恒，久久为功，推动全民道德素质和社会文明建设达到一个新的高度。

（原文刊发于《光明日报》2019年11月21日，经作者授权收录）

目录 Contents

绪　论

INTRODUCTION

新时代公民道德建设重在践行

/ 习语 /

国无德不兴，人无德不立。必须加强全社会的思想道德建设，激发人们形成善良的道德意愿、道德情感，培育正确的道德判断和道德责任，提高道德实践能力尤其是自觉践行能力，引导人们向往和追求讲道德、尊道德、守道德的生活，形成向上的力量、向善的力量。只要中华民族一代接着一代追求美好崇高的道德境界，我们的民族就永远充满希望。

——习近平

坚持和发展中国特色社会主义，需要物质文明和精神文明全面发展、人民物质生活和精神生活水平全面提升。正如习近平总书记所言：“国无德不兴，人无德不立。必须加强全社会的思想道德建设，激发人们形成善良的道德意愿、道德情感，培育正确的道德判断和道德责任，提高道德实践能力尤其是自觉践行能力，引导人们向往和追求讲道德、尊道德、守道德的生活，形成向上的力量、向善的力量。只要中华民族一代接着一代追求美好崇高的道德境界，我们的民族就永远充满希望。”[①]

中国特色社会主义进入新时代，加强公民道德建设、提高全社会道德水平，是全面建成小康社会、全面建设社会主义现代化强国的战略任务，是适应社会主要矛盾变化、满足人民对美好生活向往的迫切需要，是促进社会全面进步、人的全面发展的必然要求。《新时代公民道德建设实施纲要》（以下简称“《纲要》”）以主流价值建构道德规范、强化道德认同、指引道德实践，引导人们明大德、守公德、严私德，确立了新时代公民伦理道德的根基，为新时代公民道德建设提供了根本的价值指引。加快推进道德治理，推进公民道德建设必将会造福中华民族，谋福世界人类。

一、走向历史深处的新时代公民道德建设

如果说《公民道德建设实施纲要》提出了社会主义市场经济条件下我国公民道德建设的基本目标和任务，是从计划经济向社会主义市场经济转变过程中深刻社会变革[②]，那么《纲要》体现了我国从富起来迈向强起来、迈向中华民族伟大复兴与社会主义现代化背景

---

① 《认真贯彻党的十八届三中全会精神 汇聚起全面深化改革的强大正能量》，《人民日报》2013年11月29日。

② 冯俊：《东西方公民道德研究》“序言”，冯俊、龚群主编：《东西方公民道德研究》，中国人民大学出版社2011年版，第1页。

下的价值选择与价值引领。站在中国特色社会主义新时代的历史起点，公民道德建设具有提升全社会道德水平、加快推进国家治理能力与治理体系现代化水平、坚定文化自信等多重意义。

（一）价值认同：全社会道德水平的提升

加快新时代公民道德建设，凝聚道德力量，是提高公民道德素质、提升全社会道德水平的中心环节，是建设社会主义核心价值体系的必然要求。我们党历来重视公民道德建设。从1939年4月《中国共产党中央委员会为开展国民精神总动员运动告全党同志书》号召“对国家尽其至忠，对民族行其大孝”的“最高的民族道德”，到《纲要》，我们党一直在推动民族精神、民族道德建设。习近平总书记在党的十九大报告中指出：“要提高人民思想觉悟、道德水准、文明素养，提高全社会文明程度。广泛开展理想信念教育，深化中国特色社会主义和中国梦宣传教育，弘扬民族精神和时代精神，加强爱国主义、集体主义、社会主义教育，引导人们树立正确的历史观、民族观、国家观、文化观。深入实施公民道德建设工程，推进社会公德、职业道德、家庭美德、个人品德建设，激励人们向上向善、孝老爱亲，忠于祖国、忠于人民。加强和改进思想政治工作，深化群众性精神文明创建活动。弘扬科学精神，普及科学知识，开展移风易俗、弘扬时代新风行动，抵制腐朽落后文化侵蚀。推进诚信建设和志愿服务制度化，强化社会责任意识、规则意识、奉献意识。”①

实现中华民族伟大复兴的中国梦，需要公民道德建设的保驾护航。历史反复证明了一个真理，国家现代化是一个深刻的综合化过

---

① 习近平：《决胜全面建成小康社会　夺取新时代中国特色社会主义伟大胜利——在中国共产党第十九次全国代表大会上的报告》，人民出版社2017年版，第42—43页。

程，以军事力量、经济力量建立起来的现代国家，必须仰仗于超越军事、超越经济的文化（包括伦理道德）力量来共同维系。如果说经济规模和军事实力塑造的是一个民族国家制度化的骨架与血肉，那么公民的道德素养则是这个国家的精神、文化与灵魂。一个世界性大国必须建设引领时代精神和世界潮流的公民道德。公民道德建设旨在使公民道德成为人们内化于心、外化于行的共同的行动准则和价值目标，以建立起中国特色社会主义社会的伦理道德秩序，培养道德健全的中国公民。①

新时代公民道德建设将在新时代中国特色社会主义伟大实践的基础上，深刻领悟、传承和创新"仁者以天地万物为一体"的中华传统美德，以时代精神"行王道于天下"，增进公民的政治认同、社会认同，促进社会关系、生产关系的和谐，进一步促进生产力的发展，并为生产力的进一步发展提供持续的精神动力。

（二）道德治理：治理现代化的重要环节

国家治理体系和治理能力是一个国家制度和制度执行能力的集中体现。加快推进道德治理，加强公民道德建设，广泛凝聚人民精神力量，是国家治理体系和治理能力现代化的重要组成部分。国家治理的现代化不仅需要建构现代化的法治体系和法治能力，也要塑造现代化的基本伦理关系和道德能力。换句话说，国家治理体系和治理能力现代化不仅需要现代化的法治体系和法治能力，也需要现代化的道德治理体系与治理能力。培育和践行公民道德是国家治理现代化目标的应有任务。

《中共中央关于坚持和完善中国特色社会主义制度、推进国家治

---

① 李兰芬:《走向历史深处的公民道德建设》,《苏州大学学报（哲学社会科学版）》2015年第6期。

理体系和治理能力现代化若干重大问题的决定》要求："坚持以社会主义核心价值观引领文化建设制度。推动理想信念教育常态化、制度化，弘扬民族精神和时代精神，加强党史、新中国史、改革开放史教育，加强爱国主义、集体主义、社会主义教育，实施公民道德建设工程，推进新时代文明实践中心建设。坚持依法治国和以德治国相结合，完善弘扬社会主义核心价值观的法律政策体系，把社会主义核心价值观要求融入法治建设和社会治理，体现到国民教育、精神文明创建、文化产品创作生产全过程。推进中华优秀传统文化传承发展工程。完善青少年理想信念教育齐抓共管机制。健全志愿服务体系。完善诚信建设长效机制，健全覆盖全社会的征信体系，加强失信惩戒。"①

道德治理作为国家治理体系和治理能力现代化的重要组成部分，不仅彰显国家治理的软实力，推进国家治理现代化的文明建构，而且强调现代国家治理的道德资源、道德能力以及善恶研判的道德标准，进而推动现代国家治理体系现代化进程。②新时代公民道德建设，将通过理想信念培养，重塑公民道德的主体身份，培育和拓展公民、社会、国家等公民道德建设多主体的协同关系，发挥其社会治理功能，以建构具有中国特色和时代特征的公民道德建设组织结构、治理责任及其价值导向系统。

（三）文化强国：全球化时代中国价值的崛起

全球化时代，文化的交流、交融、交锋更加频繁。一些西方国家尽管其某些口号、价值获得认同，但由于在国际事务中搞双重标

① 《中共中央关于坚持和完善中国特色社会主义制度、推进国家治理体系和治理能力现代化若干重大问题的决定》，《人民日报》2019年11月6日。

② 李兰芬、欧文辉：《公民道德建设的"治理"转向》，《苏州大学学报（哲学社会科学版）》2014年第6期。

准，对内一套、对外一套，说一套、做一套，影响了其在国际上的形象和信誉，降低了其价值的国际认同度。以“华盛顿共识”为基本标示的美国在后冷战时代苦心经营的意识形态权威、全球性的制度，难以承担重建新的世界秩序的历史责任。基辛格在《世界秩序》中承认，美国主导的国际秩序观已难以得到大部分国家的拥护，其欧洲盟国也经常与美国发生歧见。美国领导世界的能力和道义越来越受到质疑，仓促应对危机、过分冒险投入和不计后果撤出、匆匆打发了事、恶性循环，导致美国秩序在世界的影响每况愈下。金融危机、恐怖主义、极端主义等正在撕裂旧的世界秩序。动荡复杂、危机重重的世界秩序要求不同文明和国家积极参与，世界秩序的重建更需要不同文明和国家积极参与。进入 21 世纪以来，虽然美欧作出了很大的调整，但是，以实用主义为核心的美国价值观及其秩序遭到越来越多的挑战与批评。以市场化、私有化和自由化为标志的“华盛顿共识”在拉美和大部分转型经济国家的失败导致美国秩序声誉扫地。

作为新兴国家，中国和平发展走出了一条新的大国崛起之路。在全球化、信息化的时代背景下，世界如何看待中国的崛起？我们迫切需要从理论到实践对此做出明确的解答和回应。不过，一些国家不断散布“中国威胁论”“中国崩溃论”，甚至不惜制造事端、设置障碍，千方百计压制我国发展，扰乱我国发展进程，企图按其政治理念和制度模式改造中国。此外，由于外部世界不了解中国或者其他原因，部分人认为，中国崛起遭遇价值观或曰意识形态的困境，中国软实力影响微乎其微，是一种不包含道德或规范意义的崛起。[①]

习近平总书记强调：“意识形态工作是党的一项极端重要的工

① 《激辩中国道路——世界中国学论坛观点集粹》，《社会观察》2013 年第 4 期。

作，事关党的前途命运，事关国家长治久安，事关民族凝聚力和向心力；只有物质文明和精神文明建设都搞好，国家物质力量和精神力量都增强，全国各族人民物质生活和精神生活都改善，中国特色社会主义事业才能顺利向前推进。”[①] 新时代公民道德建设，彰显了中国特色社会主义在社会道德建设和发展上的制度自信、文化自信。新时代公民道德建设将会极大提升中国国际话语权和软实力。

《纲要》是中国共产党对公民道德建设的成熟思考，也是中国为世界公民道德建设贡献的中国声音、中国价值与中国方案。比如，关于“抓好网络空间道德建设”，其中就鲜明地提出“发展积极向上的网络文化”，“加强网上热点话题和突发事件的正确引导、有效引导，明辨是非、分清善恶，让正确道德取向成为网络空间的主流”，“建立和完善网络行为规范，明确网络是非观念”，“积极培育和引导互联网公益力量，壮大网络公益队伍，形成线上线下踊跃参与公益事业的生动局面”，“加强网络公益规范化运行和管理，完善相关法规制度，促进网络公益健康有序发展”。打造网络共同体的模式一旦得到国际社会或网络社会的广泛认可、认同，不仅将为全球治理、互联网治理提供方向与目标，也将为互联网道德治理提供中国方案、中国价值。

二、理论创新：加快新时代公民道德建设体系构建与研究

新时代公民道德建设是构筑中国精神、中国价值、中国力量的重要组成部分，其价值与地位不言而喻。不过，从事公民道德建设的理论研究是一项十分艰难的工作。尽管从中央到地方政府，从学者到普通公民都十分强调其重要性，但是，我们对国人普遍感到焦

① 《十八大以来重要文献选编》上册，中央文献出版社 2014 年版，第 464—465 页。

虑的“道德危机”和价值沉沦这一生存困窘和精神困顿的实质性消解和改善尚待时日。从《公民道德建设实施纲要》颁布至今，我国学术界关于公民道德建设的理论研究成果不少，但能够澄清、破解与引导中国当代面临的许多重大而紧迫社会道德问题的基础性理论创见并不多见。[①]学界难以生产出既关切当下又超越当下，既经得起历史检验又能承受住“旁观者”理性评判，集学理支撑与实证经验互为契合、相得益彰的公民道德理论成果；在公民道德建设的普遍有效性问题尚未得到充分的社会认同和践行参与的时候，公民道德研究在引领时代道德建设方向上呈现出力不从心和无能为力的理论焦虑；在面对理论与经验、理想与现实、道德与生活之间的复杂关系时，一切拘泥于现成理论的单一学科视野，或者主观随意地引用和诠释的所谓跨界都难以赋予以问题为导向的公民道德理论的真实生命力，进而导致公民道德研究“有高原、无高峰”“有深度、无热度”的学术窘境。[②]

中国特色社会主义进入新时代，公民道德建设不能只有宣传，而是要做好更充分、更扎实的理论研究与探索，做好理论创新。只有如此，才能真正做到把握规律、积极创新，持之以恒、久久为功，推动全民道德素质和社会文明程度达到一个新高度。

第一，构建新时代公民道德建设的实践逻辑和话语系统。公民道德建设理论体系的建构与发展，关键是形成中国特色的理论视野、核心论域和方法路径。必须坚持马克思主义的指导地位，全面贯彻落实习近平新时代中国特色社会主义思想，在理论基础、核心、边界等一系列基础性问题上达成共识，处理好德治与法治、实践与理

---

① 李兰芬:《国家认同视域下的公民道德建设》,《中国社会科学》2014 年第 12 期。

② 李兰芬:《走向历史深处的公民道德建设》,《苏州大学学报（哲学社会科学版）》2015 年第 6 期。

论、中西伦理、网络与传统道德等关系。

第二，坚持理论联系实际，为公民道德建设作出有说服力的论证。道德是要通过人心起作用的，要使人们真正相信，而不是勉强接受。这就需要进行反复的艰苦论证。受多方面因素影响，理论与现实之间的差距是客观存在的。面对种种差距，再加上来自西方文化、价值的竞争与渗透，树立社会主义核心价值观需要相当艰巨的斗争。正如有学者所言："整个世界文化现象，也是个势利眼的现象，就是谁有钱，谁的文化就流行。造成一种奴化的心理状态。"① 哲学社会科学研究需要做好相关理论研究与论证工作，解释与缩小理论和现实之间的差距。我们需要用非常大的力量来为公民道德建设作出有说服力的论证。当然，这种论证工作也不能离开人们自己的利益，如果完全离开人们的利益，要想说服人也是不可能的。毛泽东指出："马克思列宁主义的基本原则，就是要使群众认识自己的利益，并且团结起来，为自己的利益而奋斗。"② 认识自己的利益并不是件容易的事情，是需要用马克思主义的观点去分析客观存在的各种利益关系和它的发展趋势，作出科学的回答。

第三，构建新时代公民道德教育体系，健全用党的创新理论武装全党、教育人民工作体系。公民道德教育是涵养公民品性、塑造公民道德、促进公民自我发展和自我价值实现的重要维度。构建公民道德教育体系，通过公民道德教育，尊重公民的主体地位，发挥公民的道德主体性，在求同存异、和而不同的道德对话中强化合作精神与创新能力，并调动公民个体的内在道德需求，激发他们向善的教育动机，实现自我教育，进而达到道德自律。

① 徐惟诚:《建设有中国特色的社会主义伦理道德体系》,《思想政治工作研究》1990 年第 11 期。

② 《毛泽东选集》第四卷，人民出版社 1991 年版，第 1318 页。

第四，厘清古今中外道德在公民道德建设体系中的地位、作用与发展。中国的公民道德不是外生性的移植，而是由传统美德、革命道德、社会主义道德内生性演化而来的。这就决定了系统性的公民道德，在时间维度上离不开“古—今”对看的历史意识，实现以道德传承涵养公民道德，以公民道德深化道德传承的创新性公民道德路径。把公民道德建设置于“中—西”互镜的世界维度，是全球化秩序的宿命。当代世界上，任何一个国家民族的道德文化，如果想要成为人类共同的道德框架中有价值的一部分，它就必须在某种程度上能够与其他国家民族的基本道德洞见对话和通约。公民道德体系是在吸收和借鉴人类社会道德积极成果的基础上，打造我国关于公民道德的话语体系和话语权。公民道德因交流而多彩，因互鉴而丰富。只有以融合、接轨和包容创新的学理心态，将中国公民道德经验纳入和其他国家的比较视野，才能有效地理解和解释中国公民道德现象，避免将中国公民道德“特殊化”抑或将西方公民道德“普遍化”。①

三、知行合一：公民道德建设的认同与践行

加强公民道德建设既是一项长期而紧迫的任务，也是一项艰巨而复杂的任务。公民道德建设既是一个理论问题，更是一个实践问题。加强新时代公民道德建设，提升全社会道德水平，加快社会主义文化强国建设，增强我国的国际话语权，需要知行合一，正所谓“知者行之始，行者知之成”。这不仅迫切需要哲学社会科学做出更好的成绩，更需要公民认同和践行。公民道德建设关键在于全体公民的认可认同，并在此基础上践行社会主义核心价值观。真正困难

① 李兰芬：《走向历史深处的公民道德建设》，《苏州大学学报（哲学社会科学版）》2015年第6期。

的、亟须解决的问题就在于此。

第一，坚持马克思主义的指导地位，全面贯彻落实习近平新时代中国特色社会主义思想，健全用党的创新理论武装全党、教育人民工作体系，建设和用好网络学习平台。

公民道德建设不是搞运动，必须一步一步用亿万次反复的行动来推动公民道德真正在实践的基础上建设起来，必须建立健全一系列可以操作的、有效的、稳定的措施与践行机制。深入实施马克思主义理论研究和建设工程，把坚持以马克思主义为指导全面落实到思想理论建设、哲学社会科学研究、教育教学各方面。加强和改进学校思想政治教育，建立全员、全程、全方位育人体制机制。落实意识形态工作责任制，注意区分政治原则问题、思想认识问题、学术观点问题，旗帜鲜明反对和抵制各种错误观点。

坚持依法治国和以德治国相结合，完善弘扬社会主义核心价值观的法律政策体系，把社会主义核心价值观要求融入法治建设和社会治理，体现到国民教育、精神文明创建、文化产品创作生产全过程。强化道德建设的法治保障与制度保障。法律是成文的道德，道德是内心的法律，道德建设离不开法治保障。必须坚持发挥社会主义法治的促进和保障作用，以法治承载道德理念、明确道德导向、弘扬美德义行，把社会主义道德要求体现到立法、执法、司法、守法之中，以法治的力量引导人们向上向善。既要讲法治又要讲德治，重视发挥道德教化作用，把法律和道德的力量、法治和德治的功能紧密结合起来，把自律和他律紧密结合起来，努力树立起良好道德风尚。

第二，坚持以社会主义核心价值观引领公民道德建设及其制度建设，确立公民的核心价值观认同。这是一项艰巨的斗争。社会主义核心价值观不是书本上的体系，是 14 亿人规范自己行为的价值。

社会主义核心价值观是当代中国在价值观念上的最大公约数，其实就是一种德，既是个人的德，也是国家的德、社会的德。要将国家价值目标、社会价值准则和公民价值规范，有机融入公民道德建设各方面、全过程，更好发挥出引领作用。

必须推动理想信念教育常态化、制度化，弘扬民族精神和时代精神，加强党史、新中国史、改革开放史教育，加强爱国主义、集体主义、社会主义教育，实施公民道德建设工程，推进新时代文明实践中心建设。推进中华优秀传统文化传承发展工程。完善青少年理想信念教育齐抓共管机制。健全志愿服务体系。完善诚信建设长效机制，健全覆盖全社会的征信体系，加强失信惩戒。

第三，坚持完善正确导向的舆论引导工作机制。坚持党管媒体原则，坚持团结稳定鼓劲、正面宣传为主，唱响主旋律、弘扬正能量。构建网上网下一体、内宣外宣联动的主流舆论格局，建立以内容建设为根本、先进技术为支撑、创新管理为保障的全媒体传播体系。改进和创新正面宣传，完善舆论监督制度，健全重大舆情和突发事件舆论引导机制。建立健全网络综合治理体系，加强和创新互联网内容建设，落实互联网企业信息管理主体责任，全面提高网络治理能力，营造清朗的网络空间。建立健全把社会效益放在首位、社会效益和经济效益相统一的文化创作生产体制机制，公民道德建设引领，完善倡导讲品位讲格调讲责任、抵制低俗庸俗媚俗的工作机制。

第四，公民道德建设对象在基层、主体在基层，必须瞄准基层需求，创新基层工作，推动公民道德建设提质量、上水平，扎实推进新时代文明实践中心和县级融媒体中心建设，夯实基层阵地，讲好美德故事，特别注重加强网络道德建设，推动网络成为正能量的集散地。要在尊重人民群众主体地位基础上，引导人们注重修养品德、保持良知、增强爱心，激发人们形成善良的道德意愿、道德情感，培育正确的道德判断和道德责任，提高道德实践能力尤其是自觉实践能力，坚持提升道德认知与推动道德实践相结合，引导人们向往和追求讲道德、尊道德、守道德的生活。

第五，聚力培养担当民族复兴大任的时代新人。鼓励人们做一个好公民、好建设者、家庭好成员、养成好品行，是公民道德建设中要着力完成的目标。为此，全民族、全社会应积极推动践行以文明礼貌、助人为乐、爱护公物、保护环境、遵纪守法为主要内容的社会公德，鼓励人们在社会上做一个好公民；推动践行以爱岗敬业、诚实守信、办事公道、热情服务、奉献社会为主要内容的职业道德，鼓励人们在工作中做一个好建设者；推动践行以尊老爱幼、男女平等、夫妻和睦、勤俭持家、邻里互助为主要内容的家庭美德，鼓励人们在家庭里做一个好成员；推动践行以爱国奉献、明礼遵规、勤劳善良、宽厚正直、自强自律为主要内容的个人品德，鼓励人们在日常生活中养成好品行。

第 01 章

CHAPTER ONE

道德与公民道德建设

/ 习语 /

要深入开展学习宣传道德模范活动，弘扬真善美，传播正能量，激励人民群众崇德向善、见贤思齐，鼓励全社会积善成德、明德惟馨，为实现中华民族伟大复兴的中国梦凝聚起强大的精神力量和有力的道德支撑。

——习近平

道德作为一种特殊的社会意识形态，是一个具体的历史的范畴。劳动在由动物意识向人类意识转变中起到决定性作用。人类的本能意识上升为纯粹意识，则是社会生产力获得发展、社会生产方式发生变革的必然产物。道德亦随生产方式的转变而不断进步。

一、道德的本质

所谓道德，就是调整人们之间以及个人与社会之间关系的行为规范的总和，是依靠社会舆论以及人们的信念、习惯、传统和教育来起作用的精神力量。从起源看，道德是一定生产方式的产物；从发展看，道德是随社会生产方式发展而不断进步的社会意识；从功能看，道德是人们围绕道德困境和道德目标而展开的价值评判；从属性看，道德是一系列矛盾关系的统一。

（一）从起源看，道德是一定生产方式的产物

研究发现，动物之间普遍存在助他、利他的本能行为。这种本能是自然选择的结果。人类最初的道德观念表现为“纯粹动物式的意识”。只有经过漫长的生产和生活交往过程，人类进入文明时代以后，才逐步产生“纯粹的”道德观念。

1. 人类最初的道德是“纯粹动物式的意识”，是“被意识到了的本能”

利他主义构成了动物接受自然选择的近因机制，其中包含了“互利共生”“互惠合作”“间接互惠”等种类。

一只狮子想用大象肉做晚餐，否则就得挨饿。但它单凭自己无法猎杀一头大象。如果一群狮子都处于这种情形，它们可以通力合作，扑杀这头大象。如果它们不合作，所有狮子就都会挨饿，甚至面临死亡。即便要扑杀的不是大象，而是可以独立捕获的动物，狮

子们一起行动还是可以增加成功猎杀的概率，并且降低风险。为了赶走一只大型的危险动物，一群小鸟“群起而攻之”，它们此时此地促进了彼此的适应性，即便事后鸟群一哄而散，不再往来。理查德·乔伊斯将这类行为称为“互利共生”。

罗伯特·特里弗斯观察到猴群身上所具有的直接互惠的助他行为，或称为“互惠利他主义”。假设有一种猴子容易受到某些寄生虫的侵扰，那么能清除这些寄生虫，对猴子而言具有非常重大的意义（甚至事关生死），而清除这些寄生虫只需要花费半小时时间。猴子愿花整个下午的时间，帮助他的家庭成员清理毛发。如果帮忙清理没有血缘关系的同类，在受惠者被清理后（或晚些时候）就会反过来给施惠者清理。假如所有的猴子都参与这种互惠合作，那么对任何一只猴子而言，总的好处就大于所付出的成本。

阿莫兹·扎哈维经过多年研究发现，鸫鹛是一种社会性鸟类，经常互帮互助：为其它鸫鹛喂食、放哨等等。令扎哈维感到困惑的不是这种互助行为本身，而是有些鸫鹛非常积极地提供帮助。例如，争着抢着要放哨，或把食物强塞给那些不愿接受的鸫鹛。原来这些鸫鹛在努力提高它们在鸟群中的声誉，用快乐表示：“快看看我，我多强壮和自信，足以承受这样巨大的牺牲！”如此展示强壮的身体，就有可能吸引潜在的配偶，震慑竞争者。所以这样的行为表面看起来不利于鸫鹛，其实是完全适应繁殖适应性的。鸫鹛的这种行为被称为动物间的“间接互惠”。①

动物之间的这种助他、利他的道德意识，客观上对其自身的生存繁衍起到了促进作用，使其在丛林法则中保留下来并不断演化。人类在相互帮助的诸多手段中，也有一种叫作“道德感”的手段，

① ［新西兰］理查德·乔伊斯，刘鹏博、黄素珍译：《道德的演化》，译林出版社 2017 年版，第 30—33 页。

即做出道德判断的能力。比如，假设两个划桨者只有齐心协力才能把船划到彼此都想去的地方。只有一个人划桨，对双方都没有好处。这就要求他们都要做好各自的工作。如果他们想去的地方不一致，那么帮助对方到达他想去的地方，就成为对方帮助自己到达自己目的地的道德选择。此外，人们还往往选择能获得好声望的行为模式，即便其所付诸实施的助他行为代价极高。

与一般动物不同的是，人类不仅是已知的唯一发生文化演化的动物，具有高度社会性，而且将这种社会性编码在基因里。个体的基因演化与群体的文化演化持续进行、相互作用。而隐藏在这些动物本能式的行为选择背后的文化基因，又赋予人类最初道德意识以特定的社会内涵，是“被意识到了的本能”。

2. 道德观念是人们在漫长的生产和生活交往过程中逐步产生的

在人类历史上的很长一段时间内，由于生产力及科技水平的落后，人们对道德等社会现象习惯于寻求超自然解释。比如，西方人认为道德起源于神明的启示。旧约《圣经》就把摩西十诫视为永恒的道德规范。中国人则主张“天人感应”，将调节社会关系的伦理道德规范理解为由天命所定。

随着世界进入近代史，生产力及科技水平都得到空前提高。在此基础上，人的价值得到张扬，人性代替了神性。资产阶级学者则以抽象人性论为基础，认为人生来就有道德感。他们避开“社会关系的总和”这一人的社会属性，而在人的生理本能和心理本能等领域对道德的起源进行考察。比如，杜林就认为趋恶避善是人的本性，是人类的共同属性。这种本性可以作为人们的道德要求的基本前提。作为愿望的派生物，道德有其永恒原则和单纯要素。他的结论就是，道德起源于人的感觉和欲望。康德在《道德形而上学原理》中，则以人的理性作为起点而力排所有的非理性的感性因素。理性通过对自身的立法从而为道德找到了起源。他在《世界公民观点之下的普遍历史观念》《永久和平论》等著作中就主张通过理性唤醒人们的善良意志以驱除“恶性”，使人由动物状态、野蛮状态过渡到道德化状态。总之，康德认为道德起源于来自人的理性本身的善良意志。

不同于神明启示论和抽象人性论，马克思主义认为任何道德归根到底都是当时的社会经济状况的产物，并随着社会经济状况的发展而发展。人类由自然状态过渡到道德状态，经过了一个漫长的历史阶段，是人类脱离动物迈出的艰难的一步。经过漫长的生产和交往的发展，伴随着脑力劳动和体力劳动的分工，意识才摆脱世界而去构造“纯粹的”神学、哲学、道德等理论。发展着自己的物质生产和物质交往的人们，在改变自己的这个现实的同时，也改变着自己的思维和思维的产物。不是意识决定生活，而是生活决定意识。

劳动是人类道德起源的第一个历史前提。人类自产生以后，进行了两种活动：一种是自然活动，另一种是非自然活动。自然活动就是基于客观自然世界的原有模样进行活动，人们按照年龄和性别进行自然分工，获取生存资料，比如狩猎。但是人口的增长以及对生存资料需求的增长，再加上不同群体之间联系的增强，就使这种最初的自然生存状态被打破，促使了非自然活动的出现。非自然活动即社会分工的出现，则使社会状况发生根本性的改变。这种改变也会反映在人类思想意识的改变上，即人们在社会分工中逐步形成了一种行为规范，并按照约定习俗、共同情感、集体意识团结协作。为了规范劳动分工，维持生产秩序，这种习俗、情感、意识就慢慢演变成道德。

生产资料所有制的不同，将使劳动者在社会中的具体分工不同。探讨道德的起源问题，离不开对生产资料所有制作用的考察。事实上，生产资料所有制在道德起源中发挥了至关重要的作用。在生产资料公有制时期，个人的活动要遵从集体目的。这时，个体开始认识到自己与他人、自己与氏族群体的关系，并开始思考和反思自己的行为是否与集体目标相一致。这样的反思标志着人类自我意识的出现。但是，由于条件的限制，尤其是生产力水平的低下，个体生产能力还是极其有限的，所以他们仍然以一种集体生活的方式而存在。人类在自我意识与群体认同意识相结合的基础上，形成个体将自己归属于某一群体的心理倾向，即归属感。归属感本质上是个体对某一群体的价值认同。正是由于个体有了对群体的归属感与恐惧感，人类个体才能将自己与群体紧密联系，并逐渐形成最原始的道德。人类最初的道德以习俗等形式表现出来。

生产资料私有制则为道德从习俗中分离出来，成为一种相对独立的社会意识形式或完备的意识形态创造了必要条件。随着生产力提高、剩余产品出现，私有制逐步代替原始公有制。在此背景下，原有的共同劳动、平均分配食物的原始共产主义局面被打破，体力劳动与脑力劳动开始分工。而重新协调、维护社会生产秩序、协调各方利益，就成为亟待解决的问题。由此，道德成为阶级冲突的一种调和剂，并在阶级利益冲突的基础上逐渐走向完备化和纯粹化。[1]

可见，道德产生于人类的生产和生活需要，是一定社会的生产实践活动的必然产物。其所形成的最基本动因，在于维系人类社会的生产方式及生产秩序。道德形成以后，其本身又经历了由外化到内化、由盲从到自律的过程。

① 许鹏皓：《从劳动出发阐释道德起源》，《现代交际》2018 年第 5 期。

（二）从发展看，道德是随社会生产方式发展而不断进步的社会意识

文艺复兴时期，西方一些伦理学家曾把道德分为野蛮时期、希腊时期、中世纪时期和资产阶级时期四种历史类型。马克思主义认为，人类道德发展的历史过程与社会生产方式的发展进程大体一致。据此，人类道德发展可分为原始社会、奴隶社会、封建社会、资本主义社会和社会主义社会的道德。社会主义社会中的部分先进分子还力行共产主义社会的道德。道德在发展过程中可能有停滞或倒退现象，但它的发展总趋势是向上的、前进的。

原始社会，在氏族内部人与人之间形成的是团结互助、平等相待的关系，没有阶级、没有对立，产生了原始社会氏族内部统一的社会道德。奴隶社会，奴隶主和奴隶是剥削与被剥削、压迫与被压迫关系，因此形成了奴隶主道德和奴隶道德两种对立的道德。但在生产关系中占统治地位的奴隶主道德成为奴隶社会占统治地位的道德。在封建制生产关系基础上产生的封建社会道德，是封建主道德和农民道德两种对立的道德，占统治地位的是封建主道德。

建立在资本主义生产方式基础上的资产阶级社会，产生了资产阶级和无产阶级两大对立的阶级，也产生了资产阶级道德和无产阶级道德两种对立的道德，占统治地位的是资产阶级道德，无产阶级道德则作为一种全新的道德形态产生出来。在无产者反对资本家的斗争中，无产阶级道德高度赞扬各种带头维护无产者利益的行为，那些用罢工和其他形式反对资产者的人，通常都会得到多数无产者给予的道义上的支持。一切损害无产者利益的行为，就会受到无产阶级道德的强烈谴责。这就使无产阶级道德成为团结本阶级、反对剥削者的一种重要的精神武器。

社会主义社会和共产主义社会道德，是人类道德发展合乎规律

的必然产物，是人类道德发展史上的一种崭新类型的道德。作为无产阶级意识形态的重要组成部分，社会主义道德和共产主义道德根源于无产阶级的阶级地位和经济条件，反映了无产阶级和劳动人民的根本利益，并在批判继承人类道德传统的基础上，随着社会的进步和实践的发展而与时俱进。为了使人们同心同德地为社会主义事业努力奋斗，在道德问题上就需要坚持集体主义，反对个人主义，正确处理国家、集体和个人之间的关系。集体主义成了整个社会主义和共产主义道德原则和规范体系的基本原则。它不但贯穿于共产主义道德发展的全过程，也是共产主义道德区别于一切旧道德的最显著标志；全心全意为人民服务成了共产主义道德原则和规范体系中最核心的内容。它既是无产阶级阶级本质的表现，也是无产阶级评价人们行为有道德的最根本的标准。

在社会主义条件下，生产资料公有制的确立，为共产主义道德的传播奠定了坚实的物质基础。由于广大人民群众在根本利益上的一致，并且具有共同的理想和奋斗目标，客观上要求有一种共同的道德和纪律，这使共产主义道德开始从阶级道德向整个社会道德转化。我国处于社会主义初级阶段。道德领域的情况是错综复杂的。既存在着社会主义道德和共产主义道德，也存在着剥削阶级道德以及小生产者道德。还应该看到，社会主义市场经济对人们的思想产生了两种截然不同的影响：一方面促使人们实行一系列新的思想观念，如竞争法则、效益观念、创新意识、平等原则等；另一方面则诱使一些人唯利是图、金钱至上、损公肥私、损人利己、权钱交易、腐败堕落等。这就使我们社会中，善与恶并存，高尚与卑下交织，更增加了道德领域的复杂性。我国社会占主导地位的道德应是社会主义道德和共产主义道德。这是适应社会主义经济基础的上层建筑。为此，我们应坚持以社会主义核心价值观为引领，自觉传承中华传统美德，继承我们党领导人民在长期实践中形成的优良传统和革命道德，适应社会主义市场经济发展要求。同时，坚持马克思主义道德观、社会主义道德观，倡导共产主义道德，始终保持公民道德建设的社会主义方向。

（三）从功能看，道德是人们围绕道德困境和道德目标而展开的价值评判

道德在社会生活中扮演着越来越重要的角色，对促进社会和谐和个人发展发挥着越来越重要的作用；道德调控范围不断扩大，调控方式或手段不断丰富、更加科学合理；道德的发展进步成为衡量社会文明的重要尺度。

道德具有认知功能、调节功能和导向功能。其中，调节功能是最突出、最重要的社会功能。其社会表现形式是道德评判，即人们围绕道德困境和道德目标而展开的一种价值评判。将公民培养成"有道德的人"、巩固居主导地位的经济政治制度、将提升道德认知与推动道德实践相结合，分别构成道德评判的核心目标、根本使命和基本方法。

1. 将公民培养成"道德人"是道德评判的核心目标

不同的人性假设就会有不同的制度设计，而不同的制度设计又会使生活在其中的人产生不同的行为结果，并塑造着不同的人性。任何道德评价理论和实践策略的建构，也都内隐着一个前提性的人性假设。人性假设是道德评价的逻辑前提和路标，同时也是道德评价的行动起点和归宿。

人性假设的理论谱系曾出现过多种不同的人性假设类型，每种类型无不对道德评价产生着深远而持久的影响。马克思主义认为，作为社会关系的总和的人，是社会存在的具体的历史的人，也就是

"感性"存在的人。人类在实践基础上认识世界和改造世界，在改造客观世界的同时又改造主观世界。反过来看，在制度中介作用下，人们的主观世界又随其实践活动的变化而变化。同样，"道德人"的具体内涵或规定也不是一成不变的，而是随其所依存的经济政治条件及其运行制度的变化而改变。从人性假设到制度设计再到行为结果，人们只能在实践基础上对之进行具体的历史的展开。

然而，从当前中国道德评价的制度设计和运行机制看，其价值取向具有较强的功利性和实用性，主要表现为通过预设诸多的外在刺激，并与个体利益加以捆绑，依靠量化评价方式和基于道德奖惩的外部强化机制来甄别和鉴定，甚至激励公众基于外在利益展开道德竞赛。事实上，这种蕴含了"理性人"特质的价值取向，决定和支配着主体对自身利益最大化的价值认同与价值选择。概言之，"理性人"也就是永恒自私的人，是为自身利益最大化而行动的人。相对于"经济人"而言，"理性人"不仅关注自身的物质利益，而且还指向道德价值、道德地位、社会认同和自我实现等各种外在利益，并根据私人利益最大化原则有目的地选择自己的行动，其中必然关涉到趋利避害、利益算计等各种理性的权衡与取舍。

道德评价是指向未来的善的事业，祛恶扬善应始终成为道德评价的根本价值指向。如果"理性人"假设构成当前道德评价内隐的基本逻辑起点，那么"道德"本身就不再是评价对象而是量化指标，成为达成"私人利益最大化"这一核心价值或根本目的的一个中介性手段。不仅如此，"理性人"假设还诱使人们将外在动因变成其从事道德评判和道德行为选择的总开关。当人们开启外在动因的按钮时，这时帮助他人的内在动因随之减弱，道德行为成为一种利己行为，这显然与道德的利他本质相悖；当人们关闭外在动因的按钮时，相应的道德行为则会弱化或停止，进而导致道德的工具性和目的性之间关系的颠倒以及恶的累积。[①]

2. 巩固居主导地位的政治经济制度是道德评判的根本使命

道德是根植社会制度、调节社会关系、维护社会稳定的一种手段。道德评判总是和一定的政治经济制度相联系。居于主流地位的道德体系总是要维护占主导地位的政治经济制度，并对符合这一制度的思想和行为进行宣传表彰和激励强化，对偏离这一制度的思想和行为进行批评教育和全面矫正，必要时动用国家机器对之进行强制禁止。

资产阶级在其历史上升时期，其道德主张曾作为批判封建主义的锐利武器，发挥过非常积极的历史作用。随着资本主义制度的日益巩固，资产阶级道德建设则以维护制度公正、歌颂制度永恒为己任，其目的在于培养唯利是图、资本至上、利润为王的资产阶级接班人。其实践资本主义道德的力量，源于内在的资本扩张冲动及外在的体制规则制裁。因此，资产阶级往往以“两面人”姿态及“双重标准”处理人际关系，而资本主义道德权威也不过是幻觉，是表里不一的虚伪的道德说教。当代资本主义国家所发生的难民危机、信仰危机、两极分化等现象与西方社会奉为“道统”的新自由主义有着直接的关系。新自由主义意识形态维护的是全球大垄断资产者的根本利益，它不仅无法带来一个多元包容、公平正义、平等协商、团结和谐、利益共享的全球治理秩序，反而引发了更多的族群矛盾和认同危机。新自由主义道德体系的狭隘性、抽象性和虚伪性，决定其不可能引领全球经济包容发展，不可能实现对立阶级的社会团结及世界公民每一个体的全面发展。只有在社会主义和共产主义条件下，社会道德才能彻底回归它的利他本质，社会全面进步

① 尹伟：《道德评价的前提性反思》，《教育研究与实验》2018 年第 6 期。

及人的全面发展才能变为现实。

从目前中国社会道德评价的宗旨来看，道德评价都将培养和造就“担当民族复兴大任的时代新人”作为其根本旨趣。加强公民道德建设、提高全社会道德水平，立根塑魂、德润人心，是全面建成小康社会、全面建设社会主义现代化强国的战略要求，是适应社会主要矛盾变化、满足人民美好生活向往的迫切需要，是促进社会全面进步、人的全面发展的必然要求。反过来讲，全面建成小康社会和全面建设社会主义现代化强国、满足人民美好生活需要、促进社会全面进步和人的全面发展，作为公民道德建设的时代背景及新时代道德发展的价值指向，自然也就成为当前中国人民进行道德判断和评价的根本标尺，促进全体人民在理想信念、价值理念、道德观念上紧密团结在一起，并用以系统纠正社会上客观存在的与之相悖的价值取向和道德观念。

3. 提升道德认知与推动道德实践相结合是我国道德评判的基本方法

道德判断作为信念表达，代表人们对某种态度或价值观的认同，构成实践慎思的考虑因素。道德判断的核心是以道德认知调控人与人、人与社会的关系，目的是通过道德实践规范人们的道德行为。道德认知与道德实践相辅相成。道德认知或内在的自我惩罚系统是引导公民从事某种道德行为的约束机制，道德实践则是公民深化道德认知和增强道德情感的根本途径。

在中国特色社会主义条件下，国家在强调公民接受社会主义道德认知的自觉性和自律性的同时，鼓励和引导其结合具体实践情境，自主推进道德评价，并注重不同社会群体在不同时空中的不同道德要求。实践反复证明，只有明确公民道德建设的重点内容，并将提升道德认知与推动道德实践相结合，坚持目标导向和问题导向相统一（将提升道德认知与推动道德实践相结合，同时也就意味着道德评价的目标导向和问题导向相统一），坚持继承传统和创新发展相衔接，重在建设、立破并举，才能让人们在自主确立马克思主义道德认知的基础上，自愿接受社会主义道德约束，自觉践行以“为人民服务”为核心、以“集体主义”为原则的道德观念，抵制拜金主义、享乐主义和极端利己主义，反对唯利是图、见利忘义、损人利己、损公肥私，谴责造假欺诈、不讲信用，才能禁越公序良俗底线，禁止妨害人民幸福生活、伤害国家尊严和民族感情；同时也才能真正引导人们增强“四个自信”，把共产主义远大理想和中国特色社会主义共同理想统一起来，把实现个人理想融入实现国家富强、民族振兴、人民幸福的伟大梦想之中。

（四）从属性看，道德是一系列矛盾关系的统一

作为一种社会生成的自觉自律的文化意识形态，道德是客观性与主观性、原生性和跨时空性、世界性与民族性、社会性与阶级性、悖反性与调适性等一系列矛盾关系的统一。

1. 道德的客观性与主观性

道德既具有客观性也具有主观性。道德的客观性是指道德的起源和发展的物质性，即对客观物质条件或现实经济状况的依赖性；道德的主观性是指道德的属人性，即人们按照一定的道德标准对社会生活所进行的价值评价或批判。道德关系总是建立在一定的社会关系基础之上，是社会关系在思维上的反映。因此，道德的内容是客观的，形式是主观的。承认道德客观性也就坚持了道德认识上的唯物论，承认道德主观性也就坚持了道德认识上的辩证法。

一部分人从庸俗化的“经济决定论”来解释一切道德现象，认为道德只与经济增长、物质积累有关，并对道德现状做完全无价值

取舍或批判性评价的实证分析。显然，道德作为一种价值判断，影响甚至规定了经济增长的合理方向。庸俗决定论不仅否定了道德的主观能动性，甚至取消了道德本身的存在合理性。另一部分人则从价值、宗教等因素出发捍卫道德的属人性，脱离物质经济条件而仅仅抓住一些人性、道德的词句，以单纯情感性的态度和形而上学的说教方式对待经济社会发展中所存在的道德问题，并对道德目标做浪漫主义设想。事实上，道德所具有的评价和批判作用，是建立在历史必然性基础之上的。人们若离开对现实经济状况的考察，往往陷入否定一切“非人化”或“非道义性”的抽象道德批判的泥潭。

2. 道德的原生性与跨时空性

一个民族道德体系的原初形态起源于先民适应自然环境和社会环境的生存需要。他们对道德资源进行加工，确立了用以应对外界环境及人际关系的价值体系的雏形框架。一种有生命力的道德文化一旦被创造出来，就会与生活实践相互作用并逐步得到扩张和散播。换言之，道德作为一种文化意识形态，具有时间上的延续性和空间上的散播性。从纵向看，带有普适性的道德理念和规范，总要经历从先前到今生再到后世的时间延续；从横向看，一种先进的、有生命力的道德价值观，也总要进行由内而外、由近及远的空间流动和传播。

中国本土自生的封建伦理道德曾在本国延续两千多年，其中所蕴含的“天人合一”“大道之行”的哲学理念、“为政以德”“仁民爱物”的治政思想、“修齐治平”“经世致用”的家国情怀、“刚健有为”“革故鼎新”的进取精神、“和而不同”“协和万邦”的和谐观念，对今人和后世仍将产生深远影响。当然，这离不开中国人民对道德文化深层次的优秀基因的激活。中国传统道德遗产不仅在中国延续下来而未中断，而且深刻影响到其他国家和地区。比如，日本阳明学者汲取阳明思想，对商人道德主体意识进行建构，并使日本商人在近代之前就基本形成了“四民异业而同道”的行为共识，即在精打细算的赚钱过程中遵守国法、不忘信义、保持正直和力行勤俭。

3. 道德的世界性与民族性

一方面，包括职业道德、社会公德和家庭美德在内的道德内容，如“利他主义”、“同情”与“爱”等亲社会性道德情感，反映了全人类处理个人与社会关系的最基本要求；而关于未来社会的道德设想，如“天下大同”“千年王国”“共产主义”，往往又都体现了人类的终极关怀。不论是基础性道德还是终极性道德，都使其具有跨越民族界限的世界普适性特征。另一方面，不同国家或民族的道德内容，其具体表达形式又各不相同，因而又使之带有明显的民族性特点。比如，中国道德坚持以家国为本位，西方道德则坚持以个人为本位。中西方道德呈现不同的民族性。

4. 道德的社会性与阶级性

道德作为社会历史发展的产物，是依靠社会舆论来规范社会关系、维护社会秩序，因而具有明显的社会性。在阶级社会，社会经济关系主要表现为阶级关系，道德还具有阶级性，即国内外的不同阶级具有各自不同的道德评价或主张。一个国家或民族占主流的道德，往往是与这个国家或民族的政治经济现实结合在一起的。每个国家或民族的道德文化都要服务于这个国家占统治地位的阶级意志和利益，甚至被迫服从于整个世界占统治地位的阶级意志和利益。比如，资产阶级要开创世界历史，就必须突破一切民族地域的限制，将资本主义生产方式复制到全球每一个角落，同时也将反映该阶级利益和需要的道德文化强制推广至全世界。从实践结果来看，西方国家主导下的世界历史发展及殖民地扩张，加速了西方资本主义道德文化在全球的传播和普及。这种强势的以资本为逻辑的道德文明，不仅在现实中构造起了西方化的世界道德景观，而且在人们头脑中植入了西方价值体系，因而不断销蚀着其他文化的民族自主性，消弭着人类文化生态的多样性。

5. 道德的悖反性与调适性

道德的悖反性指的是道德选择及其实践结果的自相矛盾。这种矛盾源自人们按照一定的道德标准推动事物发展，往往产生正反两方面的道德后果。比如，帮扶和救助弱势群体的善举，在产生善果的同时也有可能养了懒汉，诱发“不劳而获”的依赖思想。这就需要精准识别帮扶对象，并将扶智与扶志相结合。再比如，现实生活中地位不同的人进行合作，不仅地位较高的人将信息、资源乃至声誉转移到地位较低的人，进而缩小地位差距，而且因其为群体提供利益，更容易吸引到更多的合作伙伴。不仅如此，更强的相互依存性还能带来更强的稳定性。然而，基于共同利益的相互依存性，往往具有非对称性以及被不当利用的脆弱性，并有可能导致合作破裂。这就需要人们对不合时宜的合作道德规范进行调整，以适应不断变化的外界环境对共同体道德选择所提出的最新要求。

“二战”结束以来，美国逐步控制了金融话语权和技术话语权，建立起以之为主导的世界经济秩序。这一秩序运行的结果导致善恶两种现象的同时出现及对立。国家边界的打破和国家间的合作有利于推进利益共享。但当下美国利用非对称的相互依存性发起贸易摩擦，站在自己制定的道德制高点，破坏全球供应链，随意指责甚至干预别国内政，显然将带来负面的世界性后果，并使其他经济体被迫应对。

与美国做法根本不同的是，中国政府在“一带一路”倡议实施过程中，创造性地提出以“人类”为单元的世界观和以“人类福祉”为价值取向的发展观，积极推行和平发展、公平正义、互利共赢的道德底线和原则。这既是对世界旧道德秩序的一种回应或替代，同时也适应了人类命运共同体对世界新型道德体系的构建要求。

二、公民道德建设

公民道德是关于公民的道德权利和义务关系的规定总和。公民道德以规定公民权利和义务关系为基本内容，是调整公民个人与国家、个人与社会、个人与他人关系的道德观念、价值取向和行为规范，并为全体公民道德水准提供了一个客观的衡量标尺。公民道德既是公民基本道德素质的体现，又是社会公德、职业道德和家庭美德的共同基础。倡导公民道德旨在使全体公民确立应有的道德感。而公民应有的道德感的确立，又有赖于通过加强公民道德建设，使其自觉形成公民权利和义务意识。

（一）公民道德建设是广泛性与差异性的统一

公民道德具有普遍约束性。每个社会成员都要自觉以公民道德来约束和规范自己的言行举止，使自己成为一个有道德的公民。这是因为，社会作为一个整体，有着全局需要及紧急需要。这些需要超越个人的眼前需要。这就要求超越个别人的特殊需求而充分兼顾多数公民的普遍需求，进而以满足全体公民的基本需要为价值尺度。马克思曾深刻指出："实际上，国家的真正的'公共教育'就在于国家的合乎理性的公共的存在。国家本身教育自己成员的办法是：使他们成为国家的成员；把个人的目的变成普遍的目的，把粗野的本能变成合乎道德的意向，把天然的独立性变成精神的自由；使个人以整体的生活为乐事，整体则以个人的信念为乐事。"[①]一个公民能否充分意识到自己的社会义务，能否将个人利益与他人利益、社会利

① 《马克思恩格斯全集》第一卷，人民出版社 1995 年版，第 217 页。

益、国家利益乃至世界利益紧密结合起来，进而实现自为的存在与为他的存在相统一，乃是衡量这个公民是否具有社会责任感和道德良心的基本标准。

另一方面，公民道德具有层次性，表现为道德主体和道德要求的层次性。公民涵盖国家全体社会成员。不同的公民群体，其生活环境、文化水平各不相同，因而思想认识、道德观念也千差万别，从而决定公民中存在不同层次的群体。此外，公民道德反映在每个公民的意识和行为举止上，表现出不同的层次。对不同层次的公民群体，道德要求就要从实际出发，体现差异性。由此，公民道德建设须遵循固有规律，把广泛性要求与差异性要求结合起来，坚持重在建设、立破并举，发挥榜样示范引领作用，加大突出问题整治力度，树立新风正气、祛除歪风邪气。

（二）公民道德建设是时代性与历史性的统一

在百年未有之变局的大背景下，由于市场经济规则、政策法规、社会治理还不够健全，受不良思想文化的侵蚀和网络有害信息的影响，道德领域依然存在不少问题。一些国家、一些地方、一些领域不同程度存在道德失范现象，拜金主义、享乐主义、极端个人主义仍然比较突出；一些社会成员道德观念模糊甚至缺失，是非、善恶、美丑不分，唯利是图、见利忘义，损人利己、损公肥私，造假欺诈、不讲信用的现象久治不绝，突破公序良俗底线、妨害人民幸福生活、伤害国家尊严和民族感情的事件时有发生。公民道德建设以解决时代问题为己任，从而表现出明显的时代性。

公民道德建设不仅具有鲜明的时代性，而且还具有历史长远性。在资本主义社会，劳动者与劳动成果、劳动工具的关系发生异化。从制度属性看，公民道德建设服务于资本快速增值、维护社会稳定的目标。在社会主义阶段，劳动已不仅仅是普通劳动者的谋生手段，更是以他人为目的、服务他人利益的工具。在这个阶段，社会劳动分工不同，但都是为人民服务。随着劳动的进一步发展及社会生产力的高度发达，劳动者将通过劳动彻底解放自身，劳动成为人们生活的第一需求，并建立把劳动作为目的而不仅仅是手段的“自由人联合体”，这时公民道德建设的任务和目标又将发生历史性的巨变。

在公民道德建设的历史征程中，解决眼前问题与追求长远目标是辩证统一的关系。时代问题解决服务于长远目标的实现，长远目标反过来又引导时代问题解决。正是由于长远目标的实现是一个具体的历史过程，而具体的时代问题的解决也是一个包括物质、制度和经验等在内的具体条件积累的过程，因而以问题和目标为导向的公民道德建设，其任务长期而又复杂。

（三）公民道德建设是必要性与现实性的统一

道德素质是民族精神的重要内容，道德风貌是凝聚和激励人们团结奋斗的重要力量，道德水平是社会文明程度的重要标志。振奋民族精神、增强综合国力，离不开道德建设；发展市场经济、参与国际竞争，离不开道德建设；促进经济发展、维护社会稳定，离不开道德建设。事实上，不论是发达国家还是发展中国家，不论是资本主义国家还是社会主义国家，公民道德建设都具有不言而喻的全局性意义。对中国而言，提高全社会道德水平，是全面建成小康社会、全面建设社会主义现代化强国的战略任务，是适应社会主要矛盾变化、满足人民对美好生活向往的迫切需要，是促进社会全面进步、人的全面发展的必然要求。只有在全民族牢固树立中国特色社会主义共同理想，促进全体人民在理想信念、价值理念、道德观念上紧密团结在一起，在全社会积极倡导、大力弘扬“富强民主文明和谐、自由平等公正法治、爱国敬业诚信友善”的社会主义核心价值观，并将国家价值目标、社会价值准则和公民价值规范有机融入公民道德建设各方面、全过程，使公民个人的道德追求融入实现中国梦的伟大征程，使爱国主义、集体主义、社会主义思想广为弘扬，培养和造就担当民族复兴大任的时代新人，才有可能顺利完成全面建成小康社会、全面建设社会主义现代化强国的战略任务。

经济基础决定上层建筑，上层建筑又具有相对独立性。起主导作用的道德内容是由一国的基本经济制度所决定，并受其他文化意识形态的影响和制约。正是基于这个原理，一个国家或民族只有立足基本国情，以经济发展水平为基础，并尊重自身的历史文化传统，才能有效推进本国或本民族的公民道德建设。党的十八大以来，以习近平同志为核心的党中央正是基于国情判断而做出一系列重大战略部署，比如将道德资源植根于中华民族优秀传统文化的丰厚土壤之中，立根塑魂、正本清源，才使得公民道德建设步伐得以进一步推动并取得显著成效。这主要表现在，中国特色社会主义和中国梦深入人心，践行社会主义核心价值观、传承中华优秀传统文化的自觉性不断提升，爱国主义、集体主义、社会主义思想广为弘扬，崇尚英雄、尊重模范、学习先进成为风尚，民族自信心、自豪感大大增强，人民思想觉悟、道德水准、文明素养日益提高，道德领域呈现积极健康向上的良好态势。当代中国经济获得高质量发展、政治文明建设步伐持续加快、文化大发展大繁荣局面被有序推进，以及在此基础上所积累的丰厚道德资源，正是我们在新时代进一步做好公民道德建设工作的重要基础。

第 02 章

CHAPTER TWO

社会主义道德体系建设的历史经验和理论创新

/ 习语 /

要坚持立德树人、以文化人，建设社会主义精神文明、培育和践行社会主义核心价值观，提高人民思想觉悟、道德水准、文明素养，培养能够担当民族复兴大任的时代新人。

——习近平

中华民族是一个崇尚美德的民族，是一个善于继承传统、不断发展创新的民族。从中华人民共和国建立伊始，历代党中央领导集体都非常重视思想道德建设，对社会主义道德体系的构建进行系统的论述，逐步形成有着鲜明中国特色和时代精神的社会主义道德体系，有力地提升了人民群众的道德修养，为社会主义建设事业创造了良好的道德环境。随着深化改革、扩大开发、社会主义现代化建设进入新时代征程的历史时刻，在中国共产党的领导下，中国人民取得了建设社会主义物质文明和精神文明的巨大成绩，社会主义道德建设也得到了前所未有的发展。2013 年 9 月，习近平总书记会见第四届全国道德模范及提名奖获得者时强调："道德模范是社会道德建设的重要旗帜，要深入开展学习宣传道德模范活动，弘扬真善美，传播正能量，激励人民群众崇德向善、见贤思齐，鼓励全社会积善成德、明德惟馨，为实现中华民族伟大复兴的中国梦凝聚起强大的精神力量和有力的道德支撑。"[①] 习近平总书记多次指出，对先人传承下来的道德规范，要坚持古为今用、推陈出新，有鉴别地加以对待，有扬弃地予以继承。在党的十九大报告中，他再次强调："深入挖掘中华优秀传统文化蕴含的思想观念、人文精神、道德规范，结合时代要求继承创新，让中华文化展现出永久魅力和时代风采。"[②]

一、社会主义道德体系的基本内涵

《左传》讲道："夫令名，德之舆也；德，国家之基也。"意思是美好的名声，是装载德行的车子；德行，是国家的基础。自古以来中国人就认为思想道德是一个民族、一个国家赖以存在的重要根

① 《习近平谈治国理政》第一卷，外文出版社 2018 年版，第 158 页。
② 习近平：《决胜全面建成小康社会　夺取新时代中国特色社会主义伟大胜利——在中国共产党第十九次全国代表大会上的报告》，人民出版社 2017 年版，第 42 页。

基。道德是意识形态的表现，是人们日常生活最基本的行为准则，是人们内心世界最崇高的精神追求。而道德建设是指一定的国家或阶级为适应经济、政治、文化发展的需要，改善社会道德状况，提高人的道德素质而在道德领域内进行的一种精神建设和实践活动。中国是社会主义国家，中国道德建设集中体现了社会主义的本质和特征。中国道德建设的目的是在全社会形成具有约束力和示范力的道德规范，使人民群众能够自觉遵守道德规范，进而提升整个社会的道德水平，树立良好的道德风尚，为国家经济建设服务。

社会主义道德是植根于社会主义经济基础，与社会主义的经济、政治、文化状况相适应的社会道德。它从本质上从属于共产主义道德体系，是共产主义道德在社会主义历史阶段的体现，以社会主义的集体主义为道德原则，以实现共产主义为道德理想。社会主义道德是以社会主义公有制为主体的经济基础的反映，以马克思主义的世界观为指导，由无产阶级自觉培养起来的道德，是以为人民服务为核心，以集体主义为原则，以诚实守信为重点，以社会主义公民基本道德规范和社会主义荣辱观为主要内容，代表了无产阶级和广大劳动人民根本利益和长远利益的先进道德体系。社会主义道德建设就是根据社会主义社会现实发展需要和人民群众的道德诉求，在全体人民的高度认同和直接参与下，以思想观念改造和制度建设的形式，建立一套与经济基础和上层建筑相适应的价值观念和行为规范。

党的十四届六中全会通过《中共中央关于加强社会主义精神文明建设若干重要问题的决议》规定：社会主义道德建设“要以为人民服务为核心，以集体主义为原则”。[1] 这集中表现在如何处理个人

---

① 《中共中央关于加强社会主义精神文明建设若干重要问题的决议》,《人民日报》1996年10月14日。

利益与集体利益的辩证关系上。社会主义就是个人发展与集体发展的统一，个人利益与集体利益的统一，正如毛泽东同志所言："反对自私自利的资本主义的自发倾向，提倡以集体利益和个人利益相结合的原则为一切言论行动的标准的社会主义精神，是使分散的小农经济逐步地过渡到大规模合作化经济的思想的和政治的保证。"[①]1944年9月5日中共中央警卫团战士张思德在陕北安塞山烧炭时因炭窑垮塌不幸牺牲。9月8日中央直属机关专门为张思德召开了追悼会，在会上毛泽东作了演讲，这就是著名的《为人民服务》一文。为人民服务是中国共产党的根本宗旨，是人民军队的根本宗旨，是社会主义时期道德建设的核心。社会主义道德建设以为人民服务为核心，需要坚持爱国主义、集体主义、社会主义教育，以及社会公德、职业道德和家庭美德建设。时至今日我国经济建设取得巨大成就，社会主义道德建设更为迫切，加快社会主义道德建设将有利于社会主义市场经济的平稳运行，有利于社会主义政治体制改革，有利于社会主义先进文化的发展，有利于社会主义和谐社会的构建，有利于促进人的全面发展。加强社会主义道德体系的建设对全面推进中国特色社会主义事业具有重要的意义。

二、中华人民共和国成立以来社会主义道德体系建设的历史经验

（一）中华人民共和国成立之初社会主义道德建设的奠基阶段

中国共产党对于社会主义道德建设有着长远的规划和深入的思考。建立"民族的科学的大众的"新道德首先要解决如何对待传统道德文化这一急迫的问题。社会主义道德体系建设要植根于中国特

① 《毛泽东文集》第六卷，人民出版社1999年版，第450页。

定的历史和现实之中，符合中国的基本国情，不能超越特定的历史条件、文化传统和社会现实。在1938年10月举行的中共六届六中全会上毛泽东同志就指出："今天的中国是历史的中国的一个发展；我们是马克思主义的历史主义者，我们不应当割断历史。从孔夫子到孙中山，我们应当给以总结，承继这一份珍贵的遗产。这对于指导当前的伟大的运动，是有重要的帮助的。"[①] 这标志着中国共产党以客观理性的态度看待的中国传统道德逐步走向成熟。1939年4月《中国共产党中央委员会为开展国民精神总动员运动告全党同志书》进一步指出："'对国家尽其至忠，对民族行其大孝'，必须号召全国同胞实行这种最高的民族道德，这就是对于古代的封建道德给了改造和扩充。共产党员必须成为实行这些道德的模范，为国民之表率。党员过去已是这样做的，今后更应努力。如果不这样做，就不是共产党员，在共产党中没有他们的地位。"[②] 中国共产党经过合理地分析彻底摒弃封建道德中腐朽的、落伍的糟粕，继承其中超越时代具有提高民族自信力的精华部分。在唯物史观指导下对中国传统道德文化进行理性批判，逐步确立了中国共产党对待传统道德坚持古为今用、批判继承、推陈出新的基本原则，并将其延续至中华人民共和国成立之后，成为中华人民共和国社会主义道德体系建立的重要指导方针。

中华人民共和国成立之初，在新民主主义革命道德建设的经验基础上，以毛泽东为代表的第一代中央领导集体以破旧立新的果敢精神，积极探索社会主义道德建设的发展新路，提出了社会主义的公德规范，确立了社会主义道德的根本原则，开创了处理社会主义

① 《毛泽东选集》第二卷，人民出版社1991年版，第534页。

② 《中国共产党中央委员会为开展国民精神总动员运动告全党同志书》，《解放》1939年第71期。

道德关系的新路径。

中国共产党首先在继承和超越中国古代传统民本思想和仁爱精神的基础上提出了全心全意为人民服务。自古以来众多思想家提出了“民贵君轻”“民惟邦本”的观点，如孟子指出“民为贵，社稷次之，君为轻”；荀子则提出“君者，舟也；庶人者，水也；水则载舟，水则覆舟”；魏征劝诫唐太宗的时候发挥荀子的观点提出了“水能载舟亦能覆舟”；明末思想家黄宗羲则提出了“天下为主，君为客”。这些观点表明中国古代的思想家已经清醒地认识到民众在国家和社会发展中的重要作用，这是人类文明史上重大的思想进步。而中国共产党继承延伸了传统伦理中“民”的范畴。在抗日战争时期毛泽东就指出：“最广大的人民，占全人口百分之九十以上的人民，是工人、农民、兵士和城市小资产阶级。”[①] 中国共产党对于“民”的解释超越了旧有的概念，充分论证人民群众是历史真正的创造者。1944 年在张思德追悼会上毛泽东同志就强调：“只有人民，才是创造世界历史的动力。”[②] 由此他进一步阐释：“我们这个队伍完全是为着解放人民的，是彻底地为人民的利益工作的。”[③] 在中共七大上“全心全意为人民服务”被写入党章，成为党的根本宗旨。1949 年“全心全意为人民服务”被写入《中国人民政治协商会议共同纲领》，成为国家各项工作的重要指导思想。为人民服务在起临时宪法作用的《共同纲领》中得到确认，说明它已经不仅是对共产党员的基本要求，同时也是全国人民提升自身思想道德的重要准则。1957 年毛泽东再次强调：共产党“就是要全心全意为人民服务，不要半心半意或者三分之二的心三分之二的意为人民服务”[④]。从中华人

---

① 《毛泽东选集》第三卷，人民出版社 1991 年版，第 855 页。
② 《毛泽东选集》第三卷，人民出版社 1991 年版，第 1031 页。
③ 《毛泽东选集》第三卷，人民出版社 1991 年版，第 1004 页。
④ 《毛泽东文集》第七卷，人民出版社 1999 年版，第 285 页。

民共和国成立之初至今，为人民服务成为各级德育教材的重要内容，各种先进人物和英雄模范的事迹中都突出表现了为人民服务的精神，为人民服务成为社会主义道德体系的核心。

其次重视弘扬集体主义，制定社会主义道德的根本原则。道德关系包括个人与个人、个人与集体、集体与集体、集体与社会的关系，而个人与集体的关系尤为重要。在中国传统道德中含有重群体、倡和谐的理念，由敬业乐群到群体至上的价值选择，个人利益要服从国家民族的大义。这种重视群体的观念对维护国家安定、社会稳定、协调个人与社会之间的关系起到了积极的作用。马克思认为，道德作为一种行为规则要解决的根本问题就是如何处理利益关系。斯大林提出了集体主义的概念，认为集体主义不是否认合理的个人利益，集体利益应当与个人利益相结合，只有在社会主义社会个人利益才能得到充分的实现和满足。中国共产党继承了马克思主义原理和中国传统群体本位思想，从革命战争年代就大力弘扬集体主义精神。毛泽东把兼顾个人利益与社会集体利益、个人利益服从社会集体利益作为处理个人利益与社会集体利益的根本原则。他指出："共产党员无论何时何地都不应以个人利益放在第一位，而应以个人利益服从于民族的和人民群众的利益。"① 中华人民共和国成立后，毛泽东又提出"个人利益服从集体利益，暂时利益服从长远利益，局部利益服从全局利益"② 的观点。毛泽东所讲的集体利益，是无产阶级和广大人民群众的整体利益，在根本上与劳动者个人的利益是一致的，这是确定社会主义道德原则的根本依据。在社会主义社会个人利益与集体利益相一致，但个人利益必须服从于集体利益，将个人利益服从集体利益确定为社会主义道德原则，其根本点在于

① 《毛泽东选集》第二卷，人民出版社 1991 年版，第 522 页。
② 《毛泽东文集》第八卷，人民出版社 1999 年版，第 133 页。

个人利益与集体利益不一致甚至是发生冲突时要能够牺牲个人利益来服从集体利益，这也是马克思主义价值观的核心。

中华人民共和国建立之初，我们党和国家面对的是一个历经百年屈辱、战乱频仍、满目疮痍、百废待兴的艰难景象，国民党反动派败退台湾后留下的是经济近于崩溃，一穷二白的烂摊子。为了克服这些困难，并在亟待建设的基础部门迅速恢复工农业生产，需要人们发扬集体主义精神，提倡无私奉献精神，以百倍的工作热情投入到各项基础建设中去，为社会主义事业添砖加瓦。中华人民共和国作为社会主义国家具有人民当家作主的制度优越性，社会主义道德教育深入人心，为了国家集体的利益，人民群众都甘于牺牲个人利益，在各种义务劳动中无私奉献，发挥主人翁的作用，推动社会主义建设蓬勃发展，在中国生产力相对落后的情况下，依靠人民群众忘我付出超额完成了重要基础工程的建设，为中华人民共和国实现工业化打下坚实的基础。

中国共产党将集体主义作为社会主义道德建设的基本原则，通过品德教育贯彻到社会生活的方方面面，成为中华人民共和国全体公民遵守的道德规范。虽然在后来的历史进程中受到“左”倾错误思想的影响，集体主义的阐释一度出现片面武断的失误，但是集体主义确实极大地推动了社会主义道德建设的进步，培养了众多甘于奉献、勇于牺牲的道德模范。在中华人民共和国成立之初物质条件极端匮乏的艰苦环境下，全国人民正是在集体主义精神鼓舞下自力更生、艰苦奋斗，取得了不同凡响的伟大成就。

再次在继承传统道德中爱国自强的精神元素基础上确立“五爱”作为社会主义道德的基本要求。自古以来，中华民族就具有爱国主义的精神传统，“公忠体国”“自强不息”是中华民族优秀精神传统的集中体现。屈原在《国殇》中歌颂为国牺牲的战士：“身既死兮神以灵，魂魄毅兮为鬼雄”；范仲淹提出“先天下之忧而忧，后天下之乐而乐”的人生理想；张载在“横渠四句”中提出为人当有“为生民立命，为万世开太平”的历史使命感；顾炎武则提出“天下兴亡，匹夫有责”的担当意识。中华民族之所以历经五千年的风霜雨雪，无数次民族危难生死存亡的考验依然能够保持旺盛的生命力，正因为有这种代代相传的爱国精神，它已经成为每一个有着家国情怀的中国人的文化基因，是中华文化所以生生不息的内在动力。

在新成立的中华人民共和国建设社会主义是一项前无古人的伟大事业，确立社会主义公德规范对于中国共产党人是一项新课题。承继爱国、自强的精神传统，毛泽东从中华人民共和国的现实国情出发，明确提出了“五爱”的社会主义公德规范，即爱祖国、爱人民、爱劳动、爱科学、爱公共财物作为中华人民共和国全体公民应当遵守的公德。“五爱”公德最早在 1949 年 9 月 29 日中国人民政治协商会议第一届全体会议通过的《中国人民政治协商会议共同纲领》中明确提出。1954 年 9 月第一届全国人民代表大会第一次会议通过的《中华人民共和国宪法》中明确要求中华人民共和国公民必须“尊重社会公德”。“五爱”集中体现了我国社会生活中道德关系的五个重要方面：“爱祖国”是社会主义道德规范的基础，继承了中华民族爱国主义传统，但不同于对“一家一姓”的愚忠而是与社会主义的中华人民共和国休戚与共、血脉相接。“爱人民”不仅是对传统民本思想的继承，同时也是对人民的含义进行了符合历史现实的认定后，社会主义道德建设的基本要求。“爱劳动”继承了中华民族勤劳自强的美德，反映了个人与建设社会主义的密切关系。“爱科学”继承了传统文化中求真务实、博识多闻的美德，符合“科技是第一生产力”的时代要求。中华人民共和国科技工作者在科技领域不断开拓进取、自强不息与这一精神十分契合。“爱公共财物”是对社会公共利益的直接保护，反映了个人与社会劳动成果的重要关系。

“五爱”公德的提出是中华人民共和国社会主义道德建设的重要发端，是对社会主义建设实践中社会道德规范的高度概括，对于提高中华人民共和国公民素质、巩固新生政权、恢复和发展生产都起到十分积极的作用。“五爱”公德提出后，全国人民普遍在社会实践中接受了它，并以此为准绳对个人的言行进行评价。1982 年第五届全国人民代表大会五次会议通过的新宪法中用“爱社会主义”取代了“爱公共财物”，表明了中国的道德建设必须与国家基本制度相一致。此后关于社会主义道德建设的各项文件——《中共中央关于社会主义精神文明建设指导方针的决议》《中共中央关于加强社会主义精神文明建设若干重要问题的决议》《公民道德建设实施纲要》，都明确“五爱”公德是社会主义道德体系的基本要求。

中华人民共和国成立之初，中国共产党在对中华传统伦理道德继承和批判的基础上，运用马克思主义道德观与之有机结合，确立了中华人民共和国社会主义道德建设的基本核心、基本规则和基本要求，构建起社会主义道德体系的基本框架。中华人民共和国成立之初的道德建设树立了无私忘我、爱党爱国、勤俭节约、艰苦奋斗的社会风尚，各行各业涌现出一大批道德楷模，如雷锋、王进喜、时传祥、焦裕禄，他们将全心全意为人民服务作为人生宗旨，在平凡的岗位做出了光辉的业绩，直到今天仍然激励着后人。回首中华人民共和国成立初期的道德建设，邓小平同志给予高度的评价：“我们建国以后的十多年中，由于党和政府的正确领导，社会风气是健康的。在党的教育下成长起来的青少年，绝大多数怀抱崇高理想，热爱社会主义祖国，积极响应党和政府的号召，捍卫人民利益，维护社会秩序，处处表现良好的献身精神和守纪律精神。”①

（二）改革开放后社会主义道德建设的深入发展阶段

经历“十年浩劫”后，我国经济社会的各个方面遭受了重大的损失，在错误的“左”倾路线指导下整个社会道德失范现象非常严重，社会主义道德建设偏离了正常的轨道。因此，全面拨乱反正，纠正“左”倾错误思想的干扰，重新恢复社会安定团结的局面，为社会主义现代化建设营造良好的道德环境是中国共产党亟待解决的问题。

1978 年 12 月举行的中国共产党十一届三中全会，是中华人民共和国成立后我党历史上具有深远影响的伟大转折。全会上全党对过去“以阶级斗争为纲”的错误思想进行全面的反思，确立了“以经济建设为核心”的新的路线方针。在重新确立党的工作重心后，我国在经济、社会、文化建设上蒸蒸日上。以邓小平同志为核心的第二代中央领导集体在继承中华人民共和国成立以来道德建设的经验教训的基础上对社会主义道德建设进行了新的积极探索。邓小平强调社会主义道德建设要服务于社会主义经济建设，将物质文明建设与精神文明建设有机地结合起来，两手都要硬。他科学地阐释了加强道德建设对于发展经济特别是培养人才的重要意义。1977 年他鉴于以往对知识分子政策的教训，明确提出要为知识分子创造条件，使他们能够充分发挥自己的聪明才智从改革开放事业中脱颖而出，他指出：“一定要在党内造成一种空气：尊重知识，尊重人才。要反对不尊重知识分子的错误思想。”②

1979 年 3 月 30 日党的理论工作务虚会上邓小平明确提出了实现

---

① 《邓小平文选》第二卷，人民出版社 1994 年版，第 177 页。

② 《邓小平文选》第二卷，人民出版社 1994 年版，第 41 页。

四个现代化必须坚持四项基本原则，他已经清醒地预见到在引进国外技术和资金的同时，因为对外交往增多而导致对少数青少年的教育和管理不够从而出现不健康的现象，“一些青年男女盲目地羡慕资本主义国家，有些人在同外国人交往中甚至不顾自己的国格和人格。这种情况必须引起我们的认真注意。我们一定要教育好我们的后一代，一定要从各方面采取有效的措施，搞好我们的社会风气，打击那些严重败坏社会风气的恶劣行为。”[①]在他看来，保持崇高的革命理想，坚持小局服从大局，小道理服从大道理，个人利益和集体利益统一才能保持生动活泼的政治局面。他强调促进社会风气的进步，必须端正党风，如果党的干部自己不严格要求自己，不遵守党纪国法，违反党的原则搞特殊化，走后门，铺张浪费，损公利私，不与群众同甘苦，不实行吃苦在先，享受在后，不服从组织决定，不接受群众监督，甚至对批评的人打击报复，又怎么能领导群众改造社会风气？邓小平同志提出的党建问题同时也是社会主义道德建设问题，说明社会主义道德建设对于改革开放事业具有巨大的能动作用。

在确立改革开放的发展战略后，邓小平提出培养“四有”新人，为改革开放事业造就英才，为社会主义现代化事业培养接班人。1980 年在中央工作会议上邓小平指出：“要加强各级学校的政治教育、形势教育、思想教育，包括人生观教育、道德教育。”[②]1982 年 7 月邓小平在军委座谈会上再次指出：“搞社会主义精神文明，主要是使我们的各族人民都成为有理想、讲道德、有文化、守纪律的人民。”[③]“四有”新人的提出是对“五爱”公德的继承和发展，体现了富强、民主、文明的社会主义现代化国家对于公民的基本要求，也

① 《邓小平文选》第二卷，人民出版社 1994 年版，第 117 页。
② 《邓小平文选》第二卷，人民出版社 1994 年版，第 369 页。
③ 《邓小平文选》第二卷，人民出版社 1994 年版，第 408 页。

顺应时代的要求正确解决了社会主义道德建设的目标问题。

1986 年 9 月党的十二届六中全会通过了《中共中央关于社会主义精神文明建设指导方针的决议》，认为这个决议根据马克思主义基本原理同中国实际相结合的原则，进一步阐明了社会主义精神文明建设的战略地位、根本任务和基本指导方针，是新的历史时期加强我国社会主义精神文明建设的纲领性文件。这个决议对于推动我国物质文明和精神文明建设，促进全面改革和对外开放建设具有深远的影响。在决议中对包括道德在内的精神文明建设的历史经验进行了总结，对今后的任务作出了长期的部署，提出了道德建设的重要论断。

考虑到建设社会主义精神文明关系到跨世纪宏伟蓝图的全面实现，关系到我国社会主义事业的兴旺发达，以江泽民同志为核心的第三代领导集体极为重视社会主义道德体系的科学建构，在把物质文明建设好的同时，切实把精神文明建设提到更加突出的地位，进一步开创新形势下精神文明建设的新局面。1996 年党的十四届六中全会通过了《中共中央关于加强社会主义精神文明建设若干重要问题的决议》。决议将加强社会主义精神文明建设当作一项重大战略任务，强调社会主义道德集中体现精神文明的性质和方向，对社会政治经济的发展具有巨大的能动作用。决议明确在改革开放和现代化建设的整个过程中，思想道德建设的基本任务是：坚持爱国主义、集体主义、社会主义教育，加强社会公德、职业道德、家庭美德建设，引导人们树立建设有中国特色社会主义的共同理想和正确的世界观、人生观、价值观。我们现在建设和发展有中国特色的社会主义，最终目的是实现共产主义，应当在全社会认真提倡社会主义、共产主义思想道德。同时要把先进性同广泛性要求结合起来，鼓励支持一切有利于解决和发展社会主义社会生产力的思想道德，一切有利于国家统一、民族团结、社会进步的思想道德，一切有利于追求真善美、抵制假恶丑、弘扬正气的思想道德，一切有利于履行公民权利和义务、用诚实劳动争取美好生活的思想道德，团结和引导亿万人民积极向上，不断提高全民族的思想道德水平。全会对社会主义精神文明建设提出了更加系统的部署，形成了社会主义道德体系的“一个核心、一个原则、五个要求、三个领域”的基本框架。即社会主义道德建设应当以“为人民服务”为核心，以“集体主义”为原则，以“爱祖国、爱人民、爱劳动、爱科学、爱社会主义”为基本要求，以“社会公德、职业道德、家庭美德”为领域，在全社会形成团结互助、平等友爱、共同前进的人际关系。决议指出在新形势下加强精神文明建设，对于全党是一个重要考验。如何在以经济建设为中心的前提下使物质文明和精神文明相互促进、协调发展；如何在深化改革、建立社会主义市场经济体制的条件下形成有利于社会主义现代化建设的共同理想、价值观念和道德规范，防止和遏制腐朽思想和丑恶现象的滋长蔓延；如何在扩大对外开放，迎接世界科技新革命的情况下，吸收外国优秀文明成果，弘扬祖国传统文化精华，防止和消除文化垃圾的传播，抵御敌对势力对我国实施西化、分化的图谋，这是社会主义现代化进程和道德建设过程中必须面对的历史性课题。

2001 年 1 月党中央领导集体提出了以德治国和依法治国相结合的治国方略，同年 9 月 20 日，中共中央印发《公民道德建设实施纲要》。《公民道德建设实施纲要》明确提出：加强社会主义思想道德建设，是发展先进文化的重要内容和中心环节。在新的历史条件下，从公民道德建设入手，继承中华民族几千年形成的传统美德，发扬党领导人民在长期革命斗争与建设实践中形成的优良传统道德，借鉴世界各国道德建设的成功经验和先进文明成果，努力建立与发展社会主义市场经济相适应的社会主义道德体系，对形成追求高尚、激励先进的良好社会风气，保证社会主义市场经济的健康发展，促进整个民族素质的不断提高，全面推进建设有中国特色社会主义伟大事业具有十分重要的意义。《公民道德建设实施纲要》不仅提出了公民道德建设的概念，而且在原有社会主义道德体系的基础上以社会公德、职业道德、家庭美德、个人品德为着力点。在倡导以“五爱”为内容的社会主义道德规范的基础上，提出“爱国守法、明礼诚信、团结友善、勤俭自强、敬业奉献”的基本道德规范，这是对社会主义道德规范的新论述。《公民道德建设实施纲要》强调大力加强基层公民道德教育，深入开展群众性的公民道德实践活动，积极营造有利于公民道德建设的社会氛围，努力为公民道德建设提供法律支持，切实加强对公民道德建设的领导。2002 年 11 月，党的十六大明确提出以德治国与依法治国相结合，提出了社会主义道德规范体系的要求，即“与社会主义市场经济相适应，与社会主义法律规范相协调，与中华民族传统美德相承接的社会主义思想道德体系”，并提出道德建设“以诚实守信为重点”。这是在中国社会主义现代化建设发展到新阶段，面对道德建设出现的新问题，中央领导集体积极探索道德建设的特点和规律，提出的将公民道德建设提到新的水平的要求。

党的十六届三中和四中全会，以胡锦涛同志为核心的党的第四代领导集体对中国社会主义道德建设进行了理论创新，提出了“以人为本”的观念。“以人为本”不仅主张人是发展的根本目的，而且主张人是发展的根本动力。要维护人的价值和尊严，倡导爱护人、理解人、关心人、塑造人，真正把人民的利益作为一切工作的出发点和落脚点，把“诚实守信”作为基本行为准则，提出“以道德为支撑”，建立健全社会信用体系的思想，提出了“社会主义和谐社会”的发展目标。党的十六届三中全会提出：“坚持以人为本，树立全面、协调、可持续的发展观，促进经济社会和人的全面发展。”2005 年 2 月 19 日胡锦涛同志在省部级主要领导干部提高构建社会主义和谐社会的能力专题研讨班上发表讲话，将社会主义和谐社会概括为“民主法治、公平正义、诚信友爱、充满活力、安定有序、人与自然和谐相处”的社会。2006 年胡锦涛同志在参加全国政协十届四次会议民盟、民进界委员联组讨论时指出：“要引导广大干部群众特别是青少年树立社会主义荣辱观，坚持以热爱祖国为荣、以危害祖国为耻，以服务人民为荣、以背离人民为耻，以崇尚科学为荣、以愚昧无知为耻，以辛勤劳动为荣、以好逸恶劳为耻，以团结互助为荣、以损人利己为耻，以诚实守信为荣、以见利忘义为耻，以遵纪守法为荣、以违法乱纪为耻，以艰苦奋斗为荣、以骄奢淫逸为耻。”以“八荣八耻”为内容的社会主义荣辱观是社会主义道德建设在新的历史条件下内涵的延展，与科学发展观、构建社会主义和谐社会、加强党的先进性有机统一在一起，成为在社会主义市场经济条件下道德建设的重要指导方针。

改革开放后历经三代领导集体的理路探索，社会主义道德规范体系日渐成熟。我们党在科学认识道德建设规律的基础上采取众多行之有效的策略措施，使道德建设更加符合社会主义初级阶段的国情，同时清除腐朽落后思想的桎梏，使社会主义道德规范深入人心。

三、习近平新时代中国特色社会主义思想对道德建设的引领

进入新时代，中国改革开放事业进入新的发展阶段，经济建设取得辉煌成就，中国一跃成为世界第二大经济体。在物质文明高速发展的同时，经济发展和道德发展之间依然存在不平衡。要实现伟大复兴的中国梦，不仅需要高速发展的经济，同时需要有道德素养

的国民。拥有伟大精神和高尚品格的国民是实现伟大梦想的内在动力。习近平同志作为第五代领导集体的核心审时度势，清醒地认识到了社会主义道德建设对实现中华民族伟大复兴所起到的不可忽视的作用。在习近平新时代中国特色社会主义思想中，道德建设占有重要的地位。

（一）以德兴国重在以德育人

习近平总书记继承中国共产党人的道德建设经验，针对新的历史条件下出现的新问题、新矛盾，将以德治国提升到以德兴国的战略新高度，表明了党对道德建设的重视。正如习近平总书记所言："要坚持立德树人、以文化人，建设社会主义精神文明、培育和践行社会主义核心价值观，提高人民思想觉悟、道德水准、文明素养，培养能够担当民族复兴大任的时代新人。"[①]而以德兴国的前提就是以德育人，因此习近平总书记高度重视思想政治理论教育。他在2019年3月18日主持召开的学校思想政治理论课教师座谈会上发表重要讲话时谈到，办好思想政治理论课，最根本的是全面贯彻党的教育方针，解决好培养什么人，怎样培养人，为谁培养人这个根本问题。他强调："思想政治理论课是落实立德树人根本任务的关键课程。青少年阶段是人生的'拔节孕穗期'，最需要精心引导和栽培。我们办中国特色社会主义教育，就是要理直气壮开好思政课，用新时代中国特色社会主义思想铸魂育人，引导学生增强中国特色社会主义道路自信、制度自信、理论自信、文化自信，厚植爱国主义情怀，把爱国情、强国志、报国行自觉融入坚持和发展中国特色社会主义事业、建设社会主义现代化强国、实现中华民族伟大复兴的奋

① 《举旗帜聚民心育新人兴文化展形象　更好完成新形势下宣传思想工作使命任务》，《人民日报》2018年8月23日。

斗之中。”[①]

在社会主义现代化进程中教育是点燃人们心中道德明灯的重要途径，当今社会道德文明的建构更需要教育来推动，通过教育使人民特别是青少年获得知识，增长见识，形成正确的世界观、人生观，培养良好的道德修养和品格。青年是中国的未来，是中华民族伟大复兴中国梦的接力者、建设者和奋斗者，他们的思想觉悟和道德修养将直接影响社会主义现代化事业。教育在实施过程中，首先要贯彻社会主义核心价值观，注意继承和发扬民族优秀道德传统，增强民族的自信心和认同感，同时要大胆吸收被世人所认可的人类文明成果，不断丰富创新核心价值体系，使年轻一代能够在知识和道德两方面承担起建设社会主义现代化强国的历史重任。教育青年一代树立远大的理想，将国家命运与个人的命运结合起来，将中国梦与青年的自我实现结合起来，将新时代中国特色社会主义与健全的人格结合起来，从而使社会主义道德成为青年担当大任、不懈奋斗的思想保障，教育青年践行社会主义核心价值观，塑国魂、守公德、树新风、重人伦，使自己成为一名造福社会、服务人民的合格青年。

（二）全心全意为人民服务是立政德的基本出发点

2018 年 3 月 10 日习近平总书记在参加十三届全国人大一次会议重庆代表团审议时明确讲道：“领导干部要讲政德。政德是整个社会道德建设的风向标。立政德，就要明大德、守公德、严私德。明大德，就是要铸牢理想信念、锤炼坚强党性，在大是大非面前旗帜鲜明，在风浪考验面前无所畏惧，在各种诱惑面前立场坚定，这是

① 《用新时代中国特色社会主义思想铸魂育人　贯彻党的教育方针落实立德树人根本任务》，《人民日报》2019 年 3 月 19 日。

领导干部首先要修好的‘大德’。”[1]政德就是作为领导干部所必需的道德素质。因为官员手中握有权力，一旦不能自觉抵制钱色的诱惑就会贪腐，用手中的权力谋取私利，进而给国家和人民带来巨大的损失。良好的政德带动整个社会风清气正，政德沦丧则会导致整个社会的道德滑坡。政德即大德，表明了领导干部必须对党忠诚，严守党性和政治立场。守政德在于如何用好权力，要一心为公，杜绝以权谋私，始终秉承全心全意为人民服务的宗旨，防微杜渐、廉洁自律、克己奉公。在党的十九大上，习近平总书记指出："中国共产党人的初心和使命，就是为中国人民谋幸福，为中华民族谋复兴"。[2]人民是我国社会发展的最终落脚点，我们的发展需要人民，我们社会的发展也是为了人民，只有站在为人民服务的立场上，时刻为人民着想，社会主义道德建设才能够顺利开展。时至今日为人民服务是一种信仰，也是一种道德，心怀崇高理想，全心全意为人民服务是实现人生有大德的关键一步。

（三）优秀传统道德是新时代社会主义道德建设的立足之本

习近平总书记指出："培育和弘扬社会主义核心价值观必须立足中华优秀传统文化。牢固的核心价值观，都有其固有的根本。抛弃传统、丢掉根本，就等于割断了自己的精神命脉。博大精深的中华优秀传统文化是我们在世界文化激荡中站稳脚跟的根基。"[3]没有一个民族能够完全抛弃自己的文化传统，因为这种文化基因已经深深融入到民族的血脉和灵魂之中。中华民族伟大复兴的梦想植根于深厚

---

① 《习近平在十三届全国人大一次会议重庆代表团审议中的重要讲话》，《光明日报》2018 年 3 月 14 日。

② 习近平：《决胜全面建成小康社会　夺取新时代中国特色社会主义伟大胜利——在中国共产党第十九次全国代表大会上的报告》，人民出版社 2017 年版，第 1 页。

③ 《习近平谈治国理政》第一卷，外文出版社 2018 年版，第 163—164 页。

的历史传统。中华传统美德源远流长，其中蕴含着丰富的道德资源，无论是思想家们著书立说留存下的礼乐文明，还是众多英雄人物铁肩担道义留下的可歌可泣的爱国事迹，还有许多普通劳动人民扶危济困、诚信守约、敬老爱幼的生活点滴都汇集成为足以令我们深受启发的道德篇章。在培育和践行社会主义道德时，必须客观地看待中华优秀传统文化与社会主义核心价值观的关系。习近平总书记在哲学科学工作座谈会上指出："一个抛弃了或者背叛了自己历史文化的民族，不仅不可能发展起来，而且很可能上演一场历史悲剧。"[①] 回顾中国历史，在国家危亡之际传统文化总会极大激发爱国者的激情，鼓舞他们前仆后继、舍生取义。一个真正的爱国者必定从内心深处敬爱、珍视本民族的传统文化。习近平总书记在全国宣传思想工作会议上强调："要把优秀传统文化的精神标识提炼出来、展示出来，把优秀传统文化中具有当代价值、世界意义的文化精髓提炼出来、展示出来。"[②] 中华传统文化中蕴含的具有科学性、人民性、民族性的内容符合时代的要求，代表进步的方向，这就是精华，相反，迷信的、落后的、封建的因素就是糟粕。对待传统文化应当去粗取精、去伪存真，不断提炼、吸纳适合当前我国经济社会发展和道德建设的价值取向和道德资源，古为今用，从而推动中华优秀传统文化融入广大人民群众的现实生活。加强社会主义个人品德培养，把中华传统美德与培育践行社会主义核心价值观有机地结合起来，通过深入传承中华传统美德中的道德修养和人格特质，从而促进每一名社会成员成为有文化有修养的合格公民，达到教化民众、立德兴国的目标，正像习近平总书记指出的："引导人们向往和追求讲道

---

① 《习近平谈治国理政》第二卷，外文出版社 2017 年版，第 339 页。

② 《举旗帜聚民心育新人兴文化展形象　更好完成新形势下宣传思想工作使命任务》，《人民日报》2018 年 8 月 23 日。

德、尊道德、守道德的生活，让13亿人的每一分子都成为传播中华美德、中华文化的主体。”①

（四）中国梦的提出增强培育和践行社会主义核心价值观的主动性

实现中华民族伟大复兴是近代以来中国人民为之奋斗不息的梦想。习近平总书记指出：“现在，我们比历史上任何时期都更接近、更有信心和能力实现中华民族伟大复兴的目标。”②总体上看，我们可以把中国梦的核心目标概括为“两个一百年”：到2021年中国共产党成立100周年时全面建设小康社会，到2049年中华人民共和国成立100周年时最终将我国建成富强民主文明和谐美丽的社会主义现代化强国。党的十九大吹响了向实现中华民族伟大复兴中国梦进军的集结号，在新的历史时期，领导全国各族人民实现这一伟大目标彰显了中国共产党的担当精神和使命意识，也标志着中国在新时代将为人类做出更大贡献。习近平总书记在系统阐释中国梦时明确地指出，中国梦“凝聚了几代中国人的夙愿，体现了中华民族和中国人民的整体利益，是每一个中华儿女的共同期盼”③。这一重要论断从核心价值观的高度深刻分析了中国梦的内涵。中国梦有着鲜明的文化特征，它包蕴着以天下为己任的家国情怀，强调个人命运与国家命运紧密相连，将个人的理想与国家民族的奋斗目标紧密联系在一起，因此中国梦具有强烈的集体主义价值取向，是符合历史发展方向的崇高理想，蕴含着强大的内在凝聚力。用中国梦统一全党和全国人民的思想，打牢践行社会主义核心价值观的思想基础。习近平

---

①《习近平谈治国理政》，外文出版社2014年版，第160—161页。
② 习近平：《在纪念周恩来同志诞辰120周年座谈会上的讲话》，人民出版社2018年版，第20页。
③《习近平谈治国理政》第一卷，外文出版社2018年版，第36页。

总书记在参观“复兴之路”展览时首次提出的中国梦，经过多次阐释，广泛宣传，不断学习，已经深入人心。尤其是对“国家富强、民族复兴、人民幸福”“中国梦归根到底是人民的梦”等一系列重要观点的论述，使广大干部群众深刻领悟，切实把思想统一到实现中国梦的伟大事业中来。要从中国梦的价值体系中汲取力量，进一步弘扬中国梦所蕴含的爱国主义和集体主义精神内涵，把当代社会主义核心价值观注入其中，铸牢信念之基。要引导青年人深刻领悟社会主义核心价值观的精神实质，有效抵御各种腐朽思想的侵蚀，增强政治上的坚定性和思想道德上的纯洁性，真正做到与党和人民同呼吸、共命运、心连心，确立对马克思主义的信仰，对共产主义事业的理想信念，对中国特色社会主义伟大事业的信心，对以习近平同志为核心的党中央的忠诚。

习近平总书记指出：“历史是一面镜子，从历史中，我们能够更好看清世界、参透生活、认识自己；历史也是一位智者，同历史对话，我们能够更好认识过去、把握当下、面向未来。”[①] 中国梦是复兴之梦，是贯穿整个中华民族近代史的时代主题。自 1840 年鸦片战争开始，无数仁人志士为了国家的富强和民族的独立，在一次次失败中逐步觉醒，在无尽的苦难中毅然奋进，这艰辛的探索之旅使中国梦有着历史的悲壮。今天作为一个民族共同的强国梦，中国梦成就了每一名中华儿女的民族自豪感和自尊心。回首这一部慷慨豪迈的奋斗史诗，一代又一代的建设者披荆斩棘，奋斗终生，他们内在的动力就在于共同的道路自信、理论自信、制度自信、文化自信。当自信成为自觉，就融汇成一往无前的强大力量。今天，中国特色社会主义建设迈入更加强盛的历史阶段，社会主义先进文化建设仍

① 《习近平谈治国理政》第二卷，外文出版社 2017 年版，第 351 页。

在不断的总结中逐步推进。中国梦作为我国改革开放的丰硕理论成果和中国共产党加强理论自觉和理论自信的重要表现，承载了实现中华民族伟大复兴的历史重任。中国的发展模式和道路选择，诠释了大国复兴的新内涵，也将指引全国人民踏上建设中国特色社会主义伟大事业的新征程。

进入新时代，社会主义道德建设的紧迫性日益增加，在决胜全面建成小康社会的关键时刻提高全体公民的道德素质已经刻不容缓，在新时代实现中华民族伟大复兴的中国梦需要筑就牢固的道德根基。美好的生活需要有崇德向善的社会风尚，这是实现美好生活所必需的精神要素。进入新时代，随着民生福祉的改善，人民不再仅仅满足于物质生活的改善，同时也对民主法治、公平正义、诚信友爱提出了要求。可以说真正实现小康社会不仅要有雄厚的物质基础，还需要可靠的政治保障、完善的政治制度和先进的思想道德。随着人们道德实践的深入，还会不断出现新的公序良俗，社会主义道德建设反映的是民心所向、民意所趋。中华人民共和国成立七十年，中国共产党在马克思主义道德观的指导下，充分吸收中华传统文化中的精华，结合不同历史时期的具体国情，探索出具有中国特色的道德建设理论，指引了不同时期精神文明建设的发展方向，为社会主义现代化事业提供了强大的精神动力。今后我们要汲取经验教训，利用规律、认准实际，推动社会主义道德建设继续前进。

第 03 章

CHAPTER THREE

我国公民道德建设的现状

/ 习语 /

长期以来，各地区各部门按照中央要求，不断推进公民道德建设，弘扬中华传统美德，培育时代新风，中华大地涌现出一大批道德模范、最美人物。

——习近平

当今时代是一个信息爆炸的时代，也是一个信息碎片化的时代。信息碎片化弱化了人们整体性、系统化的认知能力，对理性认识我国公民道德建设的现状形成了相对负面的冲击。现实生活中存在诸多道德失范行为是毋庸置疑的客观事实，但不能让碎片化的信息左右我们的理性思考与判断。改革开放以来，我国公民道德建设呈现出积极健康的良好态势，正在形成与中国特色社会主义相适应的社会主义道德体系。

一、改革开放以来我国公民道德建设的战略创新

公民道德建设是一个长期而复杂的社会系统工程。随着社会主义市场经济的发展和社会转型的深入，社会经济及文化生活领域趋于多元化与复杂化。在此新形势下，公民道德建设面临着诸多新情况、新问题和新挑战，由此要求我们党和国家不断探索公民道德建设的新内容、新举措和新形式，从而将公民道德建设提升到一个新的高度。改革开放以来，我国公民道德建设呈现出四大战略创新。

（一）加强社会主义精神文明建设，提出社会主义道德规范体系

改革开放后，我国公民道德建设进入修复期。1979 年 10 月，邓小平同志在中国文学艺术工作者第四次代表大会上的贺词中作出道德建设的部署。他说，我们的国家已经进入社会主义现代化建设的新时期，要在建设高度物质文明的同时，提高全民族的科学文化水平，发展高尚的丰富多彩的文化生活，建设高度的社会主义精神文明，“要恢复和发扬我们党和人民的革命传统，培养和树立优良的道德风尚，为建设高度发展的社会主义精神文明做出积极的贡

献”[1]。公民道德建设成为社会主义精神文明建设的重要内容。1986年9月，党的十二届六中全会通过《中共中央关于社会主义精神文明建设指导方针的决议》，明确使用了“道德建设”的命题，指出“社会主义道德建设的基本要求，是爱祖国、爱人民、爱劳动、爱科学、爱社会主义。要使‘五爱’在社会生活的各个方面体现出来，在全国各民族之间，工人农民知识分子之间，军民之间，干部群众之间，家庭内部和邻里之间，以至人民内部的一切相互关系上，建立和发展平等、团结、友爱、互助的社会主义新型关系”。党和国家对社会主义道德建设的认识提高到一个新的层次。

1996年10月，党的十四届六中全会颁布了《中共中央关于加强社会主义精神文明建设若干重要问题的决议》，指出社会主义思想道德集中体现着精神文明建设的性质和方向，对社会政治经济的发展具有巨大的能动作用，因此要努力提高全民族思想道德素质，“坚持爱国主义、集体主义、社会主义教育，加强社会公德、职业道德、家庭美德建设，引导人们树立建设有中国特色社会主义的共同理想和正确的世界观、人生观、价值观”。在这种思想的指导下，决议提出了“以为人民服务为核心，以集体主义为原则，以爱祖国、爱人民、爱劳动、爱科学、爱社会主义为基本要求”的社会主义道德建设的科学体系。这一科学体系成为我国改革开放和现代化建设过程中公民道德建设的整体思路和指导社会主义道德建设的原则。

（二）以德治国，实施公民道德建设

随着经济建设的高速发展，对精神文明建设提出了更高要求，公民道德建设与经济建设的冲突越来越明显，适时调整建设方略也

---

① 《邓小平文选》第二卷，人民出版社1994年版，第209页。

成了当务之急。中央政府及时提出“以德治国”与“以法治国”相结合，将道德建设提到治国辅政的新高度。2001 年 1 月，江泽民同志在全国宣传部长会议上的讲话中指出：“我们在建设有中国特色社会主义，发展社会主义市场经济的过程中，要坚持不懈地加强社会主义法制建设，依法治国；同时也要坚持不懈地加强社会主义道德建设，以德治国。”“我们要把法制建设与道德建设紧密结合起来，把依法治国与以德治国紧密结合起来。”①党的十六大也提出“依法治国和以德治国相辅相成。要建立与社会主义市场经济相适应、与社会主义法律规范相协调、与中华民族传统美德相承接的社会主义思想道德体系”②。以德治国是我们党站在新世纪的高度，对治国方略的伟大创新，是改革开放多年来公民道德建设的科学总结。

2001 年 9 月，中共中央印发了《公民道德建设实施纲要》，它是我国首个公民道德建设的纲领性文件，系统阐述了公民道德建设的重要性、指导思想和方针原则、主要内容以及加强基层公民道德教育、开展群众性的公民道德实践、营造有利于公民道德建设的社会氛围、努力为公民道德建设提供法律支持、加强公民道德建设的领导等八个重要问题。《公民道德建设实施纲要》概括了“爱国守法、明礼诚信、团结友善、勤俭自强、敬业奉献”20 字公民道德的基本规范，并创造性地提出以制度建设来推进公民道德建设。这标志着我国公民道德建设开始走上制度化、规范化的道路。

（三）树立社会主义荣辱观，把公民道德建设融入社会主义核心价值体系

随着改革的不断深入，社会生活由一元向多元化发展，精神

---

① 江泽民:《论“三个代表”》，人民出版社 2001 年版，第 134—135 页。

② 《中国共产党第十六次全国代表大会文件汇编》，人民出版社 2002 年版，第 38 页。

文明建设也必须同步深入，构建和谐社会的要求浮出水面。中共中央提出了将社会主义荣辱观作为新时期社会主义道德的标准，并将社会主义核心价值体系贯穿公民道德建设的始终。2006 年 3 月，胡锦涛同志在参加全国政协十届四次会议民盟、民进界委员联组讨论时指出，要教育广大干部群众特别是广大青少年树立社会主义制度荣辱观，坚持以热爱祖国为荣、以危害祖国为耻，以服务人民为荣、以背离人民为耻，以崇尚科学为荣、以愚昧无知为耻，以辛勤劳动为荣、以好逸恶劳为耻，以团结互助为荣、以损人利己为耻，以诚实守信为荣、以见利忘义为耻，以遵纪守法为荣、以违法乱纪为耻，以艰苦奋斗为荣、以骄奢淫逸为耻[①]。"八荣八耻"社会主义荣辱观从法律、道德和信念三个层面构建了一个新时代公民生活的新准则，为我们在新形势下明辨是非、区别善恶、分清美丑提出了新要求，成为凝聚人心、促进社会和谐的坚强纽带。2006 年 10 月，党的十六届六中全会第一次明确提出"建设社会主义核心价值体系"的命题，这是我们党在思想道德建设上的一个重大理论创新。社会主义核心价值体系包括马克思主义指导思想、中国特色社会主义共同理想、以爱国主义为核心的民族精神和以改革创新为核心的时代精神、社会主义荣辱观四个部分，其中社会主义荣辱观是社会主义核心价值体系建设的基础。

（四）建设美丽中国，将公民道德建设作为文化强国的重要任务

物质文明的提升离不开精神文明的内在支撑。2012 年，党的十八大报告首次提出建设"美丽中国"的概念，2015 年 10 月，美

① 胡锦涛:《牢固树立社会主义荣辱观》,《求是》2006 年第 9 期。

丽中国被纳入“十三五”规划。美丽中国强调将生态文明建设放在突出地位，融入经济建设、政治建设、文化建设、社会建设的各方面和全过程。公民道德建设是一个民族文明程度的体现，直接关系到美丽中国的建设进程。

党的十八大报告极大地突出了公民道德建设的重要地位，将公民道德建设作为文化强国的重要任务，在“推进社会主义文化强国建设”部分对我国道德建设作出重要部署：“要坚持依法治国和以德治国相结合，加强社会公德、职业道德、家庭美德、个人品德教育，弘扬中华传统美德，弘扬时代新风。推进公民道德建设工程，弘扬真善美、贬斥假恶丑，引导人们自觉履行法定义务、社会责任、家庭责任，营造劳动光荣、创造伟大的社会氛围，培育知荣辱、讲正气、作奉献、促和谐的良好风尚。深入开展道德领域突出问题专项教育和治理，加强政务诚信、商务诚信、社会诚信和司法公信建设。加强和改进思想政治工作，注重人文关怀和心理疏导，培育自尊自信、理性平和、积极向上的社会心态。深化群众性精神文明创建活动，广泛开展志愿服务，推动学雷锋活动、学习宣传道德模范常态化。”[①] 习近平总书记在十九大报告中指出：“加强思想道德建设。人民有信仰，国家有力量，民族有希望。”[②] 公民道德水平是文化强国的最终体现。培育以“三个倡导”为基本内容的社会主义核心价值体系，通过开展多种形式的活动，培养人们良好的道德意识，引导人们注重道德品行的塑造，内化成公民道德习惯，从而为美丽中国建设提供源源不断的驱动力。

---

① 胡锦涛：《坚定不移沿着中国特色社会主义道路前进　为全面建成小康社会而奋斗——在中国共产党第十八届全国代表大会上的报告》，人民出版社 2012 年版，第 32 页。

② 习近平：《决胜全面建成小康社会　夺取新时代中国特色社会主义伟大胜利——在中国共产党第十九次全国代表大会上的报告》，人民出版社 2017 年版，第 42 页。

二、我国公民道德建设的巨大成就

公民道德水平反映着社会进步的程度，同时也是社会发展的持续动力和精神支撑。改革开放以来，在社会主义现代化建设事业的伟大进程中，我们党和国家高度重视公民道德建设，为社会主义公民道德建设提供了强大的领导力量、理论引领和精神支撑，公民道德建设的成就有目共睹。

（一）公民道德建设体系健全

“欲筑室者，先治其基。”加强公民道德建设先要健全和优化其组织体系建设。我们党和政府从组织、规范、实施、评价等方面，建立起了一套比较完善的公民道德建设体系。这一举措强化了公民道德建设的领导力、公信力和执行力，有利于公民道德建设持续有效地发力。

1. 健全的道德建设组织体系。组织体系的建设是政策推行的基础，是凝聚力和战斗力的保障。我国从中央到地方、从官方到民间有一套完备的道德建设组织体系。在官方机构方面，中央有中央精神文明建设指导委员会及其下设精神文明建设办公室，宣传部下设宣教局道德教育处等机关；各省有省文明办公民道德建设处，省委宣传部公民道德建设处或道德建设指导处，以及未成年人思想道德建设处；各市县有未成年人思想道德建设科。在群众性组织方面，有公民道德促进会、道德评议会、敬老协会等。在行业组织方面，也已建立了由中国共产党统一领导、群众广泛参与的道德建设机制，如科学道德建设委员会、中国文联文艺工作者职业道德建设委员会、电影道德建设委员会、学术道德建设委员会等。这一体系保障了公民道德建设的正常有序深入开展。

2. 完备的道德规范体系。正确的道德实践活动需要科学的道德理论做指导，所以在社会主义建设的过程中，我们需要从理论上科学地探讨和解答现实生活中不断提出的道德实践问题。我国公民道德规范体系的完善有一个探索和实践的过程，目前已形成一个既有理论指导又有丰富实践内容的体系结构。1996 年，党的十四届六中全会创造性地提出了社会主义道德规范体系的基本框架。之后，为了适应社会主义市场经济体制的需要，我国的道德规范也做出相应调整。2012 年，党的十八大分别对国家、社会、公民三个层面提出道德倡导，国家层面包括富强、民主、文明、和谐，社会层面包括自由、平等、公正、法制，公民层面包括爱国、敬业、诚信、友善。不管如何调整，以全心全意为人民服务为核心，以集体主义为原则，以爱祖国、爱人民、爱劳动、爱科学、爱社会主义为基本规范的道德规范体系始终如一。在总的道德规范体系框架之下，各行各业制定了自己的道德规范体系，如《中华人民共和国法官职业道德基本准则》《中国医师道德准则》《中小学教师职业道德规范》《高等学校教师职业道德规范》等。完备的道德规范体系，成为衡量道德建设的一把“尺子”，让人们做事做人有章可循、有德可依。

3. 科学的道德评价体系。道德评价的目的是把人们的行为纳入道德规范要求的体系，通过舆论、法治、制度等措施使人们弃恶从善。2001 年，《公民道德建设实施纲要》提出：“机关、企事业单位是对公民进行道德教育的重要场所。”“要把遵守职业道德的情况作为考核、奖惩的重要指标，促使从业人员养成良好的职业习惯，树立行业新风。”这是把道德评价纳入考核之中的信号。现今公民道德建设已广泛被纳入了文明城镇、文明行业的评估和干部政绩的考核之中。有的地方还推出了专门的公民道德建设综合评价指标体系。2009 年，北京市推出《东城区公民道德建设综合评价指标体系》，

2010年又推出《职业道德建设综合评价指标体系》，分别从道德管理、道德基础、道德环境、道德修养、社会公德、职业道德、家庭美德等7个方面，制定了衡量一个地区公民道德建设水平的100个量化指标。这一套工作体系，将公民道德建设化虚为实，推动自律和他律的相互补充，有效地引导人们的思想，规范人们的行为。

（二）公民道德建设环境优化

公民道德建设环境是开展公民道德建设工作的一切外在因素的总和，环境的好坏直接关乎公民道德建设的效果。我们党和国家在社会系统中发挥协调和主导作用，使各种社会因素形成“合力”，为公民道德建设营造良好的环境。

1. 如期全面建成小康社会在望。“仓廪实而知礼节，衣食足而知荣辱。”人们丰衣足食，才能懂礼仪知礼节，重气节知荣辱。2012年，党的十八大报告首次正式提出全面建成小康社会。习近平总书记指出：“全面建成小康社会，是我们党向人民、向历史作出的庄严承诺，是13亿多中国人民的共同期盼。”[①] 全面建成小康社会，就要消除社会发展过程中贫富不均、差距过大的现象，形成规范、有序、公平、健康的社会环境。2013年，习近平总书记在湖南湘西考察时作出了“实事求是、因地制宜、分类指导、精准扶贫”的重要指示。精准扶贫是全面建成小康社会、实现中华民族伟大复兴的重要保障。据国家统计局发布的我国脱贫攻坚进展情况，2018年末，全国农村贫困人口1660万人，比上年末减少1386万人；贫困发生率1.7%，比上年下降1.4个百分点。[②] 2020年全面建成小康社会未

① 习近平：《在庆祝中国共产党成立95周年大会上的讲话》，人民出版社2016年版，第15页。

② 国家统计局：《2018年国民经济和社会发展统计公报》，2019年2月28日。

来可期。

2. 制度保障为公民道德建设助力。《公民道德建设实施纲要》指出:“道德建设是一个复杂的社会系统工程，要靠教育，也要靠法律、政策和规章制度”。制度建设在公民道德建设中不可或缺。2013 年 7 月新修订的《老年人权益保障法》把“常回家看看”入法;11 月，最高人民法院执行局与中国人民银行征信中心共同明确将失信被执行人名单信息纳入征信系统，建立“失信者黑名单”;2016 年 12 月，中共中央办公厅、国务院办公厅印发《关于进一步把社会主义核心价值观融入法治建设的指导意见》，把社会主义核心价值观的要求体现到宪法法律、法规规章和公共政策之中，转化为具有刚性约束力的法律规定;2017 年 9 月，十二届全国人大常委会第二十九次会议表决通过了《中华人民共和国国歌法》;等等。一系列贴合社会民生和经济发展需求的政策出台，推动了公民道德建设一步步走向完善。

3. 公民道德公益活动众多。为广泛动员人们关注和参与道德建设，2003 年 9 月 11 日，中央精神文明建设指导委员会将 9 月 20 日定为“公民道德宣传日”，公民道德建设贴近社会，走进人们生活。10 月，中央文明办、全国整顿和规范市场经济秩序领导小组办公室等单位联合发出开展“共铸诚信”活动的通知，决定从 2003 年起在全国联合开展“共铸诚信”活动，总体要求是:“抓教育，树立诚信意识;立规范，建立诚信机制;攻重点，整治突出问题;推典型，营造诚信氛围。”[①] 首都精神文明建设委员会办公室以“打造诚信首都，建设世界城市”为主题，开展了“共铸诚信”征文活动，编成《共铸诚信》一书。全书收录 80 篇作品，总结了“共铸诚信”

① 中华人民共和国年鉴编辑部编:《中华人民共和国年鉴 2004》，中华人民共和国年鉴社 2004 年版，第 453 页。

活动的新经验、新做法、新实践，对弘扬诚实守信的道德风尚起到了良好的推动作用。除此之外，文明城市、文明行业、文明单位、扶残助残、百城万店无假货、做人民满意的公务员以及崇德乐善“一月一主题”等各类公民道德公益活动，如雨后春笋般创建，引导人们做社会的好公民，做单位的好员工，做家庭的好成员。

4. 文化媒介的正面引导。近年来，报刊、电视、互联网等文化传媒，创作了大量反映传统美德、革命道德和新时期良好道德风貌的作品。在城市街道社区、火车站、汽车站、机场、乡村集市等公共场所，宣传道德规范的公益广告也让人目不暇接，置身其中，耳濡目染，受到熏陶。

5. 家风家训活动的开展。家庭是社会的基本细胞，是人生的第一所学校。家风家训在公民道德素质养成中占有先天优势，是公民道德建设中的重要环节。党的十八大以来，习近平总书记在不同场合谈到，要重视家庭建设，注重家庭、注重家教、注重家风，紧密结合培育和弘扬社会主义核心价值观，发扬光大中华民族传统家庭美德，促进家庭和睦，促进亲人相亲相爱，促进下一代健康成长，促进老年人老有所养，使千千万万个家庭成为国家发展、民族进步、社会和谐的重要基点。全国各地开展了“晒家风亮家训”“廉洁家风榜样评选”“讲家风故事”“传承好家风好家训”“家训楼”“楼道上的家风”等系列宣传教育活动，《人民日报（海外版）》《中国纪检监察报》等报刊专门开辟家风家训专栏，刊载家风家训故事，让人们感受家风家训的力量，营造和谐社会的氛围。

（三）公民道德水平整体提升

2001 年，中共中央颁布《公民道德建设实施纲要》，对在社会主义市场经济条件下加强道德建设提供了重要指导，有力促进了社会主义思想道德建设。十八大以来，以习近平同志为核心的党中央高度重视公民道德建设，立根塑魂、正本清源，作出一系列重要部署，推动公民思想道德建设取得显著成效。

1. 中国特色社会主义和中国梦深入人心。推进中国特色社会主义和中国梦更加深入人心，不仅是党和政府的责任，也是每个中国人应该自觉承担的责任。21 世纪以来，全国各地区、各行业、各群体从内容到形式上下功夫，务求将中国特色社会主义和中国梦内化于心、外化于行。据 2003 年共青团中央宣传部和中国青少年研究中心对北京大学、清华大学等 20 所高校的本科生、研究生、博士生和青年教师的抽样调查显示：77.1% 的受访者对中国共产党领导的中国特色社会主义道路充满信心，93.7% 的受访者认为未来能过上更好的生活。[①] 又据邹庆华博士的匿名问卷调查显示：96% 的受访者为自己是一个中国人感到骄傲和自豪；92% 的受访者关心国家的前途和命运；98.19% 的受访者对全面建成小康社会和构建社会主义和谐社会的目标充满信心；80.05% 的受访者对改革开放持肯定态度；86.78% 的受访者认同马克思主义在我国意识形态的主导地位。[②] 大多数人对我们国家发展的趋势和前途看好，高度认可中国特色社会主义和中国梦。

为深入宣传阐释中国特色社会主义和中国梦，在全社会唱响时代的主旋律，2013 年 7 月 9 日始，中央宣传部、中央直属机关工委、中央国家机关工委等部门在北京联合举办中国特色社会主义和中国梦宣传教育系列报告会。2014 年，中共中央办公厅印发《2014—2018 年全国党员教育培训工作规划》，坚持以理想信念为重点，开

① 房宁：《从民族自卑到民族认同提升——改革开放以来西方文化对中国青年的影响》，李稻葵主编：《中国与世界观察》2005 年第 1 期，商务印书馆 2005 年版，第 38 页。

② 邹庆华：《提升当代社会主流意识形态认同度研究》，哈尔滨工程大学博士学位论文 2014 年，第 66—72 页。

展主题教育培训，加强了中国特色社会主义和中国梦教育培训，引导党员坚定理想信念。2015 年 10 月，中国共产党十八届五中全会审议通过了《中共中央关于制定国民经济和社会发展第十三个五年规划的建议》，其中提出“十三五”期间全面建成小康社会，需要显著提高国民素质和社会文明程度，其首要的要求是使中国梦和社会主义核心价值观更加深入人心。如今，全国兴起了宣传中国特色社会主义和中国梦的热潮。中国特色社会主义和中国梦透过宣讲、小品、广告等各种创新的形式深入人心，落地生根。

2. 传承中华优秀传统文化的自觉性不断提升。中华优秀传统文化是中华民族的根和魂。党的十八大以来，以习近平同志为核心的党中央高度重视中华优秀传统文化，多次强调传承中华优秀传统文化之于民族复兴的伟大意义。2017 年 1 月 25 日，中共中央办公厅和国务院办公厅印发《关于实施中华优秀传统文化传承发展工程的意见》，将中华优秀文化传承的自觉性，提高到国家文化战略层面。近些年来，通过路径和方式的创新，人们对于中华优秀传统文化有了更为清晰的认知，传承中华优秀传统文化的自觉性在不断提升。

以文化经典为载体，自觉传承中华优秀传统文化。2016 年，国务院参事室、中央文史研究馆编纂《中华传统文化经典百篇》，包括先秦诗歌、辞赋及历代论说、语录、史传等文体，选入关乎修身立德、治国理政、亲情伦理的传世经典。国家图书馆组织实施的重点编纂项目《中华传统文化百部经典》遴选中华传统文化中 100 部经典，力求达到中华优秀传统文化与社会主义核心价值观的契合。此外《国家宝藏》《朗读者》《中国诗词大会》《中国戏曲大会》《中国民歌大会》等电视节目，将中华优秀传统文化与电视媒体有机结合，讲好中国故事，传播中国优秀传统文化。

以学校教育为主导，自觉传承中华优秀传统文化。在 2016 年义务教育修订版语文教材中，弘扬中华优秀传统文化的相关课文约占全部课文的30%，其中每册最后一单元均为反映中华优秀传统文化的课文；《百花园》“读读背背”栏目均为古诗文，比之前的教材增加了约40%。又据教育部办公厅印发《关于2018年中小学教学用书有关事项的通知》，初中古诗文选篇占所有选篇的51.7%。2018年教育部决定开展中华优秀传统文化传承基地建设，支持普通高校围绕民族民间音乐、美术、舞蹈、戏剧以及民族传统体育等中华优秀传统文化项目的建设传承。

以节庆习俗为依托，自觉传承中华优秀传统文化。2017年1月，中共中央办公厅、国务院办公厅公布《关于实施中华优秀传统文化传承发展工程的意见》，要求“实施中国传统节日振兴工程，丰富春节、元宵节、清明、端午、七夕、中秋、重阳等传统节日文化内涵”。传统节日习俗蕴含着丰富的文化精神，是中国人的精神家园。比如清明节寄托了礼敬祖先的哀思，中秋节表示在外的游子对家乡的思念，重阳节展现了尊老敬老的良好风尚……在国家的提倡和鼓励下，现在越来越多的人认同传统节日，乐于回归传统节日，过好中国传统节日。“过好中国年，幸福一整年”，“中秋佳节，常回家看看”等成为流行的社会风尚。

3. 爱国主义、集体主义、社会主义广为弘扬。爱国主义、集体主义与社会主义三位一体，有机统一，已在人民心中内化为一种自觉意识。据2010年吴潜涛主持的社会调查显示：“被调查者首先考虑集体的利益，再考虑个人利益的比例为44.99%，明显高于其他选项，如果再加上无条件服从集体的14.63%，那么总体上认为集体利益应该优先于个人利益的比例达到59.62%，占据了一大半。”[①] 这表

---

① 吴潜涛：《当代中国公民道德状况调查》，人民出版社2010年版，第40页。

明我国公民的社会责任意识增强。正因为如此，在中国特色社会主义现代化建设实践中产生了奥运精神、抗洪精神、青藏铁路精神、抗震救灾精神、航天精神以及志愿者精神等时代精神。中国伦理学会副会长王伟说："在改革开放的第30个年头即2008年，我们夺取了抗震救灾的重大胜利，成功举办了北京奥运会和残奥会，形成了'抗震救灾精神'与'奥运精神'。这两大精神集中展现了中华民族不屈不挠、奋发向上的精神，无愧为社会主义道德建设30年的最重大的成果之一。"[①]2019年是中华人民共和国成立70周年，我们国家举行了一系列的盛大庆典，14亿中国人民人心空前凝聚，爱国热情空前高涨，更加坚定了走中国特色社会主义道路的决心和信心。

4. 崇尚英雄、尊重模范、学习先进成为风尚。典型人物的模范引领和道德示范既是公民道德教育的一种重要形式，也是公民道德水平整体提升的一个重要指标。改革开放以来，涵盖各个层次、各个行业的典型不断涌现，成为一种新示范、新标杆，引领着一种新时尚。2007—2012年，评选三届全国道德模范共计162人，2013年第四届全国道德模范54人，2015年第五届全国道德模范62人，2017年第六届全国道德模范58人。[②]全国道德模范在各自的领域中诠释了道德之美，传播了道德之光。为配合道德模范的选树工作，2008年中央文明办开展"我推荐，我评议身边好人"推荐活动，当年有400人荣登"中国好人榜"。至2018年12月已有12422名好人上榜。各地涌现出了"道德模范""身边好人"等一批先进典型，形成了"群星灿烂"的新局面，这些先进的道德典型，充分展现了当代中国人的精神风貌和道德水平。

道德模范层出不穷，各类时代精神涌现，学习先进成为风尚。

---

① 王伟:《改革开放三十年的道德建设》,《光明日报》2008年10月7日。

② 倪素香:《新中国成立70周年，道德建设成就斐然》，光明网2019年2月15日。

据《中国志愿服务发展报告（2017）》显示，2017 年以来，农民志愿者增长率最高，达到 72.05%。据中国志愿服务网截至 2019 年 1 月 31 日的数据统计，全国志愿服务实名志愿者总数为 109511662 人，志愿团体总数为 582952 个。①

5. 民族自信心、自豪感大大增强。回首近代中国百年历史，外敌入侵和军阀混战，使中华民族遭遇了深重的灾难，不停地被折腾。改革开放 40 多年来，中国保持了稳定，人民生活水平提高，综合国力不断增强，大国意识正在复苏，民族自信心、自豪感、凝聚力都空前增强。2008 年在举世瞩目的北京奥运会上，全世界都看到了中国人民的崛起和强大。2016 年 7 月，中国建成世界最大单口径射电望远镜 FAST，综合性能远超曾经世界第一的射电望远镜阿雷西博。8 月 1 日，我国成功将世界首颗量子科学实验卫星“墨子号”发射升空，中国量子通信领跑世界。2018 年 10 月，港珠澳大桥建成与通车，全长约 55 公里，是世界上最长的跨海大桥，是我国综合国力、自主创新能力的体现……我们国家的每一个进步，都能激发起人们的民族自信心、民族自豪感。

2016 年 7 月 1 日，习近平总书记在庆祝中国共产党成立 95 周年大会上明确提出，中国共产党人坚持不忘初心，继续前进，就是要坚持“四个自信”，即中国特色社会主义道路自信、理论自信、制度自信、文化自信，极大地提振了中国人的自信心和自豪感。2017 年，风靡全国的国产电影《战狼 2》，彰显了中国的强大实力与影响力。剧中台词说：“当你在海外遇到危险时，不要放弃，在你身后有一个强大的祖国！”这就是向世界展示作为一名中国人的骄傲和自豪。

---

① 倪素香：《新中国成立 70 周年，道德建设成就斐然》，光明网 2019 年 2 月 15 日。

6. 人们的道德水准、文明素养日益提高。随着中国社会的进步，道德评价标准基本形成并不断规范化，学习先进成为社会风尚，人们的社会道德意识和实践取得了较大进步。

社会公德意识增强，养成文明习惯。越来越多的人在感知新时代发展变化、共享新时代发展成果的同时，加入到维护新时代成果的行列中来。自觉遵守社会公德成为大多数人的共同认识和自我要求。“全民随手拍，告别不文明行为”活动在全国各地如火如荼，若发现随地吐痰、闯红灯、在公共场所吸烟、破坏公物等不文明行为，人们会随手拍下来发到公众平台上；志愿者也走上街头开展文明督导活动。2015 年，杨维、聂沉香选取广东顺德区，对社会公德意识现状进行调查。调查结果显示，90% 的人不会在街道、景区乱扔垃圾；87.3% 的人反感在公共场所的不文明行为；87.6% 的人对路人问路都选择“如实回答”；85.1% 的人都表示反感并坚决反对网上人肉搜索。[①] 人们的整体道德水准、文明素质在不断提高。

职业道德素质明显提升。1986 年《中共中央关于社会主义精神文明建设指导方针的决议》指出：“在我们社会的各行各业，都要大力加强职业道德建设。”2001 年《公民道德建设实施纲要》规定职业道德的主要内容是：爱岗敬业、诚实守信、办事公道、服务群众、奉献社会。中国特色社会主义进入新时代，人们的职业道德素质明显提升。以最受关注的公务员职业道德为例。2011 年国家公务员局印发《公务员职业道德培训大纲》，2016 年中共中央组织部印发了《关于推进公务员职业道德建设工程的意见》，公务员服务人民观念增强，恪尽职守担当责任意识提升，公正廉洁职业操守强化。2001 年，南京启动“万人评议机关”活动，让群众给市级机关打分

① 杨维、聂沉香：《城市升级进程中社会公德意识现状与思考》，《长沙理工大学学报（社会科学版）》2015 年第 1 期。

评议，自活动开展以来群众满意率不断提升（详见图1）。该活动引起社会的广泛关注并得到推广。

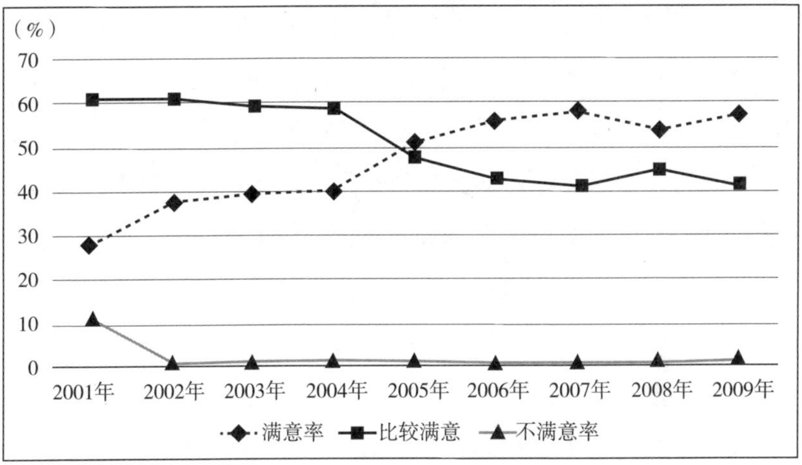

图1：南京市“万人评议机关”活动群众满意率趋势图[①]

生态环保意识增强。生态道德意识是生态文明建设的一个重要问题。习近平总书记指出，绿水青山就是金山银山。这为我们建设生态文明提供了根本遵循。党的十八大以来，我国公民的生态道德意识逐渐增强。据2013年《全国公众生态文明意识调查研究报告》数据显示，公众对生态文明建设认同度、知晓度、践行度分别为74.8%、48.2%、60.1%；公众对建设生态文明与美丽中国的战略目标高度认同，78%的被调查者认为建设美丽中国是每个人的事，99.5%%的人选择了高度关注，积极参与。[②]从调查结果来看，公众

① 秦晓蕾：《地方政府绩效评估中的有效公民参与：责任与信任的交换正义——以南京市“万人评议机关”15年演化历程为例》，《中国行政管理》2017年第2期。

② 环境保护部宣传教育司：《全国公众生态文明意识调查研究报告（2013年）》，中国环境出版社2015年版，第40页。

生态文明意识虽然知晓度低、践行度不够，但认同度高。这表明公民环境意识增强，把建设美丽中国化为人民自觉的道德行动。

三、我国公民道德建设存在的问题

公民道德属于上层建筑，由经济基础决定。改革开放 40 多年，我国经济建设取得巨大成就，已经成为世界第二大经济体。同时我们也要看到，在国际国内形势深刻变化的大背景下，由于社会主义市场经济规则、政策法规、社会治理体制还不够健全，受不良思想文化的侵蚀和网络有害信息的影响，公民道德领域依然存在不少问题。经济上的强大若不能建立在高水平的公民道德基础之上，就会危如累卵。因此，经济建设与发展需要良好的、较高水平的公民道德环境。目前我国公民道德建设暴露出一些问题，值得重视。

（一）外来文化的渗透

21 世纪以来，我国逐渐形成了对外开放的新格局，积极地融入世界，大胆借鉴国际先进技术、管理经验和文化资源。随之而来的是大量的外来文化涌入我国，虽然外来文化使人们开拓了视野，思想观念更加国际化、现代化，但同时也导致了许多不良问题。欧美资本主义国家利用其经济和政治上的优势，趁机对中国进行意识形态的渗透，将资本主义的价值观以及陈腐的道德生活方式输入中国，把内容不健康的图书、影视作品输入中国，将个人主义、享乐主义、金钱至上和功利主义等不良道德思想输入中国。一些人不察其危害，长期沉溺其中，从而集体观念淡薄、个人主义盛行、公共道德丧失，严重背离了社会主义道德价值观。与此同时，韩国和日本音乐、电视剧大举登陆中国，一些主流媒体又推波助澜，一些青年人盲目追求表面上的光鲜，狂热追捧日本和韩国流行娱乐文化，形成“哈韩”“哈日”一族，迷失自我，丧失自己的民族特性，忘记了自己的社会责任和历史重任。这一现象导致道德标准的多样性，大大降低了国人对国家公民道德的认识水平和能力，尤其是对年轻人的道德认知产生严重冲击。

（二）网络道德建设严重滞后

伴随着互联网技术的推广与普及，我国公民道德建设情况变得比以往更为复杂。在互联网这个虚拟空间，人们可以自由地共享信息、交流观点，但又引起了社会很多道德难题。很多人认为网络是法外之地，在微博、QQ 群、微信群以及各类论坛上随意发布攻击、谩骂、恐怖、色情、暴力的消息，将网络公共场所当作自己的私家领地；一些网络平台充斥着淫秽色情、庸俗、低级趣味、危害社会公德的视听节目；一些违法人员利用互联网的缺陷，窃取和滥用他人的个人隐私；随意对他人进行人肉搜索，侵犯他人的隐私权；等等。然而，我国互联网建设由于起步较迟，又面临快速发展的新形势：一方面，网络道德体系尚未构建完成，很多网络道德相关问题至今尚未统一认识；另一方面，我国目前缺乏系统的互联网监管机制，网络立法跟不上网络罪犯的脚步。互联网监管力量分散、监管人员素质不高、监管技术不成熟以及道德赏罚机制的缺失，严重危害了我国公民道德建设的公信力和执行力。

（三）法律实施与道德之间存在隔阂

2016 年 12 月，习近平总书记在中央政治局第 37 次集体学习时，精辟地论述了法治与德治的关系：“法律是成文的道德，道德是内心的法律。法律和道德都具有规范社会行为、调节社会关系、维护社会秩序的作用，在国家治理中都有其地位和功能。”[①] 然而，从法律实施的角度来看，我们国家存在着有法不依、执法不严、违法不究的现象，这些现象严重损害了社会主义道德建设，难以保障社会公德、职业道德和家庭美德的充分实现。法院裁判有时与社会主义道德要求相冲突，从而陷入“赢了法律，输了道德”的困境。2006 年彭宇案的后续影响巨大且深远，造成至今社会还在讨论“扶不扶、救不救”的问题。法律判决在涉及“公序良俗”“诚实信用”等社会主义道德的价值观时应当更加审慎。2018 年 1 月，“电梯劝烟猝死案”二审改判，劝者的行为不需要承担相应的法律责任。《人民日报》评论道：“劝阻不当行为，应该得到法律的鼓励”，“劝阻吸烟等失当行为不仅是一项权利，也是一项义务。即使它不是一项具体的法律义务，也是一种道德义务。惟其如此，才能让人行为改善、人心向善，营造全民守法、和谐有序的社会氛围。”[②] 这个判决向社会释放出一个信号：法律鼓励人们维护公共利益与公序良俗。

（四）一些社会成员道德观念模糊甚至缺失

在我国社会转型期，一些社会成员道德存在严重失范，社会主义道德信仰缺失，崇尚“极端利己主义”“拜金主义”“享乐主义”，追求感官的刺激，沉溺于声色犬马之中；违反、背离社会主义市场经济基本道德原则，制造伪劣商品欺骗消费者；偷税漏税，损害国家利益；贿赂互利，搞钱权交易；抄袭剽窃，搞虚假科研，捏造、伪造实验数据。尤其是一小部分社会精英道德形象低下，产生很坏的示范效应。精英群体拥有较高的社会地位、声望与文化水平，是社会道德的标识，是民风民俗因之以成的表率。一个普通人的道德

---

① 《习近平谈治国理政》第二卷，外文出版社 2017 年版，第 133 页。
② 喻中：《劝阻不当行为值得鼓励》，《人民日报》2018 年 1 月 24 日。

能影响一个家庭、一个家族，而一个社会精英却能形成较强的道德“辐射力”，其道德品格影响一个社会。

农民、农民工、残疾人等虽然能力与知识上逊色于富人、明星艺人、政府官员等，但却有着较高的公民道德水平，相反，后者却处于社会道德的底层。这一观点也与严蔚刚、张澍军的调查结果一致。他们调查了2007年53名全国道德模范所处的阶层和社会经济等级分布情况，发现社会中下层及底层的道德模范数量很大（占43%），如果加上社会中层，比例达到87%，因此得出结论：“不是拥有令人羡慕的职业，就会拥有令人称赞的道德；不是拥有更高的文化程度，就一定拥有更好的道德水平；不是拥有上层的社会地位，就会拥有上乘的道德品质。”[①]在某种意义上说，社会上流行的道德悲观论应归咎于此。

在我国一些地方、一些领域不同程度地存在着不健康、不文明、不道德的现象，拜金主义、享乐主义、极端个人主义在一些人中还有市场。少数人是非、善恶、美丑不分，见利忘义，损人利己，造假欺诈，突破公序良俗底线，妨害人民幸福生活，伤害国家尊严和民族感情。这些问题已引起全党全国人民的高度重视，必定会采取有力措施切实加以解决。

综上所述，改革开放40多年来，我们国家在经济建设上取得举世瞩目的成就，在公民道德建设上也不断推进战略创新，建立并完善了公民道德建设体系，在实践中取得了巨大成就。2012年《求是》杂志上的文章指出，伴随社会文明程度的提升和公民思想道德素质的提高，在人的利益、人的价值、人的尊严、人的个性、人的权利等问题上，有了多么巨大的变革和进步；改革开放意识、竞争

① 严蔚刚、张澍军：《道德矢量及其教育启示》，《社会科学战线》2009年第9期。

进取意识、自由民主意识、公平正义意识、和谐包容意识、生态环保意识，有了多么巨大的转变和创新；社会公德、职业道德、家庭美德、个人品德以及经济道德、政治道德、公共道德、生态道德等各个领域的道德建设，又有了多么巨大的改进和提升！正是这些根本性、基础性的道德观念、道德规范、道德实践、道德评价标准的变革和创新，使道德建设的触角，日益延伸至社会生活的各个层面；使道德调节社会关系的广度和深度，不断扩大和加深；使整个社会以及大多数公民的道德文明水平，继续迈向新的境界。我们有充分的理由可以肯定，中国道德的发展进步在总体上与中国改革开放的历史进程和历史成就同向，与中国经济社会的全面发展进步同向，与中国人素质的全面提升同向。[1]中国特色社会主义已进入了新时代，将为公民道德建设注入更加强劲的动力。

---

① 秋石:《认清道德主流　坚定道德信心——再论正确认识我国社会现阶段道德状况》,《求是》2012 年第 4 期。

第 04 章

CHAPTER FOUR

中华民族伟大复兴视野下的新时代公民道德建设

/ 习语 /

要深入实施公民道德建设工程，深化群众性精神文明创建活动，引导广大人民群众自觉践行社会主义核心价值观，树立良好道德风尚，争做社会主义道德的示范者、良好风尚的维护者。

——习近平

2001年，党中央颁布《公民道德建设实施纲要》，对在社会主义市场经济条件下加强公民道德建设提供了重要指导，有力地促进了社会主义精神文明建设。党的十八大以来，以习近平同志为核心的党中央高度重视公民道德建设，立根塑魂、正本清源，作出一系列重要部署，推动思想道德建设取得显著成效。中国特色社会主义和中国梦深入人心，践行社会主义核心价值观、传承中华优秀传统文化的自觉性不断提升，爱国主义、集体主义、社会主义思想广为弘扬，崇尚英雄、尊重模范、学习先进成为风尚，民族自信心、自豪感大大增强，人民的思想觉悟、道德水准、文明素养不断提高，道德领域呈现积极健康向上的良好态势。

在此基础上，2019年10月27日，党中央、国务院印发了《纲要》。这是中华民族伟大复兴背景下社会主义精神文明建设的一件大事。中国特色社会主义进入新时代，对公民道德建设提出了新的更高要求。加强公民道德建设、提高全社会道德水平，是全面建成小康社会、全面建设社会主义现代化强国的战略任务，是适应社会主要矛盾变化、满足人民对美好生活向往的迫切需要，是促进社会全面进步、人的全面发展的必然要求。《纲要》的出台对于推动全民道德素质和社会文明程度达到一个新高度，决胜全面建成小康社会，开启全面建设社会主义现代化国家新征程，具有十分重要的意义。[①]

一、新时代公民道德建设的基础

（一）中华传统美德

中华文明源远流长，孕育了中华民族的宝贵精神品格，培育了

① 《推动全民道德素质和社会文明程度达到新高度》，《人民日报》2019年10月28日。

中国人民的崇高价值追求。中华民族是一个崇尚美德的民族，是一个善于继承传统、不断发展创新的民族。中华优秀传统文化作为中华民族的文化根脉，其蕴含的思想观念、人文精神、道德规范，培育了中国人民的崇高价值追求，不仅是我们中国人思想和精神的内核，对解决人类问题也有重要价值。长期以来，中华传统美德是中华民族砥砺前行的道德支撑和精神纽带。自强不息、敬业乐群、扶危济困、见义勇为、孝老爱亲等中华传统美德超越了时代、阶级的局限性，润泽心灵，使中华民族更加繁荣兴盛。我们应自觉传承中华传统美德，继承我们党领导人民在长期实践中形成的优良传统和革命道德，适应新时代改革开放和社会主义市场经济的发展要求，积极推动其创造性转化、创新性发展，不断增强公民道德建设的时代性和实效性。

构建新时代公民道德建设体系离不开对中国历史文化资源、中华传统美德的创造性运用，这也是新时代公民道德建设必须承担的历史责任。习近平总书记指出："中华民族有着深厚文化传统，形成了富有特色的思想体系，体现了中国人几千年来积累的知识智慧和理性思辨。这是我国的独特优势。中华文明延续着我们国家和民族的精神血脉，既需要薪火相传、代代守护，也需要与时俱进、推陈出新。要加强对中华优秀传统文化的挖掘和阐发，使中华民族最基本的文化基因与当代文化相适应、与现代社会相协调，把跨越时空、超越国界、富有永恒魅力、具有当代价值的文化精神弘扬起来。要推动中华文明创造性转化、创新性发展，激活其生命力，让中华文明同各国人民创造的多彩文明一道，为人类提供正确精神指引。"①"自强不息、厚德载物的思想，支撑着中华民族生生不息、薪

① 习近平：《在哲学社会科学工作座谈会上的讲话》，人民出版社 2016 年版，第 17 页。

火相传，今天依然是我们推进改革开放和社会主义现代化建设的强大精神力量。”①

中华民族站起来、富起来、强起来的征程中，中华传统美德鼓舞着中华儿女众志成城，克难制胜，是我们在伟大斗争中无惧风险挑战的思想武器。新时代传承中华传统美德，就是要在新时代继续立德树人、以德铸人，以振奋的精神和高贵的品格锐意进取，奋发有为。

（二）社会主义道德体系的构建与发展

在马克思主义的指导下，中国共产党领导人民在革命、建设和改革的历史进程中，坚持马克思主义对人类美好社会的理想，继承发扬中华传统美德，创造形成了引领中国社会发展进步的社会主义道德体系。

社会主义道德体系是与社会主义市场经济相适应、与社会主义法律规范相协调、与中华传统美德相承接的社会主义思想道德体系。这一体系应当是包含了道德思想体系、规范体系以及包括器物在内的运行支撑体系的有机整体。它以中国特色社会主义理论为指导，传承中华传统美德的优良文化基因，适合中国国情和民众道德生活，逻辑结构上完整而自洽，能深入人心且行之有效，并能够与经济、政治和法律体系密切配合。社会主义道德体系是建立在“一切权力属于人民”和以公有制为基础的社会主义政治制度和法律制度之上的。为人民服务，忠于国家和公共利益，坚持社会主义集体主义，一切为了人民幸福，是这一体系的基本性质之所在。在最高道德价值信念和基本价值基准方面，它与社会主义核心价值观相一

---

① 《习近平谈治国理政》第一卷，外文出版社 2018 年版，第 158 页。

致；在基本道德规范方面，它与社会主义的政治、法律规范相呼应；在器物层面，它体现的应该是人与人之间的平等、诚信、友善和和谐，展示的是社会主义社会中人们健康向上的精神风貌和幸福生活。

（三）中国特色社会主义进入新时代

经过长期努力，中国特色社会主义进入了新时代，这是我国发展新的历史方位。中国特色社会主义进入新时代，意味着近代以来久经磨难的中华民族迎来了从站起来、富起来到强起来的伟大飞跃，迎来了实现中华民族伟大复兴的光明前景；意味着科学社会主义在21世纪的中国焕发出强大生机活力，在世界上高高举起了中国特色社会主义伟大旗帜；意味着中国特色社会主义道路、理论、制度、文化不断发展，拓展了发展中国家走向现代化的途径，给世界上那些既希望加快发展又希望保持自身独立性的国家和民族提供了全新选择，为解决人类问题贡献了中国智慧和中国方案。

中国特色社会主义进入新时代，加强公民道德建设、提高全社会道德水平，是全面建成小康社会、全面建设社会主义现代化强国的战略任务，是适应社会主要矛盾变化、满足人民对美好生活向往的迫切需要，是促进社会全面进步、人的全面发展的必然要求。

党的十八大以来，以习近平同志为核心的党中央高度重视公民道德建设，作出一系列重要部署，推动思想道德建设取得显著成效。讲道德、尊道德、守道德，追求高尚的道德蔚为风尚；崇尚英雄、尊重模范、学习先进的氛围更加浓厚，道德领域呈现积极健康向上的良好态势。在庆祝中华人民共和国成立70周年系列活动中，全国各族人民表现出的爱国情感朴素而炽热，全社会团结一致、奋发昂扬，民族自信心和自豪感进一步增强，展示了我国公民道德建设所取得的丰硕成果。

中国特色社会主义的伟大实践是新时代公民道德建设的实践基础；当代中国积累了丰厚的道德资源，中国特色社会主义道德体系的构建与发展，为新时代进一步做好公民道德建设奠定了重要基础。

二、新时代公民道德建设的主要特点

（一）体现时代特征

《纲要》深入贯彻习近平新时代中国特色社会主义思想和党的十九大精神，在充分体现习近平总书记关于公民道德建设重要论述的基础上，进一步梳理总书记的新思想、新观点、新要求，把涉及有关方面的重要内容和抓落实的内容更加鲜明地体现出来，使新时代特征贯穿《纲要》始终。

中国特色社会主义进入新时代，加强公民道德建设、提高全社会道德水平，必须坚定对马克思主义的信仰、坚定对中国特色社会主义的信念。在新的历史起点上，要加深对当代中国的马克思主义——习近平新时代中国特色社会主义思想的学习理解、融会贯通，不断自我净化、自我完善、自我革新、自我提高，增强贯彻落实的自觉性和坚定性。《纲要》的实施与践行，不仅将改变中国，更将改变世界；不仅是对中国发展的贡献，也对世界发展具有重大启迪和引领作用。

（二）尊重群众实践

《纲要》总结了 2001 年党中央颁布《公民道德建设实施纲要》以来，各地在公民道德建设中的新鲜创造和典型经验，形成了对新时代公民道德建设工作规律的深刻认识和科学把握，突出群众性、实践性、可操作性，设计了群众便于参与、乐于参与的渠道载体，为深入开展基层道德建设提供了根本遵循。

公民是公民道德建设的主体。随着以人为本理念的深入人心，道德主体教育的思想越来越成为道德教育理念的主流，即“承认和尊重人的主体地位和主体人格，培养人成为具有自主性、独立性、能动性、创造性等主体道德素质的社会主体的模式”。新时代公民道德建设中，公民作为活动主体所具备的自主性、能动性和创造性得到尊重与重视。

（三）坚持守正创新

《纲要》既继承了2001年《公民道德建设实施纲要》的主要内容和载体途径，又立足新时代新形势新任务新要求，突出问题导向，着重体现习近平总书记对党员领导干部、青少年和社会公众人物等重要群体和重点领域道德建设的重要论述和具体要求，重点强化了法治保障、网络空间、生态文明、对外交往等方面的内容，既遵循了道德建设的规律，又进行了创新创造，增强了道德建设的吸引力感染力。

以社会主义核心价值观为例，党的十八大以来，以习近平同志为核心的党中央，对培育和践行社会主义核心价值观高度重视，多次发表重要讲话，作出一系列决策部署，深刻阐述了社会主义核心价值观的重大意义、基本内涵、实现途径、工作要求、重要保障，科学回答了一系列重大理论和现实问题，丰富发展了马克思主义价值观理论，为全党全社会提供了根本遵循和行动指南。社会主义核心价值观既坚持了马克思主义的共性又涵盖着中国特色社会主义的个性，既坚守国家、社会的目标又张扬了人的主体性，既有深厚的传统底蕴又有鲜明的时代特征，符合历史、合乎实践，贴近民情、顺乎民意，能够发挥出广泛的感召力、强大的凝聚力和持久的引导力。它不仅为人们的思想和行为提出了明确的价值导向和行为标准，也为道德治理提供了理论依据和思想指导。

三、新时代公民道德建设的价值

（一）中华民族伟大复兴视野下的国家认同

习近平总书记在党的十九大报告中指出："我们比历史上任何时期都更接近、更有信心和能力实现中华民族伟大复兴的目标。"①中华民族伟大复兴的中国梦是以习近平同志为核心的党中央提出的重大战略思想，是党和国家面向未来的政治宣言。近代以来的仁人志士各式各样的斗争和尝试，终究未能改变旧中国的社会性质和人民的悲惨命运。现在，这种梦想开始变为现实。

如果说毛泽东通过成功建党建军让中国人民站起来了，邓小平通过推进经济体制改革让中国富起来了，那么，习近平设计的旨在让中华民族强大起来的大国道路，就不再以革命和斗争为路径，也不是纯粹以经济发展为路径，而是探索一条民主法治基础上的中华民族伟大复兴中国梦的文明大国之道。②《纲要》则顺应了这一时代要求。

全球化背景下的公民道德与国家认同呈正比关系，公民道德精神越强，国家认同感也就越烈。《纲要》将公民道德作为全球化条件下建构鸟瞰式国家认同体系的精神内核，彰显了中国特色社会主义的核心价值观，彰显了中国特色社会主义道路自信、理论自信、制度自信、文化自信。

---

① 习近平：《决胜全面建成小康社会　夺取新时代中国特色社会主义伟大胜利——在中国共产党第十九次全国代表大会上的报告》，人民出版社 2017 年版，第 15 页。

② 李兰芬：《走向历史深处的公民道德建设》，《苏州大学学报（哲学社会科学版）》2015 年第 6 期。

（二）国家治理体系与治理能力现代化体系中的公民道德建设

道德治理作为国家治理体系现代化的重要组成部分，不仅彰显国家治理的软实力，其价值还旨归于国家治理现代化的文明建构，意在强调现代国家治理的道德资源、道德能力以及善恶研判的道德标准，进而推动国家治理体系和治理能力现代化进程。培育和践行公民道德也是国家治理现代化目标的应有任务。公民道德建设就是国家、社会和公民作为社会协同治理的多元主体，搭建多种平台、利用多种资源对公民进行普遍、持续的道德影响，给予公民必要的道德知识、道德态度、道德情感与道德实践的训练与引导，从而赋予公民以公共精神。①

新时代公民道德建设，将通过重塑公民道德的主体身份，培育和拓展公民、社会、国家等公民道德建设多主体的协同关系，发挥其社会治理功能，以建构具有中国特色和时代特征的公民道德建设组织结构、治理责任及其价值导向系统。

（三）全球化视野下的中国价值崛起

改革开放以来，中国快速发展的经济规模和经济实力令世人瞩目，但中国的国民素养、价值观念和人生格调尚未得到世人的广泛认同。有人认为，中国崛起遭遇价值观或曰意识形态的困境，中国软实力影响微乎其微，是一种不包含道德或规范意义的崛起。②

---

① 李兰芬、欧文辉：《公民道德建设的“治理”转向》，《苏州大学学报（哲学社会科学版）》2014 年第 6 期。

② 美国美中贸易全国委员会前主席柯白就认为：“中国的崛起并不包括特别的道德或规范意义。当今及未来的中国很可能向世界呈现经济和军事的力量，但它们不可能包含高调的哲学理论或意识形态。”法国前外交官认为，“中国的软实力微乎其微，并且在很大程度上来源于其经济实力。而软实力本身却与梦想有关。发展中国家的青少年会憧憬美国，但鲜有人会对中国怀有同样的向往。中国对他们的影响与梦想无关。”以上观点参见《激辩中国道路——世界中国学论坛观点集粹》，《社会观察》2013 年第 4 期。

面对来自外部的价值观挑战，我们必须培育与践行中国价值观。但是，中国价值的认可、认同不能自说自话。构建新时代公民道德建设体系是中国价值崛起的重要体现，但是，我们可能面临一个悖论[①]：用本土话语说，人家听不懂，更无法接受；用人家的话语表达，又存在失去自我的风险。当代世界，任何一个国家民族的道德文化，如果想要成为人类共同的道德框架中有价值的一部分，它就必须在某种程度上能够与其他国家民族的基本道德洞见对话和通约。也就是说，在一个现代国家民族的道德价值秩序里，不应该有无法用当今世界主流道德话语进行解释的成分，否则，这种道德文化只能是没有意义的存在。因此，中国公民道德建设不应该是一套自说自话、孤芳自赏的道德语言表达，而应该是在吸收和借鉴人类社会道德积极成果的基础上，打造我国关于公民道德的话语体系和话语权。

《纲要》作为中国共产党引领中华民族走进世界舞台、主动参与全球治理的文化倡导方略，既是中国共产党领导人民在革命、建设和改革历史进程中，坚持马克思主义对人类美好社会的理想，继承发扬中华传统美德，创造形成引领中国社会发展进步的社会主义道德体系的自觉凝练与文化自信，又是对国民素养、价值观念、提高全社会道德水平的政治性引领，进而推动文化强国的中国道路，推进中国价值、中国精神的传播。

中国价值是形成中国精神、凝聚中国力量的理念基础。中国价值以社会主义核心价值观为引领。而培育和践行社会主义核心价值观，则要将国家、社会、个人层面的价值要求贯穿到道德建设各方面，将个人梦、家庭梦与国家梦、民族梦统一起来，以主流价值建

---

① 李兰芬：《走向历史深处的公民道德建设》，《苏州大学学报（哲学社会科学版）》2015年第6期。

构道德规范、强化道德认同、指引道德实践，引导人们明大德、守公德、严私德，进而为夺取新时代中国特色社会主义伟大胜利、实现中华民族伟大复兴汇聚智慧和力量。正如习近平总书记所强调的："我们要积极培育和践行社会主义核心价值观，弘扬中华民族传统美德，把爱家和爱国统一起来，把实现个人梦、家庭梦融入国家梦、民族梦之中，用我们4亿多家庭、13亿多人民的智慧和力量，汇聚起夺取新时代中国特色社会主义伟大胜利、实现中华民族伟大复兴中国梦的磅礴力量。"①

四、推进新时代公民道德体系的努力方向

在新时代公民道德建设中，我们要坚持以构筑中国精神、中国价值、中国力量为着眼点，以社会公德、职业道德、家庭美德和个人品德建设为主要内容，以教育引导、实践养成和制度保障相统一为基本方法，坚持马克思主义道德观、社会主义道德观，倡导共产主义道德，以为人民服务为核心，以集体主义为原则，以爱祖国、爱人民、爱劳动、爱科学、爱社会主义为基本要求，始终保持公民道德建设的社会主义方向。

（一）聚力培养担当民族复兴大任的时代新人

习近平总书记强调，担当民族复兴大任的时代新人，必须是在思想水平、政治觉悟、道德品质、文化素养、精神状态等方面同新时代要求相符合的。这是公民道德建设的出发点和落脚点，一切工作都要聚焦这个目标，须臾不能偏离。要不断深化对时代新人丰富内涵、时代特质、根本要求的认识和理解，更好地推进公民道德建

① 《中共中央国务院举行春节团拜会》，《人民日报》2018年2月15日。

设，担负起培养时代新人的重要职责。

鼓励人们做一个好公民、好建设者、家庭好成员、养成好品行，是公民道德建设中要着力完成的目标。为此，全民族、全社会应积极推动践行以文明礼貌、助人为乐、爱护公物、保护环境、遵纪守法为主要内容的社会公德，鼓励人们在社会上做一个好公民；推动践行以爱岗敬业、诚实守信、办事公道、热情服务、奉献社会为主要内容的职业道德，鼓励人们在工作中做一个好建设者；推动践行以尊老爱幼、男女平等、夫妻和睦、勤俭持家、邻里互助为主要内容的家庭美德，鼓励人们在家庭里做一个好成员；推动践行以爱国奉献、明礼遵规、勤劳善良、宽厚正直、自强自律为主要内容的个人品德，鼓励人们在日常生活中养成好品行。

（二）坚持以社会主义核心价值观为引领

社会主义核心价值观是当代中国在价值观念上的最大公约数，其实就是一种德，既是个人的德，也是国家的德、社会的德。要将国家价值目标、社会价值准则和公民价值规范，有机融入公民道德建设各方面、全过程，更好发挥出引领作用。

培育和践行社会主义核心价值观，要“强化教育引导、实践养成、制度保障，发挥社会主义核心价值观对国民教育、精神文明创建、精神文化产品创作生产传播的引领作用，把社会主义核心价值观融入社会发展各方面，转化为人们的情感认同和行为习惯。坚持全民行动、干部带头，从家庭做起，从娃娃抓起。深入挖掘中华优秀传统文化蕴含的思想观念、人文精神、道德规范，结合时代要求继承创新，让中华文化展现出永久魅力和时代风采”[①]。这就从路径机

① 习近平：《决胜全面建成小康社会 夺取新时代中国特色社会主义伟大胜利——在中国共产党第十九次全国代表大会上的报告》，人民出版社 2017 年版，第 42 页。

制、培育主体、传统文化、思想道德等维度具体指明了新时代培育和践行社会主义核心价值观的新途径，为社会主义文化强国建设提供了价值共识和思想基础。

（三）大力夯实基层基础

公民道德建设对象在基层、主体在基层，必须瞄准基层需求，创新基层工作，推动公民道德建设提质量、上水平，扎实推进新时代文明实践中心和县级融媒体中心建设，夯实基层阵地，讲好美德故事，特别注重加强网络道德建设，推动网络成为正能量的集散地。

在现代化进程中，我们要在尊重人民群众主体地位基础上，引导人们注重修养品德、保持良知、增强爱心，激发人们形成善良的道德意愿、道德情感，培育正确的道德判断和道德责任，提高道德实践能力尤其是自觉实践能力，坚持提升道德认知与推动道德实践相结合，引导人们向往和追求讲道德、尊道德、守道德的生活。

（四）强化道德建设的法治保障与制度保障

法律是成文的道德，道德是内心的法律，道德建设离不开法治保障。必须坚持发挥社会主义法治的促进和保障作用，以法治承载道德理念、明确道德导向、弘扬美德义行，把社会主义道德要求体现到立法、执法、司法、守法之中，以法治的力量引导人们向上向善。既要讲法治又讲德治，重视发挥道德教化作用，把法律和道德的力量、法治和德治的功能紧密结合起来，把自律和他律紧密结合起来，努力树立起良好道德风尚。

要推动《社会主义核心价值观融入法治建设立法修法规划》的贯彻落实，建立社会主义核心价值观入法入规协调机制。要把社会主义道德要求融入社会治理，探索建立重大公共政策道德风险评估机制，健全各行各业规章制度，完善市民公约、村规民约、学生守则、团体章程等。要加强道德领域突出问题专项治理，不断净化社会文化环境。

道德的重塑是一个复杂工程。最有效的道德塑造，是个人通过社会化的过程，将社会主流的道德观念内化为个人价值，从而起到规范个人行为的作用。道德发挥作用的前提，是违反道德的行为将会遭受不同形式的惩罚或制裁，如同辈的批评和公众的谴责。因此，建立良好社会秩序和道德实力，不仅要靠教育和宣传引导，还要靠法律和制度的规导。仅靠道德本身的力量，无法从根本上杜绝道德缺失问题的发生。如果缺乏相应的社会制度，违反道德的行为不受惩罚，遵守道德的行为得不到奖励，那么道德自身的规范力量就会大为削弱。比如对食品、药品这样一些关乎人的生命健康安全的特殊产业，社会应建立并实行重点监管、严格责罚的制度，零容忍、零风险管制。对造假欺诈腐败等失德者不仅应给予“直接责罚”，还应让其承担“间接责罚”，可通过建立社会主体的道德资质评估机制，做道德品质状况的“黑白名单”记录，使有德者因道德享受回报，而道德失信“记录”由于放大了责罚范围和时间，加大了缺德成本和风险，使无德者对“间接责罚”后果“望而生畏”而放弃违规和不道德的选择。缺乏规范力量的道德，无法成为社会秩序的基础。只有社会制度相对完善、社会公正得到基本维护时，道德的力量才会真正强大起来。

建设道德文化的制度支持，需要改革社会治理体系，增加国家治理能力，重建社会基础秩序。具体而言，应当建立和完善一系列简单而重要的基础制度。比如，实施全面规范、公开透明的政府预算制度；建立有效的收入记录制度；规范现金管理制度；严格票据管理制度和账目管理制度；完善规范性文件、重大决策合法性审查机制；以及健全惩治和预防腐败体系等。这些基础制度的作用之一，就是对经济社会生活的各个环节进行清晰而准确的记录。事实上，这种记录是社会秩序的基础。由于缺少清晰而准确的记录，社会中的许多问题实际上已经处于不可治理状态，根本无法解决。要使这些问题由不可治理状态转入可治理状态，必须将上述基础制度和基础秩序重建起来。

只有当这些基础制度可以有效运转时，一个社会当中个人、企业和政府的行为才能真正做到有章可依、有迹可循，道德文化的规范作用也才能真正发扬光大。

（五）政府社会双向努力，重建社会信任

一个国家经济社会发展必然会带来社会信任模式和信任机制的变化。我国的经济发展是一种单向发展而非整体的社会进步，社会既有的道德和规范因此受到了巨大冲击，造成社会不信任的扩散和固化，甚至可能会成为群体冲突和社会矛盾的温床。摆脱这一危机，就需要重建社会信任。

重建社会信任，既需要政府自上而下的积极介入——通过思想教育、媒体宣传以及相关的制度变革和制度创新来大力提倡道德观念，强调互信互敬互谅，同时也需要社会自下而上的积极参与——通过群体压力、公众舆论来形成惩恶扬善、增强信任的社会氛围。

对于政府介入而言，重建社会信任，首先在于正视当下社会大众对社会不公的不满，发现其中的制度症结，确认那些可以化解这些不满的制度变革，进而逐步建构制度化的长效机制。目前我国存在多元的社会价值观念，共享的观念、价值和道德的形成看似面临相当的困难。然而，匡扶社会公正能够提高社会凝聚力。关于公正世界的信念能够帮助民众明确相信社会是稳定有序的，并帮助民众

遵循公正的规则、规范和道德，这样整个社会才能实现整合。

其次，重建社会信任，还需要政府和官员的表率作用。社会主义核心价值观的重建应当以日常生活中人人都能身体力行的基础道德和基本伦理为出发点，并且应当首先从公职人员身体力行开始。干部道德修养高，则正面表率作用明显。干部如能使用手中权力全心为人民服务，则人民群众受惠，干部受拥戴。政府不仅应当大力推进社会信任的重建，同时也应当成为在日常生活和工作中践行基础道德的表率。每个人都应该助人为乐，但在提倡人人“与人方便与己方便”之前，应当先强调政府及公职人员“尽职尽责，与民方便”；惩恶扬善很重要，但政府及公职人员“不说假话”更基础；要求人人遵纪守法，提倡社会大众“红灯停绿灯行”的前提，应当是政府及公职人员不“公车私用”；要求社会大众爱国家，应当从提倡“爱家庭”“爱社区”做起，而公职人员在这些方面更应当“行为天下先”。

对社会参与而言，重建社会信任，应当增加社会参与。公民道德建设需要确立与社会主义市场经济相匹配的健康健全的道德品格、独立人格、主体意识、个人尊严、宽容精神、自由精神、平等精神、民主精神、法治精神、人权意识、公民意识等等。作为道德建设的主体的公民要明确自己的责任，认识自己不完善、不健全之处，充分利用家庭、学校、社会等场域完善、健全公民道德，进一步提高全社会的政治参与意识、民主观念、法律意识等。当然，公民道德建设并非一朝一夕之功，需要长时期不间断日积月累的培养，需要采取务实的态度与方法，不能贪快贪全，应该从民众日常生活的基础做起。在当今浮躁的社会中，公民道德建设更应该从基础做起。比如，可以从家庭里的孝敬长辈、尊老爱幼、真挚善良等最基本的道德做起。然后在此基础上，人们逐步认识自身的不足，从而推而广之。

（六）回归基础道德，重塑基础秩序

道德是社会向心力的基础。在对当前社会道德滑坡危机的应对中，需要关注基础道德和基本伦理的重建。在重塑道德的过程中，一方面应当直面当前意识形态的困境，鼓励思想解放，借鉴和汲取人类社会一切有价值的文明成果；另一方面也要尊重民众的权利表达，关注社会成员的想法、需求、价值偏好，道德重塑的目标就是改善社会秩序、保护民众权益。

回归基础道德，离不开政府大力倡导。政府应当通过各种方式，激发人们形成善良的道德意愿、道德情感，培育正确的道德判断和道德责任，提高道德实践能力尤其是自觉践行能力，引导人们向往和追求讲道德、尊道德、守道德的生活，形成向上的力量、向善的力量。政府大力提倡道德规范时，应当借鉴和发扬我国传统文化中的精华。

回归基础道德，离不开发扬优秀文化。比如，儒家文化就提供了丰富的道德资源。经过两千年的发展，儒家文化已经形成一套成熟的道德体系，推己及人、内圣外王，将个人道德与社会秩序紧密结合在一起。以孝道文化为代表的传统文化在被赋予了新的时代内涵以后，渗透于德育教育之中，对于社会主义核心价值观的践行、和谐社会的构建等都具有重要意义。第一，当孝的要求作为普遍原则深入人心后，人们为了对父母尽孝，感恩、体谅父母，必须努力学习，积极工作，创造能够使家庭存在和发展的物质条件；第二，进一步，在既有的道德习惯的基础上，推己及人，人们达到“老吾老以及人之老，幼吾幼以及人之幼”的较高的道德境界；第三，更进一步，爱祖国、爱人民、爱劳动等道德要求，也可以从孝道扩展

和迁移而落实。这样，社会秩序就将日趋和谐有序，社会道德就将日益进步，社会主义核心价值观的要求才可能得到较好的落实。[①]

回归基础道德，离不开保护个人权益。道德的一个核心基础是社会公正。无法有效保护每一个社会成员合法权益的道德，只能是虚假的道德。现代社会高度多元，利益分化日趋明显，利益的差异和冲突在所难免，已经成为现代生活的一个正常组成部分。道德之所以可以化解矛盾，就是因为道德也可以保护合法权益，特别是那些在社会中处于相对弱势地位的群体的合法权益。重塑道德，更应当关注弱势群体，倾听其呼声、保护其权益，让弱势群体成为道德重建的获益者，让道德真正成为社会各阶层的黏合剂。

回归基础道德，需要重塑敬畏，从凝聚最基本的共识做起。当下的中国社会，作为最基本的社会共识——敬畏之心似乎严重缺失。伴随经济社会发展，原有价值观和道德观的权威性和公信力有所降低，新的适应时代要求的社会价值体系尚在建构之中，这使得许多人缺失信仰层面的敬畏之心。没有敬畏之心，道德沦丧、行为失范、腐败之风难以避免，更谈不上形成共识，凝聚认同。重塑敬畏之心迫在眉睫。

（七）打造网络共同体，强化网络舆论引导

网络空间道德建设就是要加强网络内容建设，发展积极向上的网络文化，正确引导、有效引导，明辨是非、分清善恶，形成健康文明科学的网络道德规范，占领网络这个思想宣传阵地；要培养文明自律网络行为，倡导文明上网，通过积极地开展各种健康的网络活动，倡导文明建网、文明上网、文明治网，创造一种全新的网络

① 张治江:《孝德教育：从娃娃抓起》,《学习时报》2013 年 7 月 29 日。

生活方式，培养有正义感、责任感、上进心的合格网民，培育“文明网络”的社会风气，防止网络沉迷和网络成瘾，自觉维护良好的网络秩序；丰富网上道德实践，积极培育和引导互联网公益力量，壮大网络公益队伍，形成线上线下踊跃参与公益事业的生动局面；营造良好网络道德环境，建立完善新技术新应用道德评估制度，维护网络道德秩序，促进网络空间日益清朗，同时，建设和发现一批优秀的中文网站，使之成为网络文明建设的主体，引导和规范中国网站建设，大力促进中国网络事业的发展。

政府主管部门要从政策引导、法制监管和推进传媒从业人员职业道德自律入手，加强大众传媒的管理和引导，净化社会环境，为道德建设创造良好的社会条件。首先，要弘扬主流文化，通过宣传主流价值观念形成良好的舆论氛围，消解商业文化产品带来的消极社会影响。其次，应打击不良炒作行为，让试图以负面新闻“搏出位”的行为无法得逞，坚决查处网络上的违法违规宣扬内容。

第 05 章

CHAPTER FIVE

筑牢理想信念之基

/ 习语 /

坚定理想信念，坚守共产党人精神追求，始终是共产党人安身立命的根本。对马克思主义的信仰，对社会主义和共产主义的信念，是共产党人的政治灵魂，是共产党人经受住任何考验的精神支柱。

——习近平

习近平总书记强调，对马克思主义的信仰，对社会主义和共产主义的信念，是共产党人的政治灵魂，是共产党人经受住任何考验的精神支柱。形象地说，理想信念就是共产党人精神上的“钙”，没有理想信念，理想信念不坚定，精神上就会“缺钙”，就会得“软骨病”。党员干部和全体人民要充分认识坚定理想信念的重要性，在各个方面、各个环节上筑牢理想信念之基，自觉提升自己的道德修养和道德水平，并把坚定的理想信念落实在具体行动上，体现在实际工作中。我们要着力加强公民道德建设，在全民族牢固树立中国特色社会主义的共同理想，牢固树立正确的世界观、人生观、价值观，明确发展前行的目标方向，始终保持对中国特色社会主义的坚定自信、对共产主义的坚定自信，凝聚起全党全国人民共同奋斗的坚强决心和信心。

一、新时代筑牢理想信念之基的重要意义

理想信念集中体现了人们对美好未来的向往和追求，是人的思想行为的重要支撑和动力。习近平总书记在庆祝改革开放 40 周年大会上的重要讲话中指出：“信仰、信念、信心，任何时候都至关重要。小到一个人、一个集体，大到一个政党、一个民族、一个国家，只要有信仰、信念、信心，就会愈挫愈奋、愈战愈勇，否则就会不战自败、不打自垮。”[①] 理想信念是共产党人永葆先进性、汇集凝聚力的精神动力，决定着党员干部的价值追求，支配着党员干部的思想和行动。新时代筑牢理想信念之基，对于“夺取坚持和发展中国特色社会主义伟大事业新进展，夺取推进党的建设新的伟大工程新成效，夺取具有许多新的历史特点的伟大斗争新胜利”[②] 具有重

① 习近平:《在庆祝改革开放 40 周年大会上的讲话》，人民出版社 2018 年版，第 42 页。
② 《习近平谈治国理政》第二卷，外文出版社 2017 年版，第 49 页。

大意义，共产党人要担当起带领人民群众实现中华民族伟大复兴的历史使命，必须坚定理想信念，继续艰苦奋斗、持之以恒，在实现伟大目标的道路上不断开拓前进。

（一）筑牢理想信念之基是中国共产党人不断奋勇向前的精神支柱

中国共产党由弱小到壮大、由绝境到重生、由挫折到胜利，中华民族实现从站起来、富起来到强起来，根本原因就在于我们党始终重视思想建设，重视理论强党，筑牢思想之基，坚定社会主义和共产主义理想信念，坚守为中国人民谋幸福、为中华民族谋复兴的初心和使命，团结带领人民进行新民主主义革命、社会主义革命和建设、改革开放的伟大实践。习近平总书记在庆祝中国共产党成立 95 周年大会上的讲话中指出："中国共产党之所以叫共产党，就是因为从成立之日起我们党就把共产主义确立为远大理想。我们党之所以能够经受一次次挫折而又一次次奋起，归根到底是因为我们党有远大理想和崇高追求。"① 坚持理想信念，凝聚起强大思想力量，我们获得了永不枯竭的精神力量。随着历史的不断向前发展，我们永不放弃松懈，按照确定的道路不断前进。如果没有了坚定的理想信念，失去前进的动力，就不可能有一代又一代共产党人的前赴后继、奋勇前行。在革命战争年代，中国共产党从红船出发，由寥寥数人的星星之火燃成燎原之势，以非凡的理想信念激发出惊人的力量，革命先烈、仁人志士们为了信仰甘愿为国家富强、民族振兴、人民幸福而抛头颅、洒热血。在社会主义建设和改革开放时期，共产党人抱着坚定信念，解放思想、实事求是、与时俱进，秉承敬业

① 习近平：《在庆祝中国共产党成立 95 周年大会上的讲话》，人民出版社 2016 年版，第 10 页。

奉献、敢于争先精神，自觉为建设中国特色社会主义而奋斗。中国特色社会主义进入新时代，中国共产党人怀着崇高的理想与信仰、强烈的使命感和责任感，适应新条件、新环境，乐于、善于担当，主动承载新的使命和新的任务，激发干事创业的高度热情，进行伟大斗争、建设伟大工程、推进伟大事业、实现伟大梦想，确保党在世界形势深刻变化的历史进程中始终走在时代前列，在应对国内外各种风浪考验的历史进程中始终成为全国人民的主心骨，在坚持和发展中国特色社会主义的历史进程中始终成为坚强领导核心。历史和实践反复证明，一个政党有了远大理想和崇高追求，就会坚强有力，无坚不摧，无往不胜，就能经受一次次挫折而又一次次奋起，最终取得成功和胜利。

（二）筑牢理想信念之基是推进中国特色社会主义事业的精神支柱

坚定理想信念是实现新时代中国特色社会主义的精神力量。新时代，我们只有坚守理想信念，以高尚的道德力量凝心聚力，才能把中国特色社会主义事业推向前进，实现中华民族伟大复兴的中国梦。习近平总书记在十九大报告中谋划了全面建成小康社会、全面建设社会主义现代化国家的宏伟蓝图：从建设现代化经济体系、发展社会主义民主政治、推动社会主义文化繁荣兴盛、加强和创新社会治理、建设美丽中国、全面推进国防和军队现代化、推进祖国统一、推动构建人类社会命运共同体、不断提高党的执政能力和领导水平等方面作出全面的部署，指明了坚持和发展中国特色社会主义的战略任务。我国已经站在前所未有的历史高度，经济总量世界第二，综合国力有了显著提升，人民生活今非昔比，中华文化影响空前。同时也应该看到，我国的发展目前还处于不平衡不充分的状态，改革攻坚更需发力，民生短板有待补齐，与“满足人民群众对美好生活的追求和向往”这一奋斗目标还有差距。坚持和发展中国特色社会主义是一项长期的艰巨的历史任务，必须准备进行具有许多新的历史特点的伟大斗争。光荣、艰巨的历史使命要求我们必须坚定理想信念，不断推进改革创新，在创新中勇于直面矛盾、解决问题，推动经济社会健康发展，统筹推进“五位一体”总体布局、“四个全面”战略布局，全面贯彻落实创新、协调、绿色、开放、共享五大发展理念，把我们的国家建设好，把我们的民族发展好，大力增进人民福祉，这是坚定中国特色社会主义共同理想和共产主义最高理想在当代最生动、真实的实践。把理想信念作为安身立命之本，坚定共产主义远大理想，就能确保新时代中国特色社会主义的正确方向，确保新时代中国特色社会主义真正成为人民群众共同建设、共同享有的事业。

（三）筑牢理想信念之基是始终保持党的先进性和纯洁性的精神支柱

习近平总书记告诫全党：“理想信念动摇是最危险的动摇，理想信念滑坡是最危险的滑坡。一个政党的衰落，往往从理想信念的丧失或缺失开始。”[①] 坚定崇高的理想信念能够保证我们有正确的方向，有坚如磐石的意志，能够有效抵御各种腐朽思想的侵蚀，永葆共产党人的先进性和纯洁性，更好地发挥共产党人的先锋模范作用。坚定理想信念是共产党先进性的集中体现。首先体现在理想的先进、信仰的坚定和理想信念的纯洁上。中国共产党始终以马克思主义为指导，始终保持先进性、纯洁性，团结带领全国各族人民为实现中

① 《习近平谈治国理政》第二卷，外文出版社 2017 年版，第 34 页。

华民族伟大复兴而不懈奋斗。在革命、建设、改革各个历史时期，一代又一代具有坚定理想信念的中国共产党人，以国家和人民的根本利益为出发点，站在时代潮头，把个人命运同国家和民族的命运紧紧联系在一起，为民族独立、国家富强、人民幸福奋斗终身，成为无愧于时代和人民的先锋模范。坚定理想信念是抵制不良侵蚀的有力武器。从国内看，我国已进入全面推进社会主义现代化建设新阶段，我们面临的任务更艰巨，在社会主义市场经济的浪潮中人们的思想观念、价值标准、道德认识都发生了深刻变化。改革开放以来，随着市场化、全球化日渐深入，世俗化、功利化侵蚀了部分党员干部。特别是西方敌对势力通过西化、分化对我们进行意识形态渗透，致使部分党员干部在思想上、组织上、作风上不同程度地出现问题，党内存在着思想不纯、组织不纯、作风不纯等问题。有的党员干部在矛盾、困难面前畏缩不前、悲观失望，在成就、荣誉面前骄傲自满、停滞不前，这些现象归根到底是理想信念上的不坚定。坚定理想信念是保持党员先进性的重要保障。面对新形势、新问题，坚定理想信念能够帮助我们辨别复杂情况，抵制各种不良思想和行为，保持党员干部队伍的高素质、先进性。中国共产党现有9000多万名共产党员、460多万个基层党组织，保证这庞大的党员干部队伍都能坚守底线，体现先进性，保持战斗力，从根本上来说要靠对理想信念的坚守。失去了理想信念，不能处理好个人理想与社会共同理想的关系，党员干部就很容易在思想、精神上得“软骨病”，出现整体精神状态滑坡的消极后果。因此，必须促进全体党员干部坚定理想信念，不断增强为党和人民的事业不懈奋斗的自觉性和坚定性，把坚定的理想信念体现在发挥领导干部的模范带头作用和共产党员的先锋模范作用之中。

（四）筑牢理想信念之基是始终保持永不懈怠、一往无前姿态的精神支柱

当前，我们所处的历史方位和历史阶段与革命战争时期和改革开放之前相比，出现了许多不同的特点和发展态势，党肩负着更加重大的历史使命和历史任务，面临着更加复杂多样的国内外局势和各方面的矛盾与情况，这就要求我们既要坚持党性原则，又要紧跟时代步伐，抱着对中国特色社会主义、中华民族伟大复兴中国梦的坚强信念和决心，主动适应新的形势，对当前出现的一些新情况、新问题要敢于面对，勇于做深入细致的调查研究，掌握实质，有措施、有方法、有针对性地加以解决。一是树立科学发展意识。牢固树立使命意识、责任意识、忧患意识，用发展来解决工作、生活中存在的现实问题，尽职尽责，敢于承担责任，勇于奉献，善于预见，认真做好关系到长远、关系社会和群众利益的每一件事情。始终保持高尚的精神追求，不断磨炼品质，锤炼意志。妥善处理各种社会利益关系，主动解决人民内部矛盾，保持社会和谐稳定、充满生机活力。二是克服不良思想状态。我国在经济、社会建设上取得举世瞩目的成就，同时也面临着各种考验和危机。从国际上看，西方的和平演变主义、周边的敌对势力等都不利于我国发展；从国内来看，贫富差距、分配不公、贪污腐败等问题也伴随着我国发展的各个方面。我国面临着前所未有的发展机遇，也面临着前所未有的挑战，越是在这种时候，党员干部越要坚定理想信念，筑牢思想防线，时刻保持清醒的认识，正确研判国际、国内形势。三是当前要认真开展好“不忘初心、牢记使命”主题教育活动。针对党员干部精神状态中的不足之处，全面、系统地加以教育、调整、转变，解决在党员干部队伍中存在的党性不强、信念动摇、作风不实等问题，使党员干部真正做到政治上追求忠诚至上、思想上追求奉献至上、道德上追求正气至上、工作上追求事业至上。党员干部保持坚韧的意志和定力，有助于进一步改革创新、开拓进取、埋头苦干，坚持以经济建设为中心，实现经济社会高质量发展，不断增强社会主义意识形态的凝聚力和引领力，推动党和国家事业发展。

（五）筑牢理想信念之基是始终恪守为人民服务宗旨的精神支柱

"中国共产党之所以能够发展壮大，中国特色社会主义之所以能够不断前进，正是因为依靠了人民。中国共产党之所以能够得到人民拥护，中国特色社会主义之所以能够得到人民支持，也正是因为造福了人民。"[①] 党来自人民，服务于人民，中国共产党的本质属性是人民性，全心全意为人民服务是我们党的根本宗旨。坚定理想信念有利于时刻牢记党的宗旨，坚信党的根基在人民、党的力量在人民，坚持一切为了群众、一切依靠群众的群众观，心系群众、服务人民，充分发挥广大人民群众的积极性、主动性、创造性，不断把为人民造福的事业推向前进；有利于克服脱离群众的现象，明确我国是人民当家作主的社会主义国家，人民是国家的主人，干部是人民的公仆，每一个党员干部都应该牢记责任，牢记人民公仆意识，全心全意为人民谋幸福，坚决杜绝一切特权思想和特权现象，纠正、防止损害群众利益的一切行为；有利于满足人民群众对美好生活的向往，始终把人民立场作为根本立场，自觉同人民想在一起、干在一起，为民服务解难题，着力解决群众的操心事、烦心事、重要事，为人民群众提供全面、优质服务，团结带领群众共同创造美好生活；有利于做好新时代的群众工作，关注群众的生产、生活条件

① 习近平：《在纪念红军长征胜利 80 周年大会上的讲话》，人民出版社 2016 年版，第 15 页。

和环境，把握新形势下群众工作的规律和特点，知晓群众的心声和脉搏，提高群众工作的针对性和实效性，组织和动员广大人民群众参与中国特色社会主义事业，与人民群众一起共创历史伟业。

二、新时代筑牢理想信念之基的重要途径

筑牢理想信念之基是党的本质属性的体现，是新时代发展和人民期待的要求。筑牢理想信念之基是一项系统工程，要从坚定政治方向牢固政治基础、加强理论武装巩固思想基础、强化党性锻炼提高党性修养、不断加强学习提高能力素质、敢于担当作为勇立时代潮头、全力为民服务践行党的宗旨、增强廉洁自律筑牢思想防线、面向全社会开展理想信念教育等方面进行加强，永远保持中国共产党人的政治本色和奋斗精神，保持共产党人的蓬勃朝气、昂扬锐气、浩然正气，在学思践悟中牢记初心使命，经受住各种风险和挑战考验，把理想信念体现为行动的力量，奋力推进中国特色社会主义伟大事业。

（一）坚定政治方向，牢固政治基础

习近平总书记指出，我们所要坚守的政治方向，就是共产主义远大理想和中国特色社会主义共同理想、“两个一百年”奋斗目标，就是党的基本理论、基本路线、基本方略。这深刻体现了党的性质宗旨和初心使命，是中国共产党人最根本的政治遵循。全体党员干部要自觉做政治上的明白人、老实人，保持政治定力，坚定政治理想，把准政治方向和政治站位，坚持以习近平新时代中国特色社会主义思想为指导，始终增强“四个意识”、坚定“四个自信”、做到“两个维护”，担负起党和人民赋予的政治责任。一是把握政治方向和政治大局。坚持党的政治领导，在思想上、政治上、行动上与以

习近平同志为核心的党中央保持高度一致，学习和掌握马克思主义基本原理，从思想理论上懂得坚定政治方向的科学依据，严守政治纪律和政治规矩，自觉做政治上的明白人，加强政治历练，提高政治素养、政治能力。用党的政治理想激励斗志，面对新时代、新使命、新目标，在政治上保持先进性，不折不扣地贯彻落实党中央的决策部署，全心全意为人民群众办实事、谋福祉。二是保持政治定力和辨别政治是非。牢固树立中国特色社会主义理论自信、道路自信、制度自信和文化自信，增强方向把控的政治敏锐性和政治鉴别力，在处理急难险重任务、化解重大风险、摆脱名利诱惑时，时刻保持清醒的政治头脑和清醒的自律意识，把智慧和力量凝聚到坚持和发展中国特色社会主义伟大事业中来。站在党和人民的立场，保持政治信仰不变、政治立场不移，在大是大非面前头脑清醒，坚决抵制各种错误思潮的影响和侵蚀，敢于同所有弱化党的领导、动摇党的执政基础、违反政治纪律政治规矩的思想和行为作坚决斗争，保持对党和人民绝对忠诚。三是驾驭复杂政治局面和防范政治风险。能够把坚持正确政治方向贯彻到谋划重大战略、制定重大政策、部署重大任务、推进重大工作的实践中去，坚决纠正偏离和违背党的政治方向的行为。对那些在政治方向和政治立场上有问题的人，必须进行严肃的批评教育，问题严重的要依照党纪进行处理。四是加强党内政治文化建设和营造良好的政治生态。按照新时代党的建设总要求全面推进从严治党，严肃党内政治生活，开展批评和自我批评，“让党所倡导的理想信念、价值理念、优良传统深入党员、干部思想和心灵。”[①] 真正树立起马克思主义政党的理想信念、价值观念和道德准则，形成风清气正、崇廉尚实、遵纪守法、团结协作的

---

① 《十九大以来重要文献选编》上册，中央文献出版社 2019 年版，第 539 页。

良好政治生态。

（二）加强理论武装，巩固思想基础

党的十九大报告指出："要把坚定理想信念作为党的思想建设的首要任务，教育引导全党牢记党的宗旨，挺起共产党人的精神脊梁，解决好世界观、人生观、价值观这个'总开关'问题，自觉做共产主义远大理想和中国特色社会主义共同理想的坚定信仰者和忠实实践者。"① 习近平总书记在庆祝中国共产党成立95周年大会上的讲话中指出："理论上清醒，政治上才能坚定。坚定的理想信念，必须建立在对马克思主义的深刻理解之上，建立在对历史规律的深刻把握之上。"② 党员干部要坚定理想信念，保持正确方向，要有积极作为，就要着重加强科学理论武装，掌握马克思主义基本理论，自觉用历史唯物主义世界观和方法论去观察、分析和解决问题，使理想信念建立在科学理论的基础之上。马克思主义是我们立党立国的根本指导思想，党员干部要加强理论学习，用马克思主义理论武装自己的思想和头脑。深入学习马克思列宁主义、毛泽东思想、邓小平理论、"三个代表"重要思想、科学发展观、习近平新时代中国特色社会主义思想，不断提高马克思主义思想觉悟和理论水平，保持对远大理想和奋斗目标的清醒认知和执着追求。当前要重点抓好"不忘初心、牢记使命"主题教育活动，通过学习教育始终牢记每一个共产党人的初心和使命，强化宗旨意识，不忘自己应尽的义务和责任，弘扬党的优良传统和作风，时刻铭记党员身份，牢固树立正确的世界观、权力观、事业观，自觉投身于党和人民的事业。坚持理

---

① 习近平：《决胜全面建成小康社会　夺取新时代中国特色社会主义伟大胜利——在中国共产党第十九次全国代表大会上的报告》，人民出版社2017年版，第63页。

② 习近平：《在庆祝中国共产党成立95周年大会上的讲话》，人民出版社2016年版，第11页。

论联系实际，习近平总书记在纪念马克思诞辰200周年大会上发表的讲话中指出："学习马克思，就要学习和实践马克思主义关于人类社会发展规律的思想"，"把共产主义远大理想同中国特色社会主义共同理想统一起来、同我们正在做的事情统一起来，坚定中国特色社会主义道路自信、理论自信、制度自信、文化自信，坚守共产党人的理想信念"①。通过理论学习不断提高运用马克思主义分析和解决实际问题的能力，真正把握中国特色社会主义是根植于中国大地、反映中国人民意愿、适应中国和时代发展进步要求的科学社会主义；真正把握中国特色社会主义制度是中国共产党人和中国人民的伟大创造，是当代中国发展进步的根本制度保障；真正把握中国特色社会主义道路是实现社会主义现代化的必由之路，是创造人民美好生活的必由之路。

（三）强化党性锻炼，提高党性修养

2013年4月19日，习近平总书记在十八届中央政治局第五次集体学习时指出："要抓好党性教育和党性修养，教育引导广大党员、干部牢固树立正确的世界观、权力观、事业观，始终站稳政治立场，不断增强宗旨意识，弘扬党的光荣传统和优良作风，真正经受住权力、金钱、美色的考验。"②这一论述阐明了抓好党性教育和党性修养的主要内容。党性是党员干部立身、立业、立言、立德的基石，党员干部要坚定理想信念，强化党性观念，锤炼党性品格，提高党性修养。一是提高理论修养。当前面临着更加复杂的国内国际环境和形势任务，党员干部要用先进理论和科学知识武装自己，以

① 习近平：《在纪念马克思诞辰200周年大会上的讲话》，人民出版社2018年版，第16—17页。

② 《习近平关于党风廉政建设和反腐败斗争论述摘编》，中央文献出版社2015年版，第141页。

科学的理论和实践经验提升自身修养，增强党性意识，筑牢信仰之基、补足精神之“钙”、把稳思想之舵，不断实现自我净化、自我革新、自我提高，让崇高的理想信念和人生追求产生巨大的力量。要经常性开展和接受革命传统教育，在工作实践中身体力行，不断继承和发扬优良传统，永远保持共产党人的本色。二是提高政治修养。将党的政治理论升华为个人的理想信念，严守政治纪律和政治规矩，严守党纪党规，严把道德界限，坚守精神家园。《中国共产党廉洁自律准则》《中国共产党纪律处分条例》等党纪党规为党员干部树立了保持理想信念宗旨和优良传统作风的标准，全体党员干部要认真落实纪在法前、纪比法严，坚持以党纪法规为准绳，守纪律、懂规矩、明底线，做到在党言党、在党爱党、在党为党、在党忧党。三是提高道德修养。从中华民族优秀传统文化、革命文化、社会主义先进文化中汲取营养，大力弘扬红船精神、井冈山精神、长征精神、延安精神、“两弹一星”精神、雷锋精神、改革开放精神等伟大精神，弘扬理论联系实际、密切联系群众、批评与自我批评的优良传统和作风，自觉明是非、知荣辱、辨善恶、分美丑，自觉抵御各种风险和考验，正确看待自我、社会和环境的关系，从小事小节上加强约束、规范自己，坚决反对特权思想和特权现象，习惯在受监督和约束的环境中工作生活，炼就过硬的作风，以道德的力量去赢得人心、赢得事业成就。

（四）不断加强学习，提高能力素质

随着知识时代的到来和深入，不断加强学习是共产党员增强党性、提高本领、提升能力、做好工作的前提和基础。党员干部要不断解放思想，与时俱进，始终保持对学习新知识、掌握新技能、接受新思想、树立新观念的热情，保持开拓创新、做好工作、推进事

业的激情。树立终身学习的观念，掌握高效务实的学习方法，学习要有针对性、时效性，切实做到学以致用，在学习中努力增长自己的才干。通过不断学习更新观念，愈加坚定理想信念。一是学习政治理论。首要的是加强马克思主义理论学习，特别要把习近平新时代中国特色社会主义思想学习掌握好，读原著、学原文、悟原理，把自己摆进去、把职责摆进去、把工作摆进去，不断往深里走、往实里走、往心里走，做到真学、真懂、真信、真用，切实用新思想武装头脑、指导工作、推动实践。二是学习专业知识。深入学习专业理论和专业知识，立足于自身本职工作，广泛学习中国特色社会主义事业发展所需要的知识，常怀好学之心，刻苦钻研，勤于思考，善于进行归纳总结，融会贯通，做到学有所获、学有所悟、学有所成。三是学习先进榜样。积极向优秀共产党员和先进典型人物对标学习，学习他们的优点和长处，转化为工作动力，在平凡的工作岗位上做出不平凡的工作业绩，在日常的工作、生活中发挥好模范先锋作用，以实干苦干创造业绩。四是学习创新实践。从他人实践中学习他人创新经验，虚心向人民群众学习，从人民群众生动的实践创造中提炼经验，积极吸取先进、科学的工作方法，善于从实践中发现特点、总结规律，大胆探索，不断提高自身能力和综合素质，并将此转化为解决实际问题的能力和水平，创造性谋划和开展工作。正如习近平总书记在纪念红军长征胜利 80 周年大会上的讲话中所强调的："要坚持学而信、学而思、学而行，把学习成果转化为不可撼动的理想信念，转化为正确的世界观、人生观、价值观，用理想之光照亮奋斗之路，用信仰之力开创美好未来。"[1]坚持知行合一，在真抓实干中坚定理想信念，真正以实际行动为坚持和发展中

① 习近平：《在纪念红军长征胜利 80 周年大会上的讲话》，人民出版社 2016 年版，第 12—13 页。

国特色社会主义、实现共产主义远大理想而不懈奋斗。

（五）敢于担当作为，勇立时代潮头

习近平总书记强调指出，看一个领导干部，很重要的是看有没有责任感，有没有担当精神。担当就是具有坚定的理想信念和宗旨意识，主动担负起时代使命，敢于直面各种矛盾、困难和问题，创新探索、开拓进取，服务于党和人民，将理想信念落实在实践中、体现在担当上。首先，对党忠诚老实，为党和国家事业敢于担当担责。积极投身于中国特色社会主义伟大实践，在实践中牢固树立理想信念，做理想信念坚定、敢于担当作为的表率。以行动和实干把理想信念融入到平凡的工作中，坚定走中国特色社会主义道路的信念，胸怀共产主义崇高理想，坚定不移地贯彻执行党在社会主义初级阶段的基本理论、基本路线、基本方略，做好当前每一项工作。其次，在矛盾问题面前始终敢于担当，勇于攻坚克难。面对新形势、新矛盾、新任务，具有敢破敢立、敢为人先的勇气和舍我其谁、只争朝夕的精神，把党和国家的重大决策和重要工作部署认真落实好。以忠诚担当为党和国家事业牺牲奋斗，增强敢于担当的勇气、能力和胸怀。具有敬业干事的热情，主动把新知识应用于实践，坚持改革创新，用新的思路、新的方式方法解决社会难题、应对风险挑战、促进科学发展，尽力将理想化为现实。再次，培育和提升担当的品质与能力。习近平总书记多次强调党员干部要发扬斗争精神，增强斗争本领，不断夺取伟大斗争新胜利。党员干部只有真正具有担当素质，提高履职本领，才能肩负起立党为公、执政为民的重任。提升担当能力需要加强党员干部的学习教育，引导党员干部追求高尚的精神境界，确立为民价值取向，推动新时代各项工作高质量发展，更好地应对新情况新问题、迎接新机遇新挑战。

（六）全力为民服务，践行党的宗旨

党的十九大报告指出：坚持以人民为中心，“必须坚持人民主体地位，坚持立党为公、执政为民，践行全心全意为人民服务的根本宗旨，把党的群众路线贯彻到治国理政全部活动之中，把人民对美好生活的向往作为奋斗目标，依靠人民创造历史伟业。”[①] 全心全意为人民服务是我们党一切工作的出发点和落脚点，要全方位地将为人民谋幸福的初心和使命落实到各项工作之中。一是掌握群众实际需求。研究当今社会的新变化和群众对美好生活的新需求，深入了解群众的新追求、新期待，注意倾听群众意见，关心群众疾苦，多为群众办实事、办好事。把保障和改善民生作为重点，着眼于满足人民日益增长的美好生活需要，着力解决发展不平衡不充分的问题。二是解决群众的实际困难。践行党的群众路线，着力解决好人民群众最关心最直接最现实的利益问题，从群众最关心、最迫切需要解决的问题入手，关注弱势群体、边缘群体的根本利益，为人民群众诚心诚意办实事、尽心竭力解难事、坚持不懈做好事，努力实现社会公平正义，以实际行动增强人民群众的获得感和幸福感。三是提高群众生活水平。在利益诉求凸显、收入和贫富差距明显拉大的背景下，解决关涉利益冲突的重大民生问题，促进经济社会和民生事业高质量发展，使人民群众有更好的教育、更稳定的工作、更满意的收入、更可靠的社会保障、更高水平的医疗卫生服务、更舒适的居住条件、更优美的环境。四是增强服务群众的本领。根据群众需求与实际差距持续加强学习，打造作风过硬、行为清廉、修养良好、作为有效的党员队伍，不断推动社会发展和进步，改善人民生活品质。一切依靠群众和相信群众，坚持以人民为中心的思想，满

---

① 习近平:《决胜全面建成小康社会　夺取新时代中国特色社会主义伟大胜利——在中国共产党第十九次全国代表大会上的报告》，人民出版社 2017 年版，第 21 页。

怀对人民群众的深厚感情，充分调动群众的积极性、主动性、创造性，从人民群众的实践中汲取智慧和力量，使各项决策和工作符合人民群众的愿望和要求，以先锋模范行动实践为民服务的根本宗旨。不断推进为民造福事业，使党永远赢得广大人民群众的支持和拥护，使我们的伟大事业始终拥有不竭的力量源泉。

（七）增强廉洁自律，筑牢思想防线

清廉自律是党员干部应具备的素质和道德准则，是共产党人坚定理想信念、保持积极作为的必要保证。党员干部要从多方面做到廉洁自律、维持良好的思想状态，要“加强道德修养，带头弘扬社会主义核心价值观，明辨是非善恶，追求健康情趣，不断向廉洁自律的高标准看齐，做到心有所戒、行有所止，守住底线、不碰高压线”[①]。一是要加固思想防线。思想是行动的先导，党员干部要强化理想信念教育和廉洁从政教育，增强廉洁自律意识，模范遵守廉洁自律的各项规定，在思想上筑牢拒腐防变的防线，提升思想境界，提高自我约束能力，强化自我警省能力，增进自身道德水准。确立正确的权力观，要始终牢记权力是党和人民赋予的，只有正确把握权力与责任、义务的关系，权为民所用，才能沿着正确道路前行。二是要守住纪律红线。没有规矩不成方圆，党规党纪是每一名党员干部的行为准则，党员干部要系统学习党规党纪，从内心深处树立党规党纪意识，对照党纪党规时刻自警自省，坚守清正廉洁的底线。自觉接受各方监督，做到自重、自省、自警，坚持按制度和规程办事，抵制歪风邪气。三是要把准行为方向。面对全球化环境下各种思想文化、意识形态的激荡和斗争，以及国内经济社会发展进入新

---

① 《以时不我待只争朝夕的精神投入工作　开创新时代中国特色社会主义事业新局面》，《人民日报》2018 年 1 月 6 日。

时期的复杂环境和多变形势，要强化廉洁意识、法纪意识、危机意识。牢固树立党章意识，把党章作为根本的行为准则，用党章规范自己的言行，用党纪条规严格约束自己，把遵守党的政治纪律落实到大是大非的问题上，落实到日常工作和生活小节中，以实际行动树立为民、务实、清廉的良好形象。

（八）面向全社会开展理想信念教育

中国特色社会主义共同理想和共产主义最高理想是全党和全国人民的事业，理想信念教育要拓展和扩大覆盖面，不仅在全体党员干部中开展，而且要面向全社会开展。2013 年 8 月 19 日，习近平总书记在全国宣传思想工作会议上强调，要深入开展中国特色社会主义宣传教育，把全国各族人民团结和凝聚在中国特色社会主义伟大旗帜之下。要加强社会主义核心价值体系建设，积极培育和践行社会主义核心价值观，全面提高公民道德素质，培育知荣辱、讲正气、作奉献、促和谐的良好风尚。要不断深化马克思主义和中国特色社会主义的宣传教育，重点要讲清楚坚持马克思主义、坚持中国特色社会主义的历史必然性，最大限度地凝聚社会共识、汇聚社会合力。习近平总书记在党的十九大报告中指出："广泛开展理想信念教育，深化中国特色社会主义和中国梦宣传教育，弘扬民族精神和时代精神，加强爱国主义、集体主义、社会主义教育，引导人们树立正确的历史观、民族观、国家观、文化观。"① 立足于实现中华民族伟大复兴中国梦教育，要深入开展中国梦、中国精神宣传教育，注重用文艺作品传播中国梦，用爱国主义教育基地展示中国梦，用群众性主题活动涵育中国梦，扎实做好贯穿结合融入、落细沿小落

① 习近平：《决胜全面建成小康社会　夺取新时代中国特色社会主义伟大胜利——在中国共产党第十九次全国代表大会上的报告》，人民出版社 2017 年版，第 42—43 页。

实工作，推动理想信念教育、爱国主义教育入法入规、融入社会生活，使之成为全体人民的共同追求。习近平总书记指出："广大青年既是追梦者，也是圆梦人。追梦需要激情和理想，圆梦需要奋斗和奉献。广大青年应该在奋斗中释放青春激情、追逐青春理想，以青春之我、奋斗之我，为民族复兴铺路架桥，为祖国建设添砖加瓦。"[1] 习近平总书记在纪念五四运动100周年大会上的讲话中，深情寄语新时代中国青年，明确提出树立远大理想、热爱伟大祖国、担当时代责任、勇于砥砺奋斗、练就过硬本领、锤炼品德修为等六个方面的希望，勉励广大青年不辜负党的期望、人民期待、民族重托，不辜负我们这个伟大时代。理想信念教育要关注广大青少年，引导他们坚定听党话、跟党走的信念，树立远大人生志向和崇高理想追求。只要有坚定的理想信念、不懈的奋斗精神，脚踏实地、精益求精地把每件平凡的事做好，每一个平凡的人都可以获得不平凡的人生，一切平凡的工作都可以创造不平凡的成就。

只有具备坚定的理想信念，才能不忘初心、牢记使命，继续前行。不论时代如何变化，不论条件如何变化，共产党员和全体人民要始终坚持以马克思主义为指导，增强中国特色社会主义自信，始终坚定理想信念和精神追求，加强思想道德建设，自觉用习近平新时代中国特色社会主义思想这一马克思主义中国化的最新成果武装头脑，指导实践和工作，抱定目标真抓实干，在实践中践行理想信念。立足于中国特色社会主义新时代，要把实现伟大梦想与现阶段历史任务结合起来，把共产主义远大理想同中国特色社会主义共同理想统一起来、同我们正在做的事情统一起来，"时刻准备应对重大挑战、抵御重大风险、克服重大阻力、解决重大矛盾，坚持和发展

---

① 习近平：《在北京大学师生座谈会上的讲话》，人民出版社 2018 年版，第 3 页。

中国特色社会主义，坚持和巩固党的领导地位和执政地位，使我们的党、我们的国家、我们的人民永远立于不败之地。”① 要始终为了崇高理想而不懈奋斗，把中国特色社会主义伟大事业、中华民族伟大复兴的中国梦不断推向前进。

① 《习近平谈治国理政》第二卷，外文出版社 2017 年版，第 32 页。

第 06 章

CHAPTER SIX

培育和践行社会主义核心价值观

/ 习语 /

强化教育引导、实践养成、制度保障，发挥社会主义核心价值观对国民教育、精神文明创建、精神文化产品创作生产传播的引领作用，把社会主义核心价值观融入社会发展各方面，转化为人们的情感认同和行为习惯。

——习近平

社会主义核心价值观是兴国之魂，决定着中国特色社会主义的发展方向。党的十八大第一次提出“社会主义核心价值观”的概念，强调“倡导富强、民主、文明、和谐，倡导自由、平等、公正、法治，倡导爱国、敬业、诚信、友善，积极培育和践行社会主义核心价值观”[①]。党的十八大以来，以习近平同志为核心的党中央，对培育和践行社会主义核心价值观高度重视，多次发表重要讲话，作出一系列决策部署，深刻阐述了社会主义核心价值观的重大意义、基本内涵、实现途径、工作要求、重要保障，科学回答了一系列重大理论和现实问题，丰富发展了马克思主义价值观理论，为全党全社会提供了根本遵循和行动指南。

一、社会主义核心价值观的基本结构、功能和特征

（一）社会主义核心价值观的基本结构

在社会主义核心价值观中，“富强、民主、文明、和谐”体现了对社会发展目标的规定，是立足国家层面提出的要求；“自由、平等、公正、法治”体现了对社会价值导向的规定，是立足社会层面提出的要求；“爱国、敬业、诚信、友善”体现了对个人发展的规定，是立足个体行为层面提出的道德要求。这三个层次相互联系、相互贯通、相辅相成，形成了一个有机整体，回答了我们要建设什么样的国家、建设什么样的社会、培育什么样的公民的重大问题，实现了政治理想、社会导向、行为准则的统一，实现了国家、集体、个人在价值目标上的统一。

三个“倡导”从国家、社会、个人三个层面涵盖了主体的价值

① 胡锦涛：《坚定不移沿着中国特色社会主义道路前进　为全面建成小康社会而奋斗——在中国共产党第十八次全国代表大会上的报告》，人民出版社2012年版，第31—32页。

追求。

第一，“富强、民主、文明、和谐”体现了中国特色社会主义的价值目标，是立足国家层面概括出的社会主义核心价值观，表达的是国家的意志，是全体人民的共同价值理想。中国特色社会主义现代化建设的总体布局就是经济建设、政治建设、文化建设、社会建设和生态文明建设，无论是经济建设、政治建设、文化建设，还是社会建设和生态文明建设，都有一个共同的价值追求目标，我们党在过去曾经把这个共同价值追求表述为“民族独立，人民解放”“国家繁荣，人民幸福”。在社会主义现代化建设时期，我们的主要任务就是要通过经济建设、政治建设、文化建设、社会建设和生态文明建设，实现全面建成小康社会和社会主义现代化的宏伟目标，这个宏伟目标从价值追求角度来说就是要达到“富强、民主、文明、和谐”，也就是说经济上要越来越富强，政治上要越来越民主，文化上要越来越文明，社会和生态上要越来越和谐。富强、民主、文明、和谐，是已写入党章和国家宪法的党的基本主张及国家发展目标，反映了中国人民寻求民族复兴的心声和愿景，是国家主导价值观，在核心价值观中居于统领地位。富强、民主、文明、和谐，是我国在社会主义初级阶段的奋斗目标。社会主义作为一种先进的生产关系和社会制度，极大地解放和发展了社会生产力，必将创造出比以往社会形态条件下更为发达的物质文明和高度的精神文明，为迈向共产主义社会奠定坚实基础。实现富强、民主、文明、和谐，反映了近代以来中国历史发展的根本要求。倡导富强、民主、文明、和谐，是改革开放新时期以来我们党的基本主张。在当代中国，实现国家昌盛、人民幸福和民族复兴，符合近代以来中国人民寻求民族复兴的共同愿景，昭示中国特色社会主义伟大事业的美好前景，始终是一个鼓舞人心、振奋精神的价值理想，是一个能够凝聚起亿万人民群众智慧和力量的宏伟目标。

第二，“自由、平等、公正、法治”体现了中国特色社会主义的基本社会属性，是立足社会层面概括出的社会主义核心价值观，表达的是社会秩序，是人们对现实社会的价值诉求和期待。自由、平等、公正、法治是马克思主义的基本要求，也是中国共产党人的一贯价值追求。马克思主义追求的终极目标就是人的自由而全面的发展。我们党自成立起，就把带领人民实现自由、民主、平等写到自己的旗帜上，并为之而不懈奋斗。中华人民共和国成立后，我们党又把这些目标写到社会主义旗帜上，使之成为激励人们发愤图强建设社会主义的强大精神动力。改革开放以来，随着我国社会主义市场经济体制的建立和社会主义民主政治的深入发展，广大人民群众的民主法制意识越来越强，自由平等观念日益深入人心，维护公平正义的要求也越来越高。正是适应广大人民群众这种新期待、新要求，我们党更加自觉地把自由、平等、公正、法治等理念深入扎实地体现到党的各项理论和实践之中。党的十七大报告强调要“树立社会主义民主法治、自由平等、公平正义理念”，十八大报告则把“倡导自由、平等、公正、法治”作为“积极培育和践行社会主义核心价值观”、推进社会主义核心价值体系建设的一项重要内容。由此可以看出，自由、平等、公正、法治是当代中国共产党人坚持科学发展、坚持以人为本、坚持执政为民、坚持依法治国伟大实践的集中价值体现，也是我们坚持和发展中国特色社会主义的核心价值追求。

第三，“爱国、敬业、诚信、友善”体现了社会主义国家公民的基本价值追求和道德准则要求，是立足公民层面概括出的社会主义核心价值观，表达的是社会成员的道德自律，是社会成员的基本道德规范。加强对全体公民的价值观、道德观教育是一项长期而紧迫的任务，尤其是面对当前社会经济利益和分配方式多样化的趋势，面对全面建成小康社会和人民群众精神文化需求的不断增长，面对世界范围各种思想文化的相互激荡，如何形成社会的主流价值观、如何把公民价值观道德观教育提高到一个新水平，这成为摆在全党和全国人民面前的一个重要课题。2001 年，中共中央印发的《公民道德建设实施纲要》提出，要坚持以为人民服务为核心，以集体主义为原则，以爱祖国、爱人民、爱劳动、爱科学、爱社会主义为基本要求，在全社会倡导“爱国守法、明礼诚信、团结友善、勤俭自强、敬业奉献”的基本道德规范。2006 年 3 月，胡锦涛同志在参加全国政协讨论会时提出了以“八荣八耻”为主要内容的社会主义荣辱观，要求提倡热爱祖国、服务人民、崇尚科学、辛勤劳动、团结互助、诚实守信、遵纪守法、艰苦奋斗。2006 年 10 月，党的十六届六中全会审议通过《中共中央关于构建社会主义和谐社会若干重大问题的决定》，明确提出了建设社会主义核心价值体系的战略任务，并对社会主义核心价值体系的基本内容作了规范性阐述。所有这些都为我们党从社会公民层面概括社会主义核心价值观奠定了坚实的理论基础。党的十八大正是在继承和发展我们党关于社会主义核心价值体系思想的基础上，紧密结合全面建成小康社会和发展中国特色社会主义的新需要，从公民层面提出了“爱国、敬业、诚信、友善”的社会主义核心价值观。爱国、敬业、诚信、友善，是价值观最基本的主体公民个人的底线价值准则，体现了我国每个公民所应遵循的根本道德规范，它作为公民基本价值观，是其他两个“倡导”的基础。爱国、敬业、诚信、友善，是中国这个社会主义国家的公民应当树立的基本价值追求和应当遵循的根本道德准则，是公民基本道德规范的核心要求，体现了社会主义价值追求和公民道德行为的本质属性，贯穿了社会公德、职业道德、家庭美德、个人品德各方面，凝聚了中华民族传统美德、中国共产党人革命道德和社会主义新时期道德的精华，具有很强的全面性和系统性。

（二）社会主义核心价值观的基本功能

社会主义核心价值观是当代中国精神的集中体现，凝结着全体人民共同的价值追求。[①]社会主义核心价值观，紧扣了社会主义的本质要求，着眼于建设中国特色社会主义的实践需要和时代主题，吸收了中国传统文化精华，借鉴了人类文明追求的有益成果，抓住了建设社会主义文化强国的关键，体现了我们党的世界眼光、文化自觉、理论自信，对于统一思想、提高认识、凝聚人心，对于规范、引领和主导多元价值差异，对于建设社会主义文化强国、全面建成小康社会、实现中华民族伟大复兴，具有重大而深远的意义。

第一，表达社会理想。富强、民主、文明、和谐，是对中国特色社会主义共同理想的高度概括，是我国社会主义经济建设、政治建设、文化建设、社会建设和生态文明建设总的奋斗目标，解决的是我们要建设什么样的国家的问题。中国共产党庄严承诺，在我们党成立一百年时，全面建成小康社会；在中华人民共和国成立一百年时，建成富强民主文明和谐的社会主义现代化国家。建设富强民主文明和谐的社会主义现代化国家，实现中华民族伟大复兴，是鸦片战争以来中国人民最伟大的梦想，是中华民族的最高利益和根本利益。社会主义核心价值观是灯塔，照亮了中华民族伟大复兴的梦想彼岸。

第二，宣示立国原则。习近平总书记指出，人类社会发展的历史表明，对一个民族、一个国家来说，最持久、最深层的力量是

---

① 习近平：《决胜全面建成小康社会　夺取新时代中国特色社会主义伟大胜利——在中国共产党第十九次全国代表大会上的报告》，人民出版社 2017 年版，第 42 页。

全社会共同认可的核心价值观。核心价值观，承载着一个民族、一个国家的精神追求，体现着一个社会评判是非曲直的价值标准。如果一个民族、一个国家没有共同的核心价值观，莫衷一是，行无依归，那这个民族、这个国家就无法前进。社会主义核心价值观，能够坚定对中国特色社会主义的道路自信、理论自信、制度自信、文化自信，能够更加牢固坚守我们的价值观立场。社会主义核心价值观是路标，能够指引中国特色社会主义的方向。

第三，引领社会思潮。在我国，马克思主义、社会主义的意识形态发挥着主导作用，但也面临着新自由主义、民主社会主义、历史虚无主义、文化保守主义、文化殖民主义、民族分裂主义、反民族主义、实用主义、个人主义、拜金主义、享乐主义、物质主义、消费主义、游戏主义等社会思潮以及伪科学、愚昧迷信等“噪音”“杂音”的严重影响和巨大冲击。虽然各种思潮主张不同，表现形式不同，但却有共同的政治诉求，主要表现在：反对四项基本原则，力图扭转现代化建设和改革开放的发展方向，把中国纳入西方资本主义体系中去。面对世界范围思想文化交流交融交锋形势下价值观较量的新态势，面对改革开放和发展社会主义市场经济条件下思想意识多元多样多变的新特点，社会主义核心价值观能够为我们辨别社会思潮提供科学标准，提供统一的指导思想、共同的理想信念、强大的精神支柱和基本的道德规范。社会主义核心价值观是旗帜，能够有效抵御和引领各种社会思潮。

第四，凝聚社会共识。当前，我国经济体制深刻变革，社会结构深刻变动，利益格局深刻调整，思想观念深刻变化。在这种情况下，我们靠什么来化解矛盾、凝聚共识？社会主义核心价值观，反映了全国各族人民共同认同的价值观“最大公约数”，具有强大吸引力和感召力。社会主义核心价值观是纽带，能够维系社会团结，有效避免利益调整可能带来的思想对立和混乱，形成团结奋斗的强大精神力量。

第五，确立行为规范。社会主义核心价值观，能够涵养人的心灵，激发崇德向善的强大正能量。爱国、敬业、诚信、友善，解决的是我们应该成为什么样的公民的问题，是中国公民应当树立的基本价值追求和应当遵循的根本道德准则。社会主义核心价值观是利剑，能够扶正祛邪、激浊扬清。社会主义核心价值观是良药，能够驱散道德迷雾、医治道德病痛。社会主义核心价值观是标尺，规范着每个社会主义公民的言行。

总之，社会主义核心价值观，反映了我国社会主义制度的本质规定，体现了中国特色社会主义事业的发展要求，昭示了中国共产党长期奋斗的一贯主张，继承了中华传统文化精华，汲取了人类文明优秀成果，既坚持了马克思主义的共性又涵盖着中国特色社会主义的个性，既坚守国家社会的目标又张扬了人的主体性，既有深厚的传统底蕴又有鲜明的时代特征，符合历史、合乎实践，贴近民情、顺乎民意，能够发挥出广泛的感召力、强大的凝聚力和持久的引导力。它不仅为人们的思想和行为提出了明确的价值导向和行为标准，也为道德治理提供了理论依据和思想指导。

（三）社会主义核心价值观的基本特征

第一，体现了国家意志与个人价值的统一。社会主义核心价值观无疑要有体现国家意志和政党目标的指导思想、理想指南，以引领全社会的团结奋斗。但个人是构成社会的基点，只有让个人得以“安身立命”，才能让国家达至“安邦定国”。社会主义核心价值观，既彰显了国家社会的目标，又张扬了人的主体性，实现了国家、社会、个人的价值愿景相统一。

第二，体现了先进性与广泛性的统一。社会主义核心价值观，体现了时代精神的精华和现实要求，彰显了人类崇高的精神诉求，反映了人民群众的根本利益和理想追求，其先进性不言而喻。但先进性并不意味着只是针对特定的阶层和群体，其倡导的是代表普通大众利益、面向全民的普遍的价值取向，具有从实际出发、着眼于多数的基础性和广泛性。如对公民道德规范的要求，不是“奉献”，而是敬业、诚信、友善等底线伦理。社会主义核心价值观三个“倡导”的基本内容，坚持以先进性为引导、广泛性为基础，体现了我们党对思想道德建设发展规律的又一次深刻理解。

第三，体现了继承性与超越性的统一。社会主义核心价值观，是对中国传统文化价值观、西方资本主义核心价值观、人类文明基本价值的继承和超越。它吸收了中华传统文化的“民本”“和谐”“善政”“信义”“仁爱”等精华，反映了中国特色社会主义理论的主要思想内容，充分显示了对自己国家的发展实践和民族传统的道路自信和文化自豪。同时，社会主义核心价值观是不能离开人类文明发展的大道的。社会主义核心价值观三个“倡导”的概括，以自信的气度明确了如“民主、自由、平等”等非西方独有、属人类共有，也是马克思主义政党不断追求的基本价值准则，并且用中国的经验和实践去界定和发展这些价值理念，在人类文明的制高点上发出了价值观的应有强音，向世界展示了一个由先进核心价值引领的中华文明的新境界、新形象。

第四，体现了主导性与包容性的统一。社会主义核心价值观，体现了马克思主义、社会主义、爱国主义、集体主义主流意识形态，体现了马克思主义一元指导思想，具有鲜明的导向性、方向性和引领力。同时，它又集中代表了我国工人、农民、知识分子和其他劳动者、建设者、爱国者的利益，把各个阶层、各个群体的共同愿望有机结合在一起，把各种价值共识有机整合在一起，具有广泛的包容性。

第五，体现了理想性与现实性的统一。社会主义核心价值观，既有针对性又立足长远，既显示了一个深具责任意识、忧患意识、与时俱进的政党实现宏伟蓝图的坚定信心，又体现了一个国家未来的美好希望，必将成为全国人民深植于心的核心价值取向。

第六，体现了稳定性与开放性的统一。社会主义核心价值观，一经形成和确立便具有涵盖历史长时段的相对稳定性，它将通过社会化、大众化的进程而成为人们共同遵循和维护的行为准则，深埋于人们的思想深处。随着时代的变迁，社会的次级价值观、具体价值观乃至某些基本的价值观会有所变化和发展，但社会主义核心价值观却大体恒定。同时又要看到，社会主义核心价值观毕竟是一个开放的体系，必将随着中国特色社会主义实践的深入而不断丰富、充实和完善。

二、培育和践行社会主义核心价值观的路径方法

核心价值观是我国文化软实力的灵魂。一个国家的文化软实力，从根本上说取决于其核心价值观的生命力、凝聚力、感召力。世界正处在大发展、大变革、大调整时期，各种思想文化相互激荡，不同文明交流交融交锋，进一步凸显了思想文化力量在综合国力竞争中的战略地位。如何提高整合社会思想文化和价值观念的能力，扩大主流价值观念的影响力，掌握价值观念领域的主动权、主导权、话语权，是必须解决好的重大课题。我们必须从巩固全体人民团结奋斗的共同思想基础、巩固党的执政地位的战略高度，把培育和践行社会主义核心价值观，作为凝魂聚气、强基固本的基础工程，摆在突出位置，切实抓紧抓好。

习近平总书记在党的十九大报告中明确提出，“中国特色社会主义进入了新时代”[①]，“必须坚持马克思主义，牢固树立共产主义远大理想和中国特色社会主义共同理想，培育和践行社会主义核心价值观”[②]。培育和践行社会主义核心价值观，要“强化教育引导、实践养成、制度保障，发挥社会主义核心价值观对国民教育、精神文明创建、精神文化产品创作生产传播的引领作用，把社会主义核心价值观融入社会发展各方面，转化为人们的情感认同和行为习惯。坚持全民行动、干部带头，从家庭做起，从娃娃抓起。深入挖掘中华优秀传统文化蕴含的思想观念、人文精神、道德规范，结合时代要求继承创新，让中华文化展现出永久魅力和时代风采。”[③]这就从路径机制、培育主体、传统文化、思想道德等维度具体指明了新时代培育和践行社会主义核心价值观的新途径，为社会主义文化强国建设提供了价值共识和思想基础。

（一）深化马克思主义基本理论研究

培育和践行社会主义核心价值观，必须进一步深化马克思主义基本理论、马克思主义价值理论和社会主义核心价值观的理论研究，进一步深化重大现实问题研究，使社会主义核心价值观在理论上能够说服人、在内容上能够启迪人、在形式上能够吸引人。

要不断深化马克思主义基本理论研究。要大力推进马克思主义基础理论和基本观点研究、马克思主义经典著作研究，从整体上理

① 习近平：《决胜全面建成小康社会　夺取新时代中国特色社会主义伟大胜利——在中国共产党第十九次全国代表大会上的报告》，人民出版社 2017 年版，第 10 页。

② 习近平：《决胜全面建成小康社会　夺取新时代中国特色社会主义伟大胜利——在中国共产党第十九次全国代表大会上的报告》，人民出版社 2017 年版，第 23 页。

③ 习近平：《决胜全面建成小康社会　夺取新时代中国特色社会主义伟大胜利——在中国共产党第十九次全国代表大会上的报告》，人民出版社 2017 年版，第 42 页。

解马克思主义，努力做到“四个分清”，即分清哪些是必须长期坚持的马克思主义基本原理、哪些是需要结合新的实际加以丰富发展的理论判断、哪些是必须破除的对马克思主义的教条式的理解、哪些是必须澄清的附加在马克思主义名下的错误观点；要正确认识并深入研究马克思主义的民主观，重建马克思主义的自由、平等、公平和正义理论，认真梳理马克思主义关于人道主义以及人的终极关怀的探索，重新认识马克思主义关于社会阶级、社会冲突的理论和社会解放、社会和谐的思想，建设和创新马克思主义的文化观、传统观和民族观，发掘整理马克思主义关于现代化、世界历史、人类文明和全球化的论述；要在和社会思潮的互动中，重点开拓马克思主义理论建设的新领域、新主题、新论述；要不断深化当代中国马克思主义理论研究，特别是对习近平新时代中国特色社会主义思想的研究；要创新理论的话语体系，不断丰富当代中国马克思主义的实践特色、理论特色、民族特色、时代特色。

要不断深化马克思主义价值理论研究。马克思主义价值观是培育和践行社会主义核心价值观的理论依据。因此，必须深入研究马克思主义关于价值的形成、基础、依据、本质、特征、标准、途径、发展规律等方面的科学思想、科学论断、科学命题；深入研究马克思主义价值理论的基本内涵和精神实质；深入研究马克思主义价值理论与其他形形色色非马克思主义、反马克思主义价值理论的本质区别；深入研究苏联以及中国共产党几代中央领导核心对社会主义价值观的艰辛探索、理论贡献及经验教训；深入研究马克思主义价值理论在整个马克思主义理论体系中的核心地位及其当代意义。

要不断深化社会主义核心价值观研究。深入研究社会主义核心价值观的内涵外延、理论结构和实践要求；深入研究我国传统文化中有利于社会主义核心价值观建设的积极要素；深入研究国外在价值观建设上的有益做法；深入研究和培育与社会主义核心价值观相配套的政策法律体系；深入探讨核心价值观、基本价值、共同价值观和“普世价值”的内涵及其相互关系；进一步探讨用简洁的词语表达社会主义核心价值体系、凝炼社会主义核心价值观等。

要不断深化重大现实问题研究。要把研究重心前移，以研究重大现实问题为主攻方向，深入研究关系中国特色社会主义事业全局的重大问题。围绕实现全面建成小康社会奋斗目标，深入研究现代化建设的阶段性特征，思考改革发展中的重大问题；要大力加强对国际金融危机的研究，进一步认清这场危机的根源和发展趋势，研究转变发展方式、促进经济平稳较快发展的政策措施，为党和政府妥善应对建言献策；积极开展中华人民共和国成立 70 年特别是改革开放 40 多年伟大历程和历史经验的研究，深入研究如何坚定不移地坚持党的基本路线，坚持社会主义初级阶段基本经济制度，走中国特色社会主义道路；围绕推动经济又好又快发展，深入研究如何在贯彻落实科学发展观中保增长、保民生、保稳定；围绕扩大社会主义民主、建设社会主义法治国家，深入研究如何进一步深化政治体制改革，走中国特色社会主义政治发展道路；围绕推动社会主义文化大发展大繁荣和提升国家文化软实力，深入研究如何培育社会主义核心价值观；围绕构建社会主义和谐社会，深入研究如何解决好教育、就业、社会保障、扶贫开发、医疗卫生、安全生产特别是收入分配等涉及群众切身利益的重大问题，提出促进社会和谐、增强人民幸福感的思路举措；围绕建设生态文明，研究推进可持续发展的现实路径；认真学习习近平新时代中国特色社会主义思想和党的十九大精神，深入研究如何进一步坚定正确的理想信念，有效地扩大党内民主，遏制腐败现象，全面推进党的政治建设、思想建设、组织建设、作风建设、纪律建设，把制度建设贯穿其中，深入推进反腐败斗争；围绕世界形势正在发生的深刻变化和我国周边安全出现的新情况，深入研究如何坚定不移地走和平发展道路、构建人类命运共同体，研究如何坚定地维护国家主权、安全和发展利益，研究新形势下中国如何在国际舞台上发挥应有作用；深入研究新时代我国社会人们思想活动的特点，对干部群众关心的热点难点问题作出回答，析事明理、解疑释惑、统一思想；努力推出更多对实践有指导意义、对党和政府决策有参考价值的优秀作品、理论成果和政策建议，切实发挥党和人民事业思想库的作用。

（二）学习宣传党的创新理论

首先，要认真学习马克思主义理论。这是做好一切工作的看家本领，也是领导干部必须普遍掌握的工作制胜的看家本领。毛泽东曾经提出，“如果我们党有一百个至二百个系统地而不是零碎地、实际地而不是空洞地学会了马克思列宁主义的同志，就会大大地提高我们党的战斗力量”[①]。要重点学习和研读马克思主义特别是中国特色社会主义理论体系基本著作，深入学习马克思列宁主义、毛泽东思想、邓小平理论、“三个代表”重要思想、科学发展观、习近平新时代中国特色社会主义思想，牢固树立辩证唯物主义和历史唯物主义世界观和方法论。要学习党的路线方针政策和国家法律法规，这是领导干部开展工作要做的基本准备，也是很重要的政治素养。要认真学习党史、国史，知史爱党，知史爱国。同时，要广泛学习现代化建设所需要的经济、政治、历史、文化、社会、科技、军事、外交等方面的知识。要自觉把学习作为提高素质、增长本领、做好领导工作的根本途径，以高度的政治责任感、强烈的求知欲和积极

① 《毛泽东选集》第二卷，人民出版社 1991 年版，第 533 页。

的进取精神，学得更深一些，掌握的理论和知识更丰富一些，努力做不断学习、善于学习的表率。要积极向书本学习、向实践学习、向群众学习，优化知识结构，提高综合素质，增强创新能力。要在学习中拓宽视野，准确把握当今世界发展大势，准确把握改革发展实际，切实提高战略思维、创新思维、辩证思维、法治思维、底线思维能力。面对世情、国情、党情的深刻变化，面对改革开放和现代化建设任务的艰巨性、复杂性、繁重性，广大社科工作者只有更加重视学习、善于学习，永不自满、永不停滞，才能确保在世界形势深刻变化的历史进程中始终走在时代前列。

其次，要不断创新宣传社会主义核心价值观的方式方法。社会主义核心价值观教育要做到润物细无声。一是要走进大众日常话语。要针对人们的精神文化需求和心理特点，开展人性化的宣传，使大家在理性认识的基础上，达到情感上的认同。必须贴近实际、贴近群众、贴近生活，积极探索宣传思想工作的新形式、新内容、新话语，用老百姓通俗易懂的语言进行宣传，实现由经典化向通俗化转变、由抽象的理论向具体化的现实生活世界转变、由比较单一的文化资源向多元的文化资源转变，使宣传思想工作更为耐心细致、生动活泼、入耳入心，增强人民群众对社会主义核心价值观的理解力。二是要使理论内容常识化。在表述方式上摒弃过于烦琐的逻辑论证，在思想内容上贴近大众的现实生活，把理论原则转化为价值观念、思维方式和行为方式。用具体生动的事例、艺术的形式进行宣传，增强人民群众对社会主义核心价值观的感受力。三是要调动多种手段，营造舆论强势。要充分调动各级各类媒体宣传社会主义核心价值观的积极性，既发挥好党报、党刊、电台、电视台等传统媒体的主力军作用，也发挥好都市类媒体、网络媒体的优势；既在新闻报道中弘扬社会主义核心价值观，也在娱乐体育等其他方面的报道中体现社会主义核心价值观的要求。特别应注重以新颖的视觉文化、听觉文化吸引人，通过提供既体现主流意识形态要求又为广大人民群众所喜闻乐见的优秀精神文化产品，生动形象地表现社会主义核心价值观的内涵和要求，使人们在潜移默化中受到感染和教育。新闻宣传也要把握好时、度、效，理论阐释要增强权威性、说服力，社会宣传要生活化、接地气。要坚持好、完善好、发展好已经形成的有效活动载体，积极培育新的载体，推动社会主义核心价值观落地生根。

（三）满足人民群众的价值需求

人民群众是社会主义核心价值观建设的主体。培育和践行社会主义核心价值观要取得成效，必须认真研究和合理解决广大人民群众的价值取向和价值需求。

马克思主义价值论认为，价值的生成离不开主体的需要。没有主体的需要，价值就不会产生。需要是价值的主体性的一种内在规定，也是价值生成的前提。满足生存发展需要，是人类活动的根本目的和根本动力。社会主义的价值就在于能够从根本上保证价值主体——广大劳动人民在政治、经济上的主体地位，不断满足广大人民群众在经济、政治和精神文化诸方面日益增长的需要，并能使社会生产力得到迅速解放和发展，最终实现共同富裕和人的全面自由发展。满足人民生存发展的需要，是社会主义核心价值观的根本价值追求。

需要的满足是价值认同的前提。马克思指出："任何人如果不同时为了自己的某种需要和为了这种需要的器官而做事，他就什么也不能做。”[①]人民群众的根本需要不仅在理论上是社会主义核心价值观及其价值生成的前提，而且在实践上也将人民群众根本的经济、政治与文化需要作为其价值生成的前提与目标。所以，进行社会主义核心价值观宣传教育，就内在地要求社科工作者走近人民群众，把握他们的思想状况和行为特点，知晓他们的兴趣与困惑，明了他们的思想疙瘩与症结，了解他们的价值理想，满足他们的价值需求。早在延安时期，毛泽东就指出射箭要看靶子，弹琴要看听众，写文章做演说搞宣传要看听众，并严肃地提出：“共产党员如果真想做宣传，就要看对象，就要想一想自己的文章、演说、谈话、写字是给什么人看、给什么人听的，否则就等于下决心不要人看，不要人听。”[②]“做宣传工作的人，对于自己的宣传对象没有调查，没有研究，没有分析，乱讲一顿，是万万不行的。”[③]只有始终站在人民群众的立场上，坚持一切为了人民，切实做到全心全意为人民服务，为人民群众做实事、做好事，实现好、维护好、发展好最广大人民群众的根本利益，满足人民群众的价值需求，才能真正赢得人民群众的支持和拥护。

要满足人民群众的物质需求。人民群众的物质需求是指人民群众在物质财富所得和物质生活质量提高方面的需要，也就是对衣食住行等方面的物质需要。中国特色社会主义进入新时代，我国社会主要矛盾已经转化为人民日益增长的美好生活需要和不平衡不充分的发展之间的矛盾。社会的主要矛盾决定了社会主义初级阶段的根本任务就是大力发展生产力，实现共同富裕。如果人民群众的生活水平长期处于停滞不前的状况，如果改革开放的成果不能有效惠及

① 《马克思恩格斯全集》第三卷，人民出版社 1960 年版，第 286 页。
② 《毛泽东选集》第三卷，人民出版社 1991 年版，第 836 页。
③ 《毛泽东选集》第三卷，人民出版社 1991 年版，第 837 页。

广大人民群众，如果社会物质财富长期不能满足人民群众最基本的生存需要，那么，在全球化浪潮的冲击下，在多元文化的冲击下，我们就很难形成共同的理想，很难用民族精神和时代精神鼓舞斗志，社会主义核心价值观也就很难得到群众的广泛认同。

要满足人民群众的精神文化需求。人民群众的精神文化需求是指人民所能享受的科学文化发展成果和精神生活需要。随着我国改革开放和社会主义市场经济的发展，人民群众在物质生活水平不断提高的同时，精神和文化的价值需求也越来越突出。特别是人们思想活动的独立性、选择性、多变性、差异性明显增强，精神文化需求也呈现出个性化、多元化的发展趋势。发展社会主义先进文化的最终目的就是要满足人民群众日益增长的多样化的文化需求，保障人民群众的基本文化权益，促进人的全面发展。要以满足人民的精神文化需求作为文化建设的出发点和落脚点，这不仅是中国特色社会主义文化建设的重要方针，也是人民群众的热切愿望。满足人民群众不断增长的精神文化需求，关系亿万人民群众的福祉，关系全面建设小康事业的成败，关系中华民族伟大复兴的中国梦的实现。

要满足人民群众的政治需求。人民群众的政治需求是指人民对当家作主、参与国家和社会公共事务管理的需要，即通常所说的民主政治，包括人民所获得的有法律明文规定的各项民主权利，主要是依法取得的民主选举、民主决策、民主管理、民主监督等权利以及其他各项人权，还包括人民行使这些权利的机会、条件和程度，得到切实保障的人民的国家主体地位等。没有人民对于国家和社会事务管理的广泛参与和创造性的活动，就没有社会发展和历史进步。

富强、民主、文明、和谐，凝结了中国特色社会主义的要义，体现了社会主义核心价值观的精髓，是人民群众基本的物质需求、政治需求和精神文化需求。在所有价值需求中，物质需求是调动人们积极性的根本措施。因此，要努力把人民群众的物质需求、精神需求和政治需求结合起来，把人民群众的生存需要、发展需要和享受需要结合起来，把现实需求与长远需求结合起来，把解决思想问题与解决实际问题结合起来，认真分析研究各个阶层、各类人群的思想实际和利益要求，坚持区分层次，因地制宜，制定不同的工作目标，提出不同的工作要求。

总之，要准确把握我国经济社会发展新要求，准确把握当今时代文化发展新趋势，准确把握各族人民精神文化生活新期待，准确把握人民群众的各种价值需求，增强责任感和紧迫感，积极培育和践行社会主义核心价值观。

（四）探索引领社会思潮的有效途径

对社会思潮进行正确引领，是培育和践行社会主义核心价值观的内在要求和重要途径。用社会主义核心价值观引领社会思潮的过程，实质上就是引领者捍卫、宣传、发展、践行社会主义核心价值观，整合、批判、改造各种社会思潮的过程；就是被引领者将社会教育转化为自我教育，从而认同、接受、践行社会主义核心价值观的过程。

当前，应特别重视对新自由主义、民主社会主义、“普世价值”、历史虚无主义、“大陆新儒家”、后现代主义、实用主义、个人主义、拜金主义、享乐主义、游戏主义等思潮进行深入研究和积极引领。这些社会思潮，在经济领域主要是新自由主义，在政治思想领域主要是民主社会主义，在价值观领域主要是所谓的“普世价值”，在历史领域主要是历史虚无主义。面对当前我国发展的新阶段特征和挑战，“左”的思潮从对四项基本原则的僵化理解出发，把存在问题归结为对社会主义的偏离；右的思潮用自由化观点，把存在问题归结为坚持四项基本原则。它们实质上都以某种现成模式为参照系，都对中国特色社会主义做出了误判，都试图扭转改革开放、中国特色社会主义的方向，都把改革开放和四项基本原则加以割裂，都惊人一致地把以改革开放为特征的中国特色社会主义视为搞资本主义，都极其相似地割裂马列主义、毛泽东思想和中国特色社会主义理论体系，都是我们必须加以反对和抵制的。

总体来说，在用社会主义核心价值观引领社会思潮的过程中，对多样化社会思潮要冷静观察、辩证分析、区别层次、妥善应对。对政治原则问题，要立场坚定、旗帜鲜明，决不掉以轻心、听之任之；对敌对势力的西化、分化图谋和意识形态渗透，要保持高度警惕，加强防范，坚决斗争；对不同艺术风格和流派，要坚持“二为”方向和“双百”方针，尊重创造，鼓励个性和特色；对学术理论问题，要坚持民主讨论、平等交流、内外有别；对思想认识问题，要坚持摆事实、讲道理，加强正面教育，做到以理服人；对人民群众的正当利益诉求，要多用解疑释惑、形势政策教育等方法进行引导；对人民群众正常的监督和批评，应予以支持，并加以正确引导。

用社会主义核心价值观引领社会思潮，必须始终贯彻“双百”方针。“百花齐放、百家争鸣”，是中国共产党对人类文化发展规律的准确概括。贯彻“双百”方针，就要提倡学术民主、平等讨论、相互切磋，要注意区分学术问题和政治问题的界限。不要把学术探讨中出现的问题当作政治问题，也不要把政治倾向性问题当作一般学术问题。学术问题的研究和讨论没有禁区，理论宣传和教学要有纪律。在事关政治方向和根本原则问题上，要旗帜鲜明。当然，在各种社会思潮“放”“鸣”过程中，必须运用社会主义核心价值观进行有针对性的引导，努力析事明理，解疑释惑。

用社会主义核心价值观引领社会思潮，必须坚持“尊重差异、包容多样”的原则。尊重差异，就是要尊重广大群众在思想意识、价值观念上的差异性，既鼓励先进，又照顾多数，根据不同社会群体、社会阶层的思想实际提出不同要求。包容多样，就是要树立多样共生、和而不同的意识，承认各民族文化的多样性，尊重人们价值选择的多样性，不断扩大核心价值观的包容度和影响力。但尊重和包容不是无限制的，对于那些错误和腐朽的思想必须坚决加以抵制，绝不允许各种反马克思主义的社会思潮滋长，更不允许动摇我们的主流意识形态。必须始终高举马克思主义的旗帜，始终坚持用马克思主义中国化的最新成果武装全党、教育人民，不断巩固和发展社会主义意识形态。

在遵循“双百”方针、“尊重差异、包容多样”原则的同时，必须坚持社会主义核心价值观对社会思潮的主导。社会主义核心价值观的主导地位在任何时候任何情况下都是引领社会思潮的根本前提，这一底线在任何时候任何情况下都绝不能突破。用社会主义核心价值观引领社会思潮，必须以辩证唯物论和历史唯物论作为方法论，采取灵活多样的手段和切实可行的途径，深入研究和分析当代社会思潮的理论内容，分析理论的正误，辨明政治的方向，主动有效地揭示各社会思潮存在的局限与问题，勇于展现社会主义核心价值观的科学性、批判性和革命性的威力和魅力，推进社会主义核心价值观的实践转化。具体来说，对广大人民群众进行正面教育和同各种非马克思主义、反马克思主义意识形态与社会思潮进行针锋相对的斗争相结合，是社会主义核心价值观引领社会思潮的基本方法，也是培育社会主义核心价值观必不可少的两件武器。

一方面，用社会主义核心价值观引领社会思潮，必须把宣传教育作为重要引领手段。要综合运用理论宣传、新闻宣传、文艺宣传、社会宣传等多种途径，以内容通俗易懂、群众喜闻乐见的形式广泛宣传社会主义核心价值观的基本内容、重大意义、精神实质，让更多的人理解和接受社会主义核心价值观，使其成为他们自觉遵守和普遍奉行的价值判断准则，扩大社会主义核心价值观的社会认同感。要深入开展社会主义核心价值观教育，融入国情教育、形势教育、理论教育、道德教育、历史教育、爱国主义教育、理想信念教育、学校教育等国民教育和精神文明建设的全过程，切实推动社会主义核心价值观深入群众、深入人心，筑牢预防社会思潮侵扰的思想防线。

另一方面，用社会主义核心价值观引领社会思潮，必须勇于和善于同非马克思主义、反马克思主义思潮作斗争，千万不可忽视对各种错误社会思潮的抵制和批判，不能忽视对各种封建主义思想意识和价值观念的反对和批判。如果放任各种错误思想到处泛滥，就是助长非马克思主义和反马克思主义意识形态的气焰，就是削弱马克思主义意识形态的影响。对各种非马克思主义和反马克思主义思潮进行有力的批判和抵制，必须牢牢把握它们对待社会主义核心价值观的基本手段和手法。从现实来看，主要有五种对待方式：未解（对社会主义核心价值观的基本内涵、科学精神、思想特质、理论品格等不求甚解或缺乏深入理解）、肢解（制造所谓社会主义核心价值观各内容之间的自相矛盾、逻辑不自洽；或只取一点、不及其余，只取部分、不见整体等）、误解（如把社会主义核心价值观直接等同于社会主义核心价值体系）、曲解（把社会主义核心价值观曲解为“普世价值”、否认和取消与资本主义核心价值观的本质区别等）、消解（否认社会主义核心价值观的科学性和生命力）。当然，对这五种方式，我们也要进行具体分析，灵活对待。

在斗争中开展社会主义核心价值观的宣传教育固然重要，但必须掌握用社会主义核心价值观引领多样化社会思潮的辩证法，夯实引领的方法论基础。对社会思潮全盘肯定或全盘否定、回避或视而不见、听之任之或放任自流，都是不辩证、不科学的。辩证性是社会主义核心价值观的重要特征，也是引领社会思潮时必须遵循的方法论原则，必须处理好如下几对关系：其一，要正确处理一元与多元的关系。在坚持社会主义核心价值观的主导价值观地位、牢牢把握社会主义先进文化的前进方向这一前提下，尊重差异，包容多样，在尊重差异中扩大社会认同，在包容多样中增进思想共识，最大限度地形成共识、凝聚力量，齐心协力建设中国特色社会主义。其二，要正确处理破与立的关系。要坚持破中有立、立中有破的原则，用积极健康的思想引领多样化的社会思潮，加强对各种社会思潮的有效疏导，根据社会思潮的不同性质采取不同的措施，引导其沿着健康的轨道前进、向着积极的方向发展，但决不允许各种反马克思主义的社会思潮滋长。其三，要正确处理理想与现实的关系。社会主义核心价值观的宣传教育是价值目标与现实社会历史过程的统一，它既着眼于树立正确的、社会认同的主导价值观，又将减少社会冲突、维护社会稳定作为重要的内容。我们既要充满必胜信心，又要充分估计意识形态领域思想斗争的艰巨性和复杂性，做好长期战斗的准备。其四，要正确处理思想性与艺术性的关系。要把思想性与艺术性统一起来，采取灵活多样的表现形式，做到在唱响主旋律时不妨多吸取些民间话语，在显示权威大气时不妨多些平民风格，在张扬严肃基调时不妨加入些幽默元素，力求在令人轻松愉快的语境和氛围中，更好地发挥社会主义核心价值观对社会思潮的引领作用。

因此，用社会主义核心价值观引领社会思潮，既要引领好多样化的社会思潮又要有力抵制腐朽的、错误的、反动的思潮，既要坚持意识形态强制性和规范性又要掌握渗透和灌输的技巧，既要在和谐发展中强调最大的包容性又要坚决捍卫意识形态底线的不可触动性，既要坚持社会主义核心价值观的严肃性又要增强马克思主义中国化最新成果宣传的通俗性，特别注意防止以下四种错误倾向：一是强调“主导”，不加分析，简单地排斥多样化社会思潮；二是强调社会思潮的多样化，忽视甚至否定社会主义核心价值观的主导作用；三是要把“引领”政策的探索完全局限在精神领域，与人民群众的实际利益特别是物质利益相脱离；四是一哄而起，搞形式主义，不扎扎实实地做引领工作。

用社会主义核心价值观引领社会思潮的过程中，存在着对多样化社会思潮把握不清、针对性不强、引领效率不高、实效性差等问题。因此，必须努力构建强有力的有效“引领机制”，积极探索和不断创新引领途径和方式方法。具体来说，必须强化主渠道主阵地引领，健全分类引领机制，建立错误思潮管制制度，加强社会思潮动态分析，强化社会热点难点问题的正面引导，建立健全国家意识形态建设制度和思想文化领域的国家荣誉制度。

（五）解决核心价值观宣传教育的理论困惑

培育和践行社会主义核心价值观，就要增强社会主义核心价值观的理论吸引力，扩大以社会主义核心价值观为基础的理论共识，建构以社会主义核心价值观为指导的思想观念整合机制，完善社会主义核心价值观公民认同机制，解决核心价值观宣传教育的理论困惑。

面对改革开放以来出现的各种情况和问题，部分人对马克思主义、中国特色社会主义理论体系存有困惑和误解，对中国特色社会主义道路产生了怀疑。例如，在思想理论领域，出现了用“少谈主义、多研究问题”的概括曲解马克思主义中国化最新成果的倾向；

从把邓小平理论片面解读为不问“姓‘社’姓‘资’”的“猫论”、无须理论指导的“摸论”和不批判抵制错误思潮的“不争论”，到把“三个代表”重要思想曲解为“不讲生产关系的生产力”、“不讲意识形态的文化”和“不讲阶级分析的广大人民利益”，再到把科学发展观视为无党性的口号，混同于西方形形色色的现代化理论。再如，在现实生活层面，当全面建成小康社会、构建社会主义和谐社会的实践把共同富裕提到了更突出的位置时，用先富后富否定共同富裕就成了社会主义核心价值观宣传教育的重要思想障碍。

概括来说，人们的理论困惑和思想迷茫集中体现在对马克思主义、社会主义、党的领导等问题的认识上，体现在对现阶段党的基本路线的理解上，体现在对马克思主义的信仰、对社会主义的信念、对改革开放和现代化建设的信心、对党和政府的信任即“四信”问题上。“马克思主义还灵不灵”“社会主义道路还通不通”“共产党的领导还行不行”，实质上是对我们党和国家的根本指导思想、社会主义根本制度和执政党的领导所提出的疑问和挑战，是对党在社会主义初级阶段基本路线的怀疑和挑战，是对我们国家生存发展政治基石的怀疑和挑战。

第一，“马克思主义还灵不灵”。这其实是对马克思主义当代价值的质疑，是对马克思主义时代性的一种挑战。有学者归纳了五种质疑和否定马克思主义指导地位的观点：“过时论”、“外来文化论”、“实践否定论”、“非学术论”和“指导思想多元论”。“过时论”的基本说法是，马克思主义曾经是真理，但时过境迁，已经不再是真理了；过去曾经是有用的，在中国革命的历史上发挥过作用，但现在不再有用了。归结起来就是以时间的推移为理由，指责马克思主义不再具有真理性了。持“外来文化论”观点的人称，马克思主义是一种外来文化，不是中国本土文化，不能把一种外来文化当作中国的指导思想。“实践否定论”根据社会实践中发生的问题和社会生活中的消极面质疑乃至否定马克思主义的指导地位。“非学术论”认为马克思主义不是学术、没有学问，他们或明或暗地要把马克思主义从哲学社会科学的学术领域中排挤出去。这种思想和行为影响所及，造成了某种将党的理论与哲学社会科学学术分离开来的现象。否定马克思主义的学术地位，表现出一种意识形态的偏见。那些借口时代和形势的变化，指责马克思主义“过时”和“无效”的说法，那些企图以其他思想价值观来代替或者“改造”马克思主义的想法和做法，都是对社会主义核心价值观的削弱和干扰，都是我们应该加以防止和反对的。

第二，“社会主义道路还通不通”。这其实是对社会主义制度的疑问。20 世纪后半叶，世界社会主义运动转入低潮，造成了人们对社会主义产生从未有过的不解和疑问、困惑和迷惘，对社会主义命运的担忧以至于对社会主义前途的悲观失望。“乌托邦说”、“早产儿说”、“补课论”、“失败论”、“历史终结论”以及近年来有些人主张的“民主社会主义”，都这样或那样地怀疑乃至否定社会主义制度和中国特色社会主义道路，极尽诋毁攻击之能事，给人们的思想行为和价值选择造成恶劣影响。广大社科工作者必须从理论上破解这些错误观点，拨开笼罩在人们头脑中的层层迷雾。

第三，“共产党的领导还行不行”。这其实是对中国共产党执政地位和我国政治制度的疑惑。有极少数人，无视中国的历史和国情，无视中国社会主义现代化建设取得伟大成就的关键在于中国共产党领导这一事实，否定中国特色的政党制度和人民代表大会制度，抓住并片面夸大我国政治建设中存在的如党内腐败、民主不够发达等需要通过改善党的领导、加强党的建设、完善和发展民主制度来解决的一些问题，美化西方政治制度，鼓吹西方多党制和“三权分立”，将其看成是具有“普世价值”的民主政体，把西方国家的政治模式看成是我国政治改革的方向、解决我国某些社会问题的有效工具。

理论层面上的意识形态多元化、理想信念动摇、“普世价值”、民主社会主义、多党轮流执政等问题，现实层面上的社会不公平、诚信危机、贪污腐败、贫富分化，以及普通百姓在现实生活中遇到的由住房、医疗、教育、就业、分配等引发的一系列思想问题，都涉及马克思主义、社会主义制度、党的领导等问题。这就要求我们必须研究回答这些干部群众普遍关心的深层次思想认识问题，把道理说清楚、说充分，澄清各种错误观点和模糊认识，引导人们自觉抵制资产阶级意识形态的渗透，走出思想理论误区。

在我国，社会主义核心价值观已经在实践中显示出科学性和真理性。然而，我们还面临不少亟待解决的重大理论和实际问题，人民群众也还存在许多思想困惑。培育和践行社会主义核心价值观任重而道远。

（六）把社会主义核心价值观融入法治建设

法治是治理国家的基本方式。把社会主义核心价值观融入法治建设，以法治体现道德理念、强化法律对道德建设的促进作用，推动社会主义核心价值观更加深入人心。切实发挥法治的规范和保障作用，是培育和践行社会主义核心价值观的重要一环。

自 2013 年 12 月中共中央办公厅印发的《关于培育和践行社会主义核心价值观的意见》首次提出“通过法律法规推广核心价值观”以来，社会主义核心价值观与法治的融合日益增强。一方面，国务院制定和修改的包含“社会主义核心价值观”术语的行政法规有六部，如《行政法规制定条例》（2017 年 12 月）、《规章制定程序条例》(2017 年 12 月)、《宗教事务条例》(2017 年 8 月)、《志愿服务条例》(2017 年 12 月) 等。全国人大及其常委会制定和修改的法律中有 16 部明文包含“社会主义核心价值观”。例如,《国家安全法》(2015 年 7 月)、《民法总则》(2017 年 10 月)、《国歌法》(2017 年 9 月)、《英雄烈士保护法》(2018 年 4 月)、《慈善法》(2016 年 3 月)、《网络安全法》(2016 年 11 月)、《教育法》(2016 年修订)、《广告法》(2018 年 10 月)、《公共文化服务保障法》(2016 年 12 月)、《图书馆法》(2018 年 10 月)、《电影产业促进法》(2017 年 3 月) 等,都将“社会主义核心价值观”作为立法目的或重要的倡导内容。另一方面,部分新法虽然没有使用“社会主义核心价值观”概念,但以专门条款表达了核心价值观的理念,例如《反家庭暴力法》《老年人权益保障法》直接致力于促进家庭成员之间的友善。2017 年 2 月《最高人民法院关于适用〈中华人民共和国婚姻法〉若干问题的解释(二)》第二十四条的适用做出补充规定,人民法院不支持“夫妻一方与第三人串通的虚构债务”以及“夫妻一方在从事赌博、吸毒等违法犯罪活动中所负债务”。该规定回应了婚姻家庭领域的新情况、新问题,舒缓了公众焦虑。这是对社会主义核心价值观“诚信”要素的特别彰显,是以良法促发展求善治的典型事例。中共中央办公厅、国务院办公厅印发了《关于进一步把社会主义核心价值观融入法治建设的指导意见》(2016 年),提出“社会主义核心价值观是社会主义法治建设的灵魂”,并特别要求“把一些基本道德规范转化为法律规范,把实践中行之有效的政策制度及时上升为法律法规,推动文明行为、社会诚信、见义勇为、尊崇英雄、志愿服务、勤劳节俭、孝亲敬老等方面的立法工作”。《中华人民共和国宪法修正案》(2018 年 3 月 11 日通过) 第二十四条宣告“国家倡导社会主义核心价值观,提倡爱祖国、爱人民、爱劳动、爱科学、爱社会主义的公德”。社会主义核心价值观入宪，对于推动我国宪法与时俱进、完善发展，为新时代坚持和发展中国特色社会主义提供了有力的宪法保障，对于良法的构建具有深远意义。2018 年 5 月，中共中央印发了《社会主义核心价值观融入法治建设立法修法规划》。2018 年 8 月，习近平总书记在中央全面依法治国委员会第一次会议的讲话中，特别强调要把社会主义核心价值观贯穿于立法、执法、司法、守法各环节，使社会主义法治成为良法善治。

切实发挥法治的规范和保障作用，其目的在于促进社会主义核心价值观由观念系统的倡导转化为行为系统的落实，促进人们知、信、行有机统一。使主流价值与法律法规同频共振，不仅会让社会主义核心价值观为人们所认知并转化为情感认同，而且能有效避免宣传教育所倡导的价值理念与现实生活中通行的规则不一致的“两张皮”现象，有利于增强社会主义核心价值观的感召力。

社会主义核心价值观的“三个倡导”作为具有统领性的价值理念，是我们制定法律法规时必须秉持的价值理念，但仅仅将其作为一种指导性的价值理念还远远不够，还要善于把抽象的价值理念转化为具体的行为规则。因为法律法规是人们共同遵守的行动准则，其显著特征是规范要求明确、具体。法律法规以必须做或禁止做的规范形式，确定是非、善恶、对错的标准和界限，为人们的行为选择提供标准化的范式。只有把社会主义核心价值观融入法治国家、法治政府、法治社会建设全过程，融入科学立法、严格执法、公正司法、全民守法各环节，全面发挥法治对培育和践行社会主义核心价值观的规范和保障作用，才能对人们的行为产生持续的约束和导向作用，更好塑造人们的良好品行。

切实发挥法治的规范和保障作用，不仅要用法律法规保护和鼓励符合社会主义核心价值观的行为，而且要用法律法规制裁与惩罚违背社会主义核心价值观的行为。惩罚是一种体验性教育，受罚后才会形成严格遵守相关法律法规的行为自觉。从这个意义上说，依靠法律法规对违背社会主义核心价值观的行为进行惩罚，是极具说服力的教育，会有效强化人们对社会主义核心价值观的认同。

（七）以中华优秀传统文化涵养核心价值观

中华文化源远流长，积淀着中华民族最深层的精神追求，代表着中华民族独特的精神标识，为中华民族生生不息、发展壮大提供了丰厚滋养，是社会主义核心价值观的重要涵养。中华优秀传统文化是社会主义核心价值观最深厚的文化基因、精神纽带、价值源泉。如果抛弃中华优秀传统文化这个根本，社会主义核心价值观就会成为无源之水、无本之木，无法在世界文化的相互激荡中站稳脚跟。不忘本来才能开辟未来，善于继承才能更好创新。培育和践行社会主义核心价值观，必须溯文源、通文脉，从中华优秀传统文化中汲取营养。我们拥有五千年的厚重文化，这是涵养社会主义核心价值观的精神宝库，需要我们不断地从中汲取营养，需要我们挖掘、借鉴、传承，更好地弘扬社会主义核心价值观。要深入挖掘中华优秀传统文化中讲仁爱、重民本、守诚信、崇正义、尚和合、求大同的时代价值。用优秀传统文化涵养核心价值观，不是简单的复古，而要与社会主义市场经济、民主政治、先进文化、社会治理等相适应，坚持去粗取精、去伪存真，古为今用、因势利导。

首先，必须以中国优秀传统文化为根基。社会主义核心价值观的培育和践行既要以马克思主义为指导，符合人类社会发展的历史趋势和时代要求，同时又要深深地植根于中华社会的历史背景、历史进程和中华民族的优秀文化根基。社会主义核心价值观的培育和践行不可能抛却中国传统文化的基因，不可能在历史的真空中构建，而必须依托自身的文化传统，立足于本民族的文化背景，借鉴优秀文化价值观。优秀传统文化是中华民族的生存之本、精神之魂。培育和弘扬社会主义核心价值观只有立足于中国优秀传统文化，不断吸取中国优秀传统文化的精神滋养，才有深厚的民族根基，才能得到民众的广泛认同，才能产生强大的凝聚力和向心力。

其次，必须创造性转换和创新性发展中国传统文化。培育和践行社会主义核心价值观，必须对中国传统文化进行深刻反思，处理好继承和创造性发展的关系。习近平总书记指出："对历史文化特别是先人传承下来的价值理念和道德规范，要坚持古为今用、推陈出新，有鉴别地加以对待，有扬弃地予以继承。"[①] 其一，中国传统文化中那些具有民主性精华、与当代文化相适应和现代社会相协调的内容，我们应继承弘扬，纳入社会主义核心价值观范畴。而民本思想中的驭民取向、爱国主义中的狭隘民族倾向、崇礼厚德中的纲常极端化等，都是需要认真鉴别和注意剔除的。封建主义价值观的核心是家族本位、家长主义和君权至上，表现为宗法等级制和各种纲常、礼教，讲究尊卑有别、长幼有序，讲究君君、臣臣、父父、子子，讲究三纲五常。封建主义的本位价值是权本位。"权"是最高的价值，一切价值最终都要以"权"来换算和衡量。这种以伦理纲常为主要内容、以礼治为核心的泛道德主义价值观对维护社会整体利益、提高民族凝聚力、促进社会稳定和祖国统一起过一定的积极作用。但不容否认的是，长期以来，这一价值观也成为禁锢人们思想、妨碍社会发展的沉重包袱。封建主义价值观建立在封建专制制度和自然经济、小农生产方式基础之上，从根本上说是与现代化大生产和商品经济的社会基础不相适应的陈腐观念，具有很大的狭

① 《习近平谈治国理政》第一卷，外文出版社 2018 年版，第 164 页。

隘性、保守性与落后性。其二，我们既要充分认识和挖掘中国传统文化中的优秀成果，又要紧跟时代，具有世界眼光，虚心学习世界其他民族优秀的文化精华，取长补短，为我所用。其三，我们需要用现代观念去阐释、激活传统，赋予传统文化价值观以新的时代内涵、现代化的表述方式和表现形式。培育和践行社会主义核心价值观，必须强化文化自觉、文化自信、文化自强，为中华民族新的腾飞提供精神动力和文化根基。在西方文化中心论和文化帝国主义挤压下求发展、求繁荣，这是中国文化在全球化时代面临的严峻境遇。社会主义核心价值观的提出，正是提升中华民族在全球化时代话语资质的表现，展示了中华民族的文化自信。只有对中国优秀传统文化进行创造性转化和创新性发展，才能更好地适应时代需要，才能融入社会主义核心价值观，才能实现传统文化现代化的目标，才能保证社会主义核心价值观的时代性、先进性和旺盛的生命力。

培育和践行社会主义核心价值观，既要克服传统文化价值观的缺陷，又要发扬传统文化价值观的精华；既要充分汲取世界文化的营养，又要植根于中华文化土壤。唯其如此，才既可使社会主义核心价值观的内容“外之既不后于世界之思潮，内之仍弗失固有的血脉”，又可使社会主义核心价值观的践行获得来源于民族传统精神基础和传统文化心理的动力支持。

（八）核心价值观教育要突出重点人和事

在重点人上，要按照习近平总书记提出的要求，突出抓好领导干部、青少年、公众人物、先进模范等重点人群，以重点人群影响带动广大群众。要坚持干部带头。培育和践行社会主义核心价值观，推动中华民族的集体“闻道”“信道”“行道”，是中国共产党人的历史使命。领导干部是责无旁贷的培育社会主义核心价值观的个体主体，肩负着教育、宣传、引导、感召、凝聚、组织、协调和示范等特殊责任，其自身学习实践社会主义核心价值观的状况，在一定程度上决定着社会主义核心价值观培育的进展和成效。党员领导干部要自觉弘扬忠诚老实、公道正派、实事求是、清正廉洁的价值观，要自觉补精神之“钙”、铸党性之魂、稳思想之舵，要自觉确立自己在培育社会主义核心价值观中的主体意识，丢掉那些“与己无关”、“只说不干”甚至“做群众尾巴”的错误思想和行为，成为践行社会主义核心价值观的模范和榜样。要从娃娃抓起。任何一个思想观念，要在全社会树立起来并长期发挥作用，就要从少年儿童抓起。要把社会主义核心价值观贯穿于国民教育的全过程，落实到教育教学的各环节，使核心价值观的种子在青少年心中生根发芽。学校要把德育放在更加重要的位置，全面加强校风、师德建设，坚持教书育人，根据少年儿童的特点和成长规律，循循善诱，春风化雨，努力做到每一课堂不仅传播知识而且传授美德，每一次活动不仅健康身心而且陶冶性情，让同学们都得到倾心关爱和真诚帮助，让社会主义核心价值观的种子在学生们的心中生根发芽，打牢思想之基、价值观之基。要引导公众人物把弘扬核心价值观作为一种社会责任，加强修养，珍视形象，更多地传递正能量。要引导先进模范珍视荣誉，再接再厉，身体力行地传播社会主义核心价值观。

在重点事上，要大力宣传好人好事，树立好人好报的价值导向。要把他们的先进事迹，作为弘扬核心价值观的好教材，引导人们从自身做起，从身边做起，学好人、做好事。好人好事多起来了，社会主义核心价值观就能蔚然成风。扬善还要惩恶。对好人好事，要大力表彰和宣传；对坏人坏事，要坚决鞭笞和遏制。

（九）借鉴核心价值观宣传教育的历史经验和国外经验

任何社会都有自己的核心价值观，这是一定的社会系统得以运转、一定的社会秩序得以维持的基本精神依托。缺乏文化和价值支撑的社会必然难以为继。因此，任何社会为了生存都要千方百计地宣传其核心价值观，不遗余力地向社会成员灌输适合于维持其制度的思想理论。系统总结、理性分析、批判汲取我国传统社会和国外培育核心价值观的基本经验和有效做法，对培育和践行社会主义核心价值观具有重要意义。

一方面，要系统研究和认真总结我国传统社会核心价值观宣传教育的基本经验。自汉武帝实行“罢黜百家，独尊儒术”以来，儒家思想便成为中国传统社会的意识形态，其以“三纲五常”为主要内容的核心价值观深入人心，为广大民众所认同，并代代相传成为社会各阶层的价值共识和文化传统。在长期的历史发展中，封建统治阶级在核心价值观宣传教育方面积累了丰富的经验，形成了一套较为系统并具普遍意义的大众化、普及化路径。其一，确立行政保障机制，对民众实行价值引导。借助政权的力量，通过身正示范、上行下效，褒善惩恶、劝戒愚劣，乡约民俗、醇化民风，形成了一整套从社会价值观向个体价值观转化的行动和保障机制。科举制度的确立为儒家核心价值观的传播和延续提供了严密的制度保障。其二，构建儒学教育体系，对民众实行价值教育。动员社会各方面的力量，采取不同的教育策略，构建完整的从社会价值观向个体价值观转化的教育体系。自科举制建立以来，学校教育便与科举考试紧密相联，学校皆儒学，官吏皆儒生。从教学内容来看，自汉代实行察举制以来，儒家思想便成为历代统治者考察贤能的重要指导思想和选拔任用标准。其三，鼓励儒生学术发扬，推动民众价值传承。广大儒家知识分子积极传播，身体力行，垂范世人，自觉承担儒家核心价值观的传承。他们不仅熟读儒家经典，弘扬孔孟之道，而且针对时势积极改造创新儒家核心价值观，为社会提供精神支持和思想导向。其四，利用民间文艺形式，对社会民众进行价值熏陶。儒家核心价值观不仅存在于学界层面，为官僚士大夫所提倡，而且以礼俗的形式渗透于民间，为普通民众所认同和效仿，发挥着整合社会秩序、维系世道人心的作用。发扬“文以载道”的传统，借助社会成员日常生活中喜闻乐见的宣传方式，利用乡规民约、通俗读物、民间戏曲、说书等载体，实现社会核心价值观向个体价值观的转化。其五，倡导自我教育方法，促进社会民众的价值内化。通过反省内求、慎言躬行、慎独自律等独特的自我修养方法，注重修身、正己，切实把社会价值观转化为个体价值观，内化为人生信念。儒家十分重视培养人的礼、智、信、勇等道德品质，讲究“以天下为己任”的道德情怀，注重自强不息的道德进取精神，秉承厚德载物、勤劳节俭的道德情操，追求自我完善的道德修养，等等。尽管儒家核心价值观始终代表的是封建统治者的主流意识形态，不可避免地具有封建主义思想的烙印，有其历史的、时代的以及阶级的局限性，但从其建构核心价值观卓有成效的做法中，我们可以获得许多有益的启迪：首先，政府行为对核心价值观的确立具有权威效应。政府通过国家立法保障核心价值观的神圣不可侵犯，并且通过国民教育保障核心价值观在全社会得到普及与强化。其次，植根于本民族传统文化有助于核心价值观赢得全社会的广泛认同。核心价值观只有依托本民族的优秀传统文化才能为新秩序的建立和未来社会的发展提供动力。最后，核心价值观的选择必须适应社会发展的要求。①

① 陈新汉：《警惕核心价值体系“边缘化危机”》，社会科学文献出版社 2011 年版，第 299 页。

另一方面，要系统研究和认真总结国外核心价值观宣传教育的基本经验。西方资本主义国家在核心价值观宣传教育方面历来主题鲜明，一以贯之，具有明确的倾向性和导向性，积累了丰富的经验。第一，通过政府大力培育、宣扬和传播核心价值观。政府行为对核心价值观的确立及其在全社会的普及与强化起着主导作用。第二，通过政党活动宣传和倡导核心价值观。进入现代社会，政党取代了宗教成为核心价值观大众化的主要领导者和推动者。第三，通过社会中介组织传播核心价值观。社会中介组织凭借其自由、广泛的优势，积极参与社会核心价值观的建设，甚至成为一些领域核心价值观大众化的倡导者和捍卫者。第四，通过学校教育使学生树立爱国主义精神。西方国家非常重视在学校对学生进行爱国主义教育和核心价值观教育。它们通过开设相关课程或专题，编写教材，规范教师行为，培育校园文化，开展社会实践，渗透它们所倡导的价值观念和教育理念。第五，通过媒体大力宣传核心价值观。西方主流媒体，是西方价值观的主要传播者和制造者。第六，通过法律对意识形态进行规范和整合。用强有力的法律法规支持和制度保障促进核心价值观的树立和普及。西方国家有着崇尚法治的优良传统，尊重宪法和法律的权威性与至上性，形成了依法治国的核心价值理念。它们注重把社会核心价值观的要求转化为法律规定，利用法律手段的运作，建立起有效的激励约束机制，使符合核心价值观的行为得到鼓励，违背核心价值观的行为得到制约和处罚，从而推动核心价值观的大众化。第七，通过宗教影响和塑造人们的价值观。在西方，宗教已经渗透到社会生活的方方面面，对人们的价值观、政治信仰以及国家意识形态具有重大的影响，成为培育社会核心价值观的有力手段和一大特色。第八，通过影视节目引导人们的价值判断。西方影视节目常常通过曲折动人的爱情故事、惊心动魄的战争场面、感人至深的亲情友情等方式宣扬其核心价值观。第九，通过实物或特定场景进行政治价值观教育。西方国家普遍重视利用文物等实物或有历史意义的场所进行爱国主义教育。第十，通过心理战实现价值目标。“二战”以后，心理战已成为西方国家用以确保国家目标的各种政治、军事、经济和意识形态活动的一个至关重要的部分。第十一，通过文化产业输出核心价值观。西方国家制造的形象画面、音像制品、激光唱片、书籍、杂志、计算机软件等文化产品大规模地进入全球的家庭、商店和屏幕，几乎渗透到世界的各个角落。伴随着文化的渗透，它们把文化、价值观和生活方式等也输送到世界各地。第十二，通过高科技进行价值观的渗透。随着高科技进入传媒，因特网的广泛运用，以美国为首的发达国家运用强大而系统的全球信息传播的网络化，并通过国际文化交流，传播其意识形态，进行文化扩张和渗透，扩大对社会主义国家的政治生活、社会生活的影响，从而从根本上影响社会主义价值观，以达到控制社会主义国家的目的。对西方国家核心价值观宣传教育的有益做法，应批判地加以借鉴和吸收。

（十）对社会主义核心价值观充满自信

社会主义核心价值观，传承着中华民族优秀传统文化的基因，寄托着近代以来中国人民上下求索、历经千辛万苦确立的理想和信念，体现着马克思主义先进政党的本质特征，承载着每一个中国人的美好愿景。我们必须对社会主义核心价值观充满自信。自信来自于马克思主义的正确指引。我们党是马克思主义政党，有了党的正确领导，有了科学的理论基础，社会主义核心价值观就有了引领和整合复杂社会思想意识的强大力量。自信来自中华民族传统文化的丰厚滋养。中华文化源远流长、绵延不绝，所蕴含和展示的文化精神、文化气度，在世界上独树一帜，足以支撑起当代中国人的文化自信、价值观自信。自信来自中国特色社会主义的成功实践。我们坚定对中国特色社会主义的道路自信、理论自信、制度自信、文化自信，毫无疑问地也坚定对社会主义核心价值观的自信。自信来自对人类文明优秀成果的吸收借鉴。社会主义核心价值观兼收并蓄，体现了当今世界发展进步的潮流，不仅反映了中国人民的价值追求，而且反映了不同文明所承载的共同价值。

第 07 章

CHAPTER SEVEN

传承中华传统美德

/ 习 语 /

要继承和弘扬我国人民在长期实践中培育和形成的传统美德，坚持马克思主义道德观、坚持社会主义道德观，在去粗取精、去伪存真的基础上，坚持古为今用、推陈出新，努力实现中华传统美德的创造性转化、创新性发展，引导人们向往和追求讲道德、尊道德、守道德的生活，让 13 亿人的每一分子都成为传播中华美德、中华文化的主体。

——习近平

党的十八大以来，以习近平同志为核心的党中央从全局和战略高度出发，继承和发展了中国共产党关于传承中华传统美德的思想主张和历史经验，提出要从传统美德中提炼和弘扬富有民族精神和时代价值的部分，要在新时代实现传统美德的创造性转化和创新性发展，为实现中华民族伟大复兴提供坚强的精神支柱和不竭的动力源泉。

一、传承中华传统美德的时代意义

中华传统美德是不同时代人们在探索人与人、人与社会、人与自然关系的实践中对行为准则的总结凝练。它在中华文明发展的历史长河中传承积淀、历久弥新，是中华儿女引以为傲的思想财富，也是厚重深邃的中华文明给予中国和世界的珍贵遗产。新时代传承中华传统美德，具有重大的现实价值和深远的历史意义。

（一）培育文明风尚需要传承中华传统美德

提高公民文明素质和社会文明程度，关键在于加强道德修养。推动移风易俗，发扬社会主义新风尚，离不开道德建设。只有当人们自觉将讲道德、尊道德、守道德内化于心、外化于行，文明风尚的培育和传播才有文化底蕴和群众基础，文明风尚才能蔚然成风。在道德建设中，中华传统美德对解答思想疑惑、提高思想觉悟、弘扬高尚品德具有独一无二的作用。

培育文明风尚的现实困境需要传承中华传统美德。道德是文明风尚的基础。当前，中国改革发展已进入“攻坚期”和“深水区”，矛盾日益凸显。在经济体制深刻变革、社会结构深刻变动、利益格局深刻调整、思想观念深刻变化中累积的道德问题已明显地阻碍了社会发展，必须妥善解决。而解决问题的现实困境是人们思想认识多元化。打破道德水平高低和社会环境的限制，寻求人民群众的道德认同成为破题关键。习近平总书记指出：“中华文明绵延数千年，有其独特的价值体系。中华优秀传统文化已经成为中华民族的基因，植根在中国人内心，潜移默化影响着中国人的思想方式和行为方式。”[①]中华传统美德是中华优秀传统文化的重要组成部分，是中华民族在历史实践中积淀下来的、高度提炼的精神追求，贴近中国人的生活实际和话语习惯，是人民群众对精神世界本质的期待向往。传承中华传统美德，有利于在纷繁复杂的社会思潮中抓住人心，“润物无声”地引导人们防止道德滑坡，涵养文明风尚。

培育文明风尚的实践途径需要传承中华传统美德。培育文明风尚，构建和谐社会，必须自觉抵制拜金主义、享乐主义、极端个人主义等错误思想。中华传统文化博大精深，习近平总书记曾将其精髓概括为讲仁爱、重民本、守诚信、崇正义、尚和合、求大同。[②]讲仁爱，要求人们超越自身和血缘，“以爱己之心爱人”，富有同理心；重民本，强调“民惟邦本，本固邦宁”，所以习近平总书记在2018年新年贺词中要求党政干部要把老百姓的安危冷暖时刻放在心上，以造福人民为最大政绩，想群众之所想，急群众之所急，让人民生活更加幸福美满；守诚信，就是要“言而有信”，个人、社会、企业、政府都必须守法诚信，不能见利忘义、背信弃义；崇正义，倡导公平正义，坚持正确的义利观，弘扬社会正气；尚和合，是中华文化崇尚和谐，以和为贵，和而不同；求大同，主张天下为公、世界大同，代表着中华民族兼济天下的胸怀和格局等等。这些道德主张对培育文明风尚，全面推进社会公德、职业道德、家庭美德、个人品德建设具有强烈的指导意义。

---

① 《习近平谈治国理政》，外文出版社2014年版，第170页。
② 《习近平谈治国理政》，外文出版社2014年版，第164页。

（二）建设文化强国需要传承中华传统美德

坚定文化自信必须传承中华传统美德。习近平总书记认为：“坚定文化自信，是事关国运兴衰、事关文化安全、事关民族精神独立性的大问题。”[①] 中华优秀传统文化为“中华民族的突出优势”和“我们最深厚的文化软实力”[②]，“中华传统美德是中华文化精髓”[③]。可见，中华传统美德具有鲜明的民族特色，是中华民族共有的历史记忆和文化基因，是中国区别于其他国家的文化标志。历史和现实证明，中华传统美德能跨越时间，超越国度。过去，中华传统美德是中华民族在历经沧桑、饱受灾难的进程中始终团结奋进的精神支撑，是中华文明从未中断的重要原因；现在，中华传统美德仍能为解决现实问题提供有效思路，古老智慧更加璀璨夺目，辐射范围遍及全球。中华传统美德旺盛的生命力充分展现了中华文化的优越性，表明中国文化有雄厚实力应对各种挑战。我们完全有底气、有能力、有条件树立文化自觉、坚定文化自信。

增强文化创新必须传承中华传统美德。文化只有坚持创新发展才能保持生机和活力。但创新是手段，不能舍本逐末。为了创新而创新，容易使文化创新流于形式，非但不利于深入领会本土文化的独特魅力，也不利于在与外来文化的交流碰撞中站稳脚跟、保持理性。习近平总书记指出：“不忘本来才能开辟未来，善于继承才能更好创新”。[④] 我国的文化创新要坚持扎根于中华优秀传统文化的根本，做到守正创新。中华优秀传统文化为文化创新提供了肥沃的土壤。作为中华优秀传统文化的重要部分，中华传统美德是我们为人、修身、处事的思想源泉和道德标尺，潜移默化地深刻影响了一代又

---

① 《习近平谈治国理政》第二卷，外文出版社 2017 年版，第 349 页。

② 《习近平谈治国理政》，外文出版社 2014 年版，第 155 页。

③ 《习近平谈治国理政》，外文出版社 2014 年版，第 164 页。

④ 《习近平谈治国理政》，外文出版社 2014 年版，第 164 页。

一代的中华儿女。避免文化创新的盲目性，增强文化创新的凝聚力、感召力和影响力，使文化创新的成果落到实处，离不开继承和弘扬中华传统美德。

提升文化软实力必须传承中华传统美德。党的十九大报告指出："文化是一个国家、一个民族的灵魂。文化兴国运兴，文化强民族强。"[①] 自约瑟夫·奈提出"文化软实力"的概念以来，各大国高度重视提升本国文化的吸引力。随着中国日益走向世界舞台的中央，中国的软实力能否与其硬实力相匹配、中国能为世界提供什么样的文化产品引起世界广泛关注。要提升中国的文化软实力，必须加强文化输出，努力提高国际话语权。在新时代，文化输出不仅要求文化"走出去"，更要求文化"走进去"。遗憾的是，文化差异、冷战思维、零和博弈思维严重制约着中国的文化输出。即便是旨在弘扬中华优秀传统文化的孔子学院，也遭遇了西方的偏见、疑虑和质疑，被贴上政治的标签。要使中国文化真正深入人心并深得人心，关键在于文化输出时要最大限度地凝聚共识，避免过分纠结于意识形态之争。其中，传承中华传统美德或可成为加强文化输出的有效途径。历史上，高度凝聚着中华民族智慧结晶的中华传统美德曾远渡重洋，备受推崇，有的国家还将一些精神融入本国的道德文化中。在人类共同面临治理赤字、信任赤字、和平赤字、发展赤字的今天，一些西方国家的价值理念已无力解决问题，而中华传统美德中所提倡的诸如"天人合一""以和为贵""和而不同"等主张却在世界范围内引发广泛共鸣和热烈回响，"人类命运共同体"成为中国为全球治理贡献的中国智慧和中国方案。中国文化输出的新阶段表明，传承中华传统美德能有效地打破思想的藩篱，破解文化输出的困境，

---

① 习近平：《决胜全面建成小康社会　夺取新时代中国特色社会主义伟大胜利——在中国共产党第十九次全国代表大会上的报告》，人民出版社 2017 年版，第 40—41 页。

是中国提升文化软实力的独特战略资源。

（三）实现民族复兴需要传承中华传统美德

文化复兴是民族复兴的重要基础。文化是社会的有机组成和基本内容。民族复兴是全方位的，既包含高度的物质文明，也包含高度的精神文明。改革开放以来，中国共产党对中国特色社会主义总体布局的认识经历了从“两手抓、两手都要硬”到“三位一体”“四位一体”，再到“五位一体”的发展历程，文化建设始终是重要一环。党的十八大以来，站在实现中华民族伟大复兴的历史拐点，习近平总书记将文化复兴作为民族复兴的基本条件，强调：“一个国家、一个民族的强盛，总是以文化兴盛为支撑的，中华民族伟大复兴需要以中华文化发展繁荣为条件。”[①]在他所绘制的蓝图中，文化上的自信为民族复兴提供“更基本、更深沉、更持久的力量”[②]。他曾要求人们警惕：“经济总量无论是世界第二还是世界第一，未必就能够巩固住我们的政权。经济发展了，但精神失落了，那国家能够称为强大吗？”[③]人无精神则不立，国无精神则不强。文化荒漠无法涵养强盛的国力。不仅如此，在判断新时代中国社会主要矛盾发生转化后，他将文化复兴提升至满足人民美好生活向往的高度，强调民族复兴要平衡充分发展，而文化复兴是推动民族复兴平衡充分发展的关键。

传承中华传统美德是文化复兴的应有之义。第一，二者的对象存在重合。文化复兴强调要复兴代表民族精神和民族品格的精华，而不是复兴外来文化。中华传统美德虽然具有开放包容的特性，但

---

① 《认真贯彻党的十八届三中全会精神　汇聚起全面深化改革的强大正能量》，《人民日报》2013 年 11 月 29 日。

② 《习近平谈治国理政》第二卷，外文出版社 2017 年版，第 339 页。

③ 习近平：《做焦裕禄式的县委书记》，中央文献出版社 2015 年版，第 35 页。

其主体和核心部分仍是孕育、产生、发展在中华大地上，富有历史性、民族性的价值取向和精神财富。它代表着中华民族特有的民族性格和道德风貌，和中华优秀传统文化一样标记着我们从何而来，塑造着我们的精气神。因此，传承中华传统美德是文化复兴的必要要求。第二，传承中华传统美德和文化复兴面临着共同的现实挑战和时代责任，二者内在统一，相互促进，共同发展。在社会发展过程中，一些旧有文化受到冲击，逐渐没落，有的岌岌可危。但是，并不是所有文化遗产都有被抢救保护的价值，必须去其糟粕、取其精华。中华优秀传统文化的复兴与传承也不是主张全面复古，而是要挖掘其中顺应时代潮流、适应社会要求的部分，丰富和完善传统文化的内涵，使之在新的历史条件下焕发新的活力。

中华传统美德是民族复兴的精神伟力。“人民有信仰，国家有力量，民族有希望”。[①] 长期以来，中华传统美德是中华民族砥砺前行的道德支撑和精神纽带。自强不息、敬业乐群、扶危济困、见义勇为、孝老爱亲等中华传统美德超越了时代、阶级的局限性，润泽心灵，使中华民族更加繁荣兴盛。习近平总书记指出：“自强不息、厚德载物的思想，支撑着中华民族生生不息、薪火相传，今天依然是我们推进改革开放和社会主义现代化建设的强大精神力量。”[②] 中华民族从站起来、富起来到强起来的伟大征程中，中华传统美德鼓舞着中华儿女众志成城，克难制胜，是我们在伟大斗争中无惧风险挑战的思想武器。今天我们传承中华传统美德，就是要在新时代继续立德树人、以德铸人，以振奋的精神和高贵的品格锐意进取，奋发有为。

---

① 习近平：《决胜全面建成小康社会　夺取新时代中国特色社会主义伟大胜利——在中国共产党第十九次全国代表大会上的报告》，人民出版社 2017 年版，第 42 页。

② 《习近平谈治国理政》，外文出版社 2014 年版，第 158 页。

二、传承中华传统美德的有效路径

传承中华传统美德绝不是简单的"拿来主义"。习近平总书记指出，传承中华传统美德要"坚持马克思主义道德观、坚持社会主义道德观，在去粗取精、去伪存真的基础上，坚持古为今用、推陈出新，努力实现中华传统美德的创造性转化、创新性发展"[①]。创造性转化就是立足当下，挖掘、引申和重新阐发中华传统美德，延长传统美德的生命力，古为今用；创新性发展就是面向未来，在实现创造性转化的基础上，在内容和形式等方面与时俱进，激发传统美德的活力，推陈出新。

（一）坚持立足当下，挖掘、引申和重新阐发中华传统美德，延长传统美德的生命力，古为今用

古为今用的依据是传统道德良莠并存。在内容上，既有以儒家伦理道德为主要内容的中国古代道德，也有近代以来形成发展的中国革命道德。在形式上，既有道德规范，又有礼仪风俗。中华传统道德体系中存在三种成分：第一种是带有明显阶级和时代局限性的道德糟粕，比如，"三从四德""厚葬久丧""三纲""男尊女卑"等，均属于消极、保守、落后的道德要求；第二种是突破了时空限制，在今天依旧生机盎然的精华部分，比如，"诚信友善""见义勇为""修身养性""亲仁善邻"等，引导人们积极进步；第三种是必须在扬弃继承的前提下，才能发展为精华的道德，比如，古代封建社会倡导的"民本"，其根本目的是使封建专制统治合法化，美化、掩盖了封建专制统治的残酷性。而现在我们倡导的"民本"是以人民为中心，问计于民，施政于民，真正造福于民。又如古代的

① 《习近平谈治国理政》，外文出版社 2014 年版，第 160 页。

“忠”存在忠于君主的糟粕部分，而现在我们主张的“忠”则摆脱了这种狭隘性，被赋予了忠于国家和人民利益的新内涵，是社会主义道德的重要组成部分。

古为今用是对历史的尊重。中华民族贵为礼仪之邦，三代时期便有与德相关的论述。因此，中华传统美德底蕴深厚，硕果累累。然而，有人却质疑传统美德的作用，认为传统意味着陈旧腐朽，不适应社会现实的需要，是沉重的历史包袱，没有再利用的价值，主张全盘西化。这种思想倾向显然是妄自菲薄，违背了道德的客观发展规律，人为割裂了道德的历史继承性，是典型的历史虚无主义。长此以往，将动摇中华民族的精神支柱，阻碍中华民族的复兴进程。在对待中华传统文化的态度上，毛泽东曾明确指出，作为马克思主义的历史主义者，不能割裂历史，而“应当给以总结，承继这一份珍贵的遗产”[①]。他还强调必须尊重历史，“但是这种尊重，是给历史以一定的科学的地位，是尊重历史的辩证法的发展，而不是颂古非今，不是赞扬任何封建的毒素。”[②]中国共产党领导中国人民在革命、建设、改革的历程中形成的革命道德便是对中国古代社会优良道德的继承和发展。五四精神、井冈山精神、长征精神、延安精神、大庆精神、“两弹一星”精神、雷锋精神、改革开放精神等蕴含的道德力量在中华大地上世代传承，经久不衰。

古为今用的落足点是服务当下。“向后看”是为了能更好地“向前看”。古为今用，重在当下，重在运用。我们之所以有底气古为今用，除了因为中华传统美德于悠久灿烂的中华文明中生长和发展，更因为我们有能力将它转换为符合当今社会主义发展需要的道德力量。近现代以来，在反抗外来侵略的斗争中，中华民族自我意识觉

① 《毛泽东选集》第二卷，人民出版社 1991 年版，第 534 页。
② 《毛泽东选集》第二卷，人民出版社 1991 年版，第 708 页。

醒，面对中西方文化选择，一些人主张守旧传统、旧礼教，要求回归孔孟之道，认为这是中国文化的唯一出路，主张全盘继承。近几年，在中国繁荣富强的大背景下，“国学热”兴起。一些人打着国学经典的幌子，用所谓“传统”反对“现代化”，“女德班”“豫章书院”等机构招摇撞骗，屡禁不止。这些现象的背后是对道德的时代性和阶级性的忽视，是典型的文化复古主义。传统道德有其特定的历史场域，具体分析才能避免食古不化。中华传统道德的生命力来自其开放性和包容性。古为今用绝非简单的“续古”或“复古”，而是要运用马克思主义的立场观点方法，寻求传统美德与社会主义道德的契合点，凝结出新的思想结晶，化解现代弊病，更好地服务于中国特色社会主义建设。

如何对待传统？这是民族国家走向现代化进程中的共性问题。源远流长的中华传统美德给当代中国提出了更高的要求和更大的挑战。习近平总书记指出：“要使中华民族最基本的文化基因与当代文化相适应、与现代社会相协调。”[①] 中华传统美德根基牢固，文化优势突出。丢掉传统，离开中国本位、中国底色和中国风格建设新时代道德，无异于自废武功。但过分夸大传统美德的适用性，漠视传统美德的动态发展，脱离时代背景固守自封，不仅无法使传统美德发挥实效，也不利于传统美德的延续发展。在探索古为今用的过程中，必须不断挖掘、整理、提炼、升华传统美德，处理好传统与现代、继承与发展、中国与世界的关系，使中华传统美德助力社会主义核心价值观的培育和弘扬。

① 《习近平谈治国理政》，外文出版社 2014 年版，第 161 页。

（二）面向未来，在实现创造性转化的基础上，在内容和形式等方面与时俱进，激发传统美德的活力，推陈出新

推陈出新的依据是道德的时代性。经济基础决定上层建筑，道德是依据一定经济形势做出的选择。所以，道德是时代的产物，是对时代背景、时代特征、时代要求的集中反映和高度凝练。不存在可以被直接移植、复制或沿用的道德。虽然一些传统道德能与时代较好融合、坚挺至今，但实际上，它们在社会实践中被不断检验、整合、补充和再创造。与其原有面貌相比，相似而不相同。这些变化往往渐进和缓，所以传统美德才能更为人们所接受，潜移默化地滋润和净化社会，与法律法规等硬性规定一道成为引导和规范行为的重要力量。正是因为道德的时代性，在传承中华传统美德时必须立足中国特色社会主义建设的新形势，适应时代新要求，解决社会新矛盾，应对世界新挑战。这是构建新时代社会主义道德体系的需要，也是几千年来传承中华传统美德的经验。

推陈出新要实现内容的创新。在社会主义中国，经济要实现现代化，文化同样也要现代化。中华传统美德内容丰富，具备深厚的历史底蕴和深刻的精神价值，这是传承中华传统美德的突出优势。但是，在新时代能否将传统美德的文化优势有效转化为发展优势，有赖于内容创新。一是要坚持革故鼎新，返本开新。中华民族发展的历史启示我们中华传统美德充满希望和可能，关键在于要有选择、有侧重地传承。传承传统美德并不是一蹴而就、一劳永逸的，必须在大量反思和总结的基础上，做好加法和减法。既要不断赋予传统美德新的时代精神和时代价值，也要适时剔除那些明显落后陈腐的理念主张。只有这样，传统美德才能为社会最大限度地培育正能量，推动社会主义道德勇立时代潮头。二是要坚持兼容并蓄，博采众长。不忘本来并不排斥吸收外来。没有哪个国家能独立发展。历史上，

中华传统美德的创新发展离不开与外来文化资源的对话融合。在高度全球化、信息化的今天，外来文化涌入中国不可避免。勇于接纳外来文化的精华，敢于迎接外来文化的挑战，诠释了当代中国的大国气质和文化自信。

推陈出新要注重方法的创新。内容为王，方法制胜。传承中华传统美德必须重视传统表达和现代表达、官方话语和民间话语、对内话语和对外话语之间的关系。不能只顾着埋头生产内容，还必须创新表达方式，从而使传统美德能够在现代入脑入心。传统的传承方法并非毫无意义，而是较之过去，效果大打折扣，需要进行完善和补充。例如，高校对当代青年大学生开展的爱国主义教育。以往的教材教育、评优表彰、庆祝大会等方法已经无法满足标新立异、追求时尚的“00 后”学生。于是一些高校大胆创新，涌现了推送动画短视频、进行 VR 教学、开展“快闪行动”等一系列新方法。这些新方法多利用多媒体时代的最新成果，生动有趣，迎合了学生的心理特点和审美取向，增强了他们的参与感、获得感和认同感，与原有方法相得益彰，极大增强了爱国主义教育的实效性。当然，传承传统美德是庄重严肃的事业。创新方法不能喧宾夺主，更不能哗众取宠。这是推陈出新必须坚持的底线。

三、传承中华传统美德的有效措施

伟大的时代呼唤伟大精神。党的十八大以来，以习近平同志为核心的党中央始终把弘扬中华传统美德、加强社会主义道德建设作为重要战略来抓。在取得可喜成效的同时，我们也应清醒地认识到目前传承传统美德的问题和不足。因此，我们在传承中华传统美德的伟大实践中，既要善于总结成绩，也要找准问题和不足的关键，有的放矢，多措并举，为奋进新时代、共筑中国梦提供强大的精神力量和道德支撑。

（一）充分挖掘优质资源

第一，深入挖掘中华传统美德的时代价值。新时代为社会主义道德建设提供了重大的历史机遇，社会主义核心价值观应运而生。它从国家、社会和个人三个层面回答了新时代应该有怎样的道德追求。习近平总书记指出："培育和弘扬社会主义核心价值观必须立足中华优秀传统文化"。[①] 这是因为中华传统美德群众基础强、亲和力强。通过重新阐释传统美德，有助于增强人们对社会主义核心价值观的认同感。中华传统美德与社会主义核心价值观相契合。社会主义核心价值观扎根于中国大地，以传统美德为根。二者完全可以有效结合，形成教育合力，达到 1+1>2 的效果。但是，中华传统美德很多产生于封建社会，侧重私德的养成和践行。所以，挖掘中华传统美德的时代价值，就是要深入分析和提炼出其中可以与国家的德、社会的德相联系的部分，从而使社会主义核心价值观既有鲜明的民族特色，又有深远的时代意义。

第二，深入挖掘道德模范的精神内涵。习近平总书记指出，道德模范对倡导好风尚、弘扬正能量、促进全社会向上向善具有十分重要的意义。在社会转型期，思想多元，一些人出现"文化危机""道德危机"。越是价值观碰撞冲突的时候，越需要如灯塔一般指引正确方向的典范。隐姓埋名、潜心国防的黄旭华，英雄无言、坚守初心的退役老兵张富清，爱岗敬业、立志报国的黄大年，父女两代接力为国守边的牧民卓嘎、央宗姐妹，等等，这些道德模范是时代精神的践行者和体现者，是社会主义精神文明建设的道德财

① 《习近平谈治国理政》，外文出版社 2014 年版，第 163—164 页。

富。深入挖掘他们的精神内涵，研究传统美德对他们社会公德、职业道德、家庭美德、个人品德的教化影响，将为传承传统美德积累可亲、可敬、可学的鲜活素材，使传承更加有态度、有深度、有温度。

（二）积极增设教育课程

第一，增设传统美德的理论课程。学校是对未成年开展道德教育的主阵地。改革开放以来，中央和各级政府对将中华优秀传统文化纳入教育体系进行了很多有益的探索。2014 年，教育部印发《完善中华优秀传统文化教育指导纲要》，对新时代开展中华优秀传统文化教育的内容、重点和方法等做了提纲挈领式的指导。虽然学校的传统美德教育取得了显著的进展，但较之其他教育内容，传统美德教育依然力度不够，作用有限。学校的传统美德教育普遍集中在思想政治课中，且所占比例较小，学生重视不够。偶有一些学校开设选修课或讲座，但这对教师自身的素质要求颇高。通过增设传统美德的理论课程，编写专门的教材，严格考核评价，将有助于教师把握教学的重点难点，激励师生研读传统经典，落实传统美德教育。在具体的教学实践中，必须创新教学理念，改进教学方法，增强传统美德教育的趣味性和吸引力。另外，必须根据学生的认知水平和思维特点设置有不同层次和目标的美德课程，使传统美德能由浅入深、由表及里地塑造和影响学生。

第二，增设传统美德的实践活动。增设传统美德课程的出发点和归宿是使学生自觉自发地继承和发扬传统美德。要通过大量的实践活动，防止空谈理论，帮助学生走出课堂，在实际生活中深刻认识传统美德，使之成为他们的行动准则和价值追求。为了避免实践活动流于表面，需要精心设计实践活动全过程。一是要有问题意识。

针对学生的特点和问题设置具体活动目标，使学生在活动中解决道德困惑，克服道德障碍，增加他们继续活动的动力。二是要有所选择。在内容上，要选择贴近学生身份和生活的道德热点问题。在方式上，要选择直观的、形象的方式。在难度上，要选择学生有极大可能自主完成且具备一定挑战性的活动。三是要有评价机制。要在实践活动结束后及时总结反馈，积累经验，反思不足。要将实践活动评价与理论课程评价有机结合，考查学生对传统美德的真实态度和掌握情况，鼓励学生理论与实践相结合。

（三）大力创新社会宣传

第一，健全宣传的长效机制。传承传统美德常态化，离不开良好的舆论氛围和持续的宣传造势。为此，一是要整合资源，形成合力。各地区、各单位、各部门要上下联动，合理配置，合作分析问题、研究理论，积极投身宣传工作，壮大宣传声势，节省宣传资源。二是要完善学习宣传的组织体系。将宣传传统美德的实效性作为工作考核的重要指标，形成党委领导、政府负责、社会协同、公众参与的宣传组织体系。三是要制定宣传的基本规范。虽然宣传传统美德是宣传主体的基本责任，但有的主体在实践中却未尽其责，宣传效果不尽如人意。例如，有的采取“夸张”甚至“恶搞”的方式吸睛，有的进行应景式、应付式的短期宣传，有的铺张浪费、追求规模。因此，有必要言明宣传时必须遵循的规范，防范宣传的随意性和片面性。

第二，创新宣传载体和宣传模式。在自媒体、新媒体时代，网络、手机、交通数字媒体等日益影响人们生活。利用这些新的宣传载体，是扩大传统美德宣传覆盖面、增强宣传效果的必然选择。例如，可以在公共交通工具的电视屏幕上投放宣传传统美德的公益广告，让人们在繁忙的都市生活中不自觉地接受传统美德的滋养。此外，为提高人们对传统美德的理解程度和接受能力，还应改变“说教式”的宣传模式。要始终以人为本，改进宣传的内容、方式、手段、途径，创造人们喜闻乐见的宣传作品。例如，《感动中国》节目结合推委会推荐、公众投票、最终评议的方法，选出各行各业的道德楷模。通过视频介绍、交流访谈和宣读专家推荐词等形式介绍道德人物的先进事迹，深挖其中的道德内涵，引导人们见贤思齐，效果显著。

（四）重视重塑优良家风

第一，家庭应重视家风建设。习近平总书记强调，“家庭是社会的基本细胞，是人生的第一所学校”[①]，“家风好，就能家道兴盛、和顺美满；家风差，难免殃及子孙、贻害社会，正所谓，‘积善之家，必有余庆；积不善之家，必有余殃’”[②]。现代家庭高度重视对孩子的教育，但是部分家庭急功近利，重智育轻德育，对家风建设的重视程度严重不足。其后果是父母子女、夫妻、兄弟姐妹、邻里间关系失睦，持家道德欠缺。家庭道德出现的这些问题要求我们要投入更多精力建设家风。为此，一是要制定规则。规范家庭成员的日常生活，培育良好的道德习惯。二是要改进教育方法。家长以身作则，摆事实，讲道理寓教于乐，防止简单的灌输和空洞的宣讲，使中华传统美德促进青少年健康成长。三是要凝聚共建。积极主动地配合学校、社会工作，合作开展道德教育和道德建设，开拓传承中华传统美德的新天地。

第二，党员干部要率先垂范。中国共产党是工人阶级的先锋

---

① 《习近平关于全面建成小康社会论述摘编》，中央文献出版社2016年版，第121页。
② 《习近平谈治国理政》第二卷，外文出版社2017年版，第355页。

队，是中国人民和中华民族的先锋队。共产党员的先进性要求党员干部在传承中华传统美德的过程中要自省修养，发挥模范带头作用。2016年起实施的《中国共产党廉洁自律准则》第八条明确规定，党员领导干部要“廉洁齐家，自觉带头树立良好家风”。一是要从老一辈无产阶级革命家的家风建设上学习经验，传承革命道德，严于律己。二是要加强对配偶子女和亲属的道德要求和管理。要保证家庭成员不搞特权，不讲特殊，不谋私利，自觉践行中华民族传统美德。做到这两点，家风、党风、政风、国风就能实现同频共振。

（五）坚决纠正不良偏向

第一，不能偏离社会主义的基本方向。无论是古为今用，还是推陈出新，都必须重视定位，找准时代的价值坐标，时刻校正航向。新时代的价值坐标是社会主义核心价值观。传承中华传统美德是为了更好地培养和践行社会主义核心价值观。传承中华传统美德是为了丰富、滋养、壮大，而不是削弱或取代社会主义道德。全盘继承、全盘复古，与全盘否定一样，都是对待中华传统美德的错误态度。在传承的过程中，我们要坚持立足社会主义建设，对传统美德再加工、再创造，使之融入社会主义道德体系中，成为社会主义新道德。只有坚持社会主义的基本方向，自觉运用马克思主义的立场、观点和方法传承中华传统美德，才能实现真正意义上的文化自信。

第二，不能流于形式、浮于表面。传承中华传统美德，一是要坚决杜绝“走过场”。例如，有的地方活动准备不充分，放个电影应付交差；有的学校要求学生给家长集体“磕头”“洗脚”，美其名曰“感恩教育”。这类形式主义非但不能弘扬传统美德，反而会加剧人们对传承传统美德的抵触情绪。形式要服务内容，创新是为了应用。传承中华传统美德，要抓工作落实，而不能只是做表面文章。

二是要防止“三分钟热度”。例如，一些地方在宣传道德模范时，往往在前期很热烈——政府和单位领导、学校师生排队探望，重复奖励表彰，媒体井喷式报道。但到后期，宣传却日显疲态，戛然而止。有的道德模范甚至从此“销声匿迹”，被大众遗忘，“英雄流血又流泪”。为了纠正这类错误，确保传承中华传统美德能不断推进、持续发力，必须有常抓不懈的韧劲和干劲。要建立完善传承中华传统美德的相关制度，真正做到有章可循、有法可依、有司可管，推动传承中华美德常态化、制度化、规范化。

第 08 章

CHAPTER EIGHT

弘扬民族精神和时代精神

/ 习语 /

实现中国梦必须弘扬中国精神。这就是以爱国主义为核心的民族精神，以改革创新为核心的时代精神。这种精神是凝心聚力的兴国之魂、强国之魂。

——习近平

以爱国主义为核心的民族精神和以改革创新为核心的时代精神，是中华民族生生不息、发展壮大的坚实精神支撑和强大道德力量，是当代中国人民不断创造崭新业绩的力量源泉，是社会主义核心价值体系的精髓，是中国精神的集中体现。弘扬民族精神和时代精神，在中国特色社会主义新时代具有深远的历史意义和重要的现实意义。

一、中国共产党几代中央领导集体高度重视对民族精神和时代精神的弘扬

早在 1935 年，毛泽东就深刻指出："我们中华民族有同自己的敌人血战到底的气概，有在自力更生的基础上光复旧物的决心，有自立于世界民族之林的能力。"[①]中华人民共和国成立后，他又多次提出："中华民族就是这样一个坚决战斗的民族"[②]，"要把民族自信心提高起来"[③]。同时，以毛泽东为代表的中国共产党人在论述社会主义文艺问题时，也多次谈到"时代精神"问题，要求社会主义文艺既继承优良传统，又体现时代精神。

关于民族精神，邓小平曾经指出："绝不允许把我们学习资本主义社会的某些技术和某些管理的经验，变成了崇拜资本主义外国，受资本主义腐蚀，丧失社会主义中国的民族自豪感和民族自信心。""必须发扬爱国主义精神，提高民族自尊心和民族自信心。否则我们就不可能建设社会主义，就会被种种资本主义势力所侵蚀腐化。"[④]"我们国家的每个人包括娃娃都要有爱国主义精神，有民族自尊心，这与实现四个现代化是密切相联的。"[⑤]"特别是像我们这样第

---

① 《毛泽东选集》第一卷，人民出版社 1991 年版，第 161 页。
② 《毛泽东文集》第六卷，人民出版社 1999 年版，第 92 页。
③ 《毛泽东文集》第七卷，人民出版社 1999 年版，第 43 页。
④ 《邓小平文选》第二卷，人民出版社 1994 年版，第 262、369 页。
⑤ 《邓小平年谱（一九七五—一九九七）》下册，中央文献出版社 2004 年版，第 802 页。

三世界的发展中国家，没有民族自尊心，不珍惜自己民族的独立，国家是立不起来的。”[①]1983 年 7 月，中宣部等单位联合发出了《关于加强爱国主义宣传教育的意见》，要求大力加强爱国主义教育、培育民族精神。

关于时代精神，邓小平在 1980 年就强调指出，在长期革命战争中我们党形成的“革命和拚命精神，严守纪律和自我牺牲精神，大公无私和先人后己精神，压倒一切敌人、压倒一切困难的精神，坚持革命乐观主义、排除万难去争取胜利的精神”[②]，搞社会主义建设，实现四个现代化，同样也需要大力弘扬。在 1992 年的南方谈话中，他鼓励改革开放中“闯”的精神，“改革开放胆子要大一些，敢于试验”[③]。

以江泽民为代表的中国共产党人全面揭示了民族精神的丰富内涵，对时代精神亦进行过多次阐述。关于民族精神，1994 年 8 月，中共中央发出《关于印发〈爱国主义教育实施纲要〉的通知》。1996 年 10 月，党的十四届六中全会把发扬民族精神作为精神文明建设的重要课题，明确提出“在全社会发扬自尊、自信、自强的民族精神”[④]。江泽民在 1996 年召开的西安事变六十周年纪念大会、1998 年召开的全国抗洪抢险总结表彰大会、2001 年召开的全国文联七大和作协六大上的讲话中多次论述了民族精神问题。他深刻指出，有没有高昂的民族精神，是衡量一个国家综合国力强弱的一个重要尺度。

关于时代精神，1992 年 10 月，党的十四大要求“全党大力提倡解放思想、改革创新的精神，尊重科学、真抓实干的精神，顾全

---

① 《邓小平文选》第三卷，人民出版社 1993 年版，第 331 页。
② 《邓小平文选》第二卷，人民出版社 1994 年版，第 368 页。
③ 《邓小平文选》第三卷，人民出版社 1993 年版，第 372 页。
④ 《十四大以来重要文献选编》下册，人民出版社 1999 年版，第 2055 页。

大局、团结协作的精神，谦虚谨慎、崇尚先进的精神，艰苦奋斗、无私奉献的精神”①。1993年3月，江泽民在八届全国人大一次会议闭幕式上的讲话中，提出“解放思想、实事求是，积极探索、勇于创新，艰苦奋斗、知难而进，学习外国、自强不息，谦虚谨慎、不骄不躁，同心同德、顾全大局，勤俭节约、清正廉洁，励精图治、无私奉献”的“64字创业精神”。2001年10月，中共中央颁布《公民道德建设实施纲要》，把新时期的时代精神概括为：“解放思想、实事求是，与时俱进、勇于创新，知难而进、一往无前，艰苦奋斗、务求实效，淡泊名利、无私奉献”②。2002年4月，江泽民指出“发展离不开改革创新，发展要有新思路，这是我们多年来推进发展得出的一个重要认识。”③ 2002年11月，党的十六大提出了以爱国主义为核心的民族精神、以改革创新为核心的时代精神的思想，并作了系统论述：“在五千多年的发展中，中华民族形成了以爱国主义为核心的团结统一、爱好和平、勤劳勇敢、自强不息的伟大民族精神。我们党领导人民在长期实践中不断结合时代和社会的发展要求，丰富着这个民族精神。面对世界范围各种思想文化的相互激荡，必须把弘扬和培育民族精神作为文化建设极为重要的任务，纳入国民教育全过程，纳入精神文明建设全过程，使全体人民始终保持昂扬向上的精神状态。”④

以胡锦涛为代表的中国共产党人非常重视弘扬和培育民族精神和时代精神的价值。2002年12月，胡锦涛在西柏坡学习考察时强调，一个没有艰苦奋斗精神作支撑的民族，是难以自立自强的；一个没有艰苦奋斗精神作支撑的国家，是难以发展进步的；一个没有

① 《十四大以来重要文献选编》上册，人民出版社1996年版，第43页。
② 《十五大以来重要文献选编》下册，人民出版社2003年版，第1982页。
③ 《江泽民论有中国特色社会主义（专题摘编）》，中央文献出版社2002年版，第183页。
④ 《江泽民文选》第三卷，人民出版社2006年版，第559—560页。

艰苦奋斗精神作支撑的政党，是难以兴旺发达的。2003 年 12 月，他在全国宣传思想工作会议上要求把弘扬和培育民族精神作为宣传思想战线极为重要的任务，强调既要继承优良传统，又要体现时代进步的要求，不断丰富和发展民族精神的内涵；要宣传和弘扬解放思想、锐意改革、艰苦创业、开拓创新的精神，不断增强中华民族的创造力。2003 年 12 月 26 日，他在纪念毛泽东同志诞辰 110 周年大会的讲话中，第一次开始把民族精神与创新精神并列使用："要坚持弘扬和培育以爱国主义为核心的伟大民族精神，大力发扬创新精神，使全体人民始终保持昂扬向上的精神状态。"①

胡锦涛强调，民族精神是我们民族的生命力、凝聚力和创造力的不竭源泉。在五千多年的历史发展中，中华民族形成了以爱国主义为核心的团结统一、爱好和平、勤劳勇敢、自强不息的伟大民族精神。以爱国主义为核心的民族精神是中华民族生生不息、薪火相传的精神血脉，是维护国家团结统一、鼓舞各族人民奋发进取的精神支撑。

2004 年 8 月，中共中央、国务院印发的《关于进一步加强和改进大学生思想政治教育的意见》，第一次把改革创新作为时代精神的核心加以表述。2004 年 9 月，党的十六届四中全会明确提出："加强理想信念教育，弘扬以爱国主义为核心的民族精神和以改革创新为核心的时代精神，弘扬集体主义、社会主义思想，使全体人民始终保持昂扬向上的精神状态。"② 2005 年 2 月 19 日，他在中央党校省部级主要领导干部关于构建社会主义和谐社会专题研讨班上的讲话中再次强调，"弘扬以爱国主义为核心的民族精神和以改革创新为

① 胡锦涛：《在纪念毛泽东同志诞辰 110 周年座谈会上的讲话》，人民出版社 2003 年版，第 20 页。
② 《十六大以来重要文献选编》中册，中央文献出版社 2006 年版，第 285 页。

核心的时代精神，弘扬集体主义、社会主义思想，使全体人民正确认识社会发展规律和国家、民族的前途命运，始终保持昂扬向上、开拓进取的精神状态。”[①] 2005 年 10 月，党的十六届五中全会通过的《中共中央关于制定国民经济和社会发展第十一个五年规划的建议》指出：“大力弘扬以爱国主义为核心的民族精神和以改革创新为核心的时代精神，加强社会主义思想道德建设，在全社会倡导爱国守法、明礼诚信、团结友善、勤俭自强、敬业奉献的基本道德规范”。[②] 党的文件中第一次使用了“大力弘扬以爱国主义为核心的民族精神和以改革创新为核心的时代精神”这一科学的提法。2006 年 10 月，在党的十六届六中全会上，以爱国主义为核心的民族精神和以改革创新为核心的时代精神，被确立为社会主义核心价值体系的基本内容。

党的十八大以来，以习近平同志为核心的党中央高度重视精神文明建设，通过加强公民道德建设，开展爱国主义教育、理想信念教育，培育和弘扬民族精神，倡导和践行社会主义核心价值观等，大力提高全体人民的思想追求和精神境界。习近平总书记强调，民族复兴不仅表现为经济腾飞，更要有中国精神的振奋和彰显；只有物质文明建设和精神文明建设都搞好，国家物质力量和精神力量都增强，全国各族人民物质生活和精神生活都改善，中国特色社会主义事业才能顺利向前推进。

二、民族精神和时代精神的基本内涵

中国精神，就是以爱国主义为核心的民族精神和以改革创新为核心的时代精神。爱国主义始终是把中华民族坚强团结在一起的精

---

① 《十六大以来重要文献选编》中册，中央文献出版社 2006 年版，第 711 页。
② 《十六大以来重要文献选编》中册，中央文献出版社 2006 年版，第 1082 页。

神纽带，改革创新始终是鞭策我们在改革开放中与时俱进的精神力量。

（一）民族精神的基本内涵

民族精神是一个民族在长期的共同生活和社会实践基础上形成的、为该民族大多数成员认同、接受的积极进步的思想品格、价值取向和道德规范的统称，集中体现了一个民族在一定的自然环境和社会历史条件下生存、发展的独特方式，反映了一个民族的心理特征、文化传统、精神风貌和思想感情，是一个民族赖以生存和发展的精神支撑，是民族进步和发展的动力源泉。民族精神犹如社会的“黏合剂”，将各族人民的智慧和力量聚集、整合在一起；民族精神具有强大的召唤力和推动力，可以焕发全体人民的斗志和责任心。

在五千多年的历史发展中，中华民族形成了以爱国主义为核心，团结统一、爱好和平、勤劳勇敢、自强不息的伟大民族精神。

爱国主义体现了人民群众对自己祖国的深厚情感。列宁指出：“爱国主义是由于千百年来各自的祖国彼此隔离而形成的一种极其深厚的感情。”[①] 爱国主义情感形成巩固于人们的生活实践之中，是人们的民族意识和祖国意识长期积淀的结果，是人们对自己祖国、民族自然产生的一种认同感和归属感。它表现为人们对祖国江河大地、锦绣山川的依恋，表现为对祖国悠久历史和灿烂文化的自豪，表现为对祖国领土主权、社会制度，即国家的维护，表现为对自己骨肉同胞、祖宗先辈的热爱，也表现为对自己的民族、风土人情、风俗习惯的认同和民族行为的信任，更表现为强烈的民族自尊心、自信心和自豪感。中华民族从来就有爱国主义的光荣传统。一部中华民

---

① 《列宁选集》第三卷，人民出版社 2012 年版，第 579—580 页。

族的发展史，就是一部中华儿女的爱国奋斗史。在中华民族悠久的历史长河中，爱国主义就像一条奔腾不息的河流，滋润着一代又一代中华儿女的心田。中国人一贯怀有“修身齐家治国平天下”的责任感，有深厚的家国意识，习惯于把自己的利益同国家的利益联系在一起，把个人的生命同天下国家的命运联系在一起，关心国家大事，积极参与国家大事，在奉献国家的事业中体验生命的快乐与价值。“位卑未敢忘忧国”“报国之心，死而后已”“捐躯赴国难，视死忽如归”“先天下之忧而忧，后天下之乐而乐”“天下兴亡，匹夫有责”“风声、雨声、读书声，声声入耳；家事、国事、天下事，事事关心”“苟利国家生死以，岂因祸福避趋之”“我以我血荐轩辕”等名言名句流传千古，寄托了对祖国矢志不渝的热爱和赤诚之心，深刻表达了中华民族的爱国情怀。在漫长的历史发展过程中，中华民族形成了追求进步、维护民族尊严和国家主权的光荣传统，形成了对外来侵略者无比痛恨、对卖国求荣的民族败类无比鄙视、对爱国志士无比崇敬的宝贵民族性格。爱国主义成为动员和鼓舞人们为祖国的生存发展前赴后继、奋斗不息的伟大精神旗帜。

第一，团结统一。在五千多年的历史长河中，中国人民始终团结一心、同舟共济，建立了统一的多民族国家，发展了 56 个民族多元一体、交织交融的融洽民族关系，形成了守望相助的中华民族大家庭。特别是近代以降，在外来侵略寇急祸重的严峻形势下，我国各族人民手挽着手、肩并着肩，英勇奋斗，浴血奋战，打败了一切穷凶极恶的侵略者，捍卫了民族独立和自由，共同书写了中华民族保卫祖国、抵御外侮的壮丽史诗。

第二，爱好和平。在五千多年的历史长河中，中国人民始终推行仁爱原则、崇尚和谐、爱好和平。中国自古就有“礼仪之邦”的美誉，谦敬礼让是中华民族优良的道德传统。在对外交往过程中，我国奉行独立自主的和平外交政策，始终不渝走和平发展道路，致力于促进世界和平与发展事业，既争取和平的国际环境来发展自己，又以自己的发展促进世界的和谐。面对家国，中国人追求的是和气致祥、和气生财，是以和为贵、地利人和；面对世界，中国人相信的是和衷共济、四海一家，是大道之行、天下为公。和合、天人合一、和衷共济、以和为贵、和气生财、政通人和、协和万邦等，成为古代中国人追求人与社会、人与自然的和谐统一的理想与目标。

第三，勤劳勇敢。在五千多年的历史长河中，中国人民始终辛勤劳作、发明创造，我国产生了老子、孔子、庄子、孟子、墨子、孙子、韩非子等闻名于世的伟大思想巨匠，发明了造纸术、火药、印刷术、指南针等深刻影响人类文明进程的伟大科技成果，创作了诗经、楚辞、汉赋、唐诗、宋词、元曲、明清小说等伟大的文艺作品，传承了《格萨尔王》《玛纳斯》《江格尔》等震撼人心的伟大史诗，建设了万里长城、都江堰、大运河、故宫、布达拉宫等气势恢宏的伟大工程。

第四，自强不息。在五千多年的历史长河中，中国人民始终革故鼎新、自强不息，开发和建设了祖国辽阔秀丽的大好河山，开拓了波涛万顷的辽阔海疆，开垦了物产丰富的广袤粮田，治理了桀骜不驯的千百条大江大河，战胜了数不清的自然灾害，建设了星罗棋布的城镇乡村，发展了门类齐全的产业，形成了多姿多彩的生活。

爱国主义精神在中华民族精神统一体中居于核心地位，渗透在中华民族精神的一切领域。团结统一是爱国主义精神体现在处理民族内部各兄弟民族之间、各民族之间关系上的要求，也是爱国主义精神的最基本要求。爱好和平是爱国主义精神内涵的扩展和延伸，是其体现在处理本民族与世界其他国家各民族之间关系上的要求，它为中华民族的存在和发展提供必要的外部力量支撑。勤劳勇敢、自强不息的民族精神是中华民族爱国主义精神的根本体现，也是中华民族精神的脊梁和精髓。

（二）时代精神的基本内涵

时代精神是每一个时代特有的普遍精神实质，是一种超脱个人的共同的集体意识，是体现民族特质、顺应时代潮流的思想观念、行为方式、价值取向、精神风貌和社会风尚的总和，是一种对社会发展具有积极影响和推动作用的集体意识。时代精神反映社会进步的发展方向，引领时代的进步潮流，是社会的主旋律和时代的最强音。

不同的时代有不同的时代精神。在我国革命战争年代，我党培育和形成了红船精神、井冈山精神、长征精神、延安精神、抗战精神、西柏坡精神。

红船精神是中国革命精神之源，党的先进性之源。2005 年 6 月 21 日，习近平同志在《光明日报》上发表了题为《弘扬“红船精神”，走在时代前列》的文章，第一次提出了红船精神，并阐述了红船精神的基本内涵。习近平同志指出，红船精神就是走在时代前列的精神，基本内涵是开天辟地、敢为人先的首创精神，坚定理想、百折不挠的奋斗精神，立党为公、忠诚为民的奉献精神。

井冈山精神的基本内涵是“坚定信念、艰苦奋斗，实事求是、敢闯新路，依靠群众、勇于胜利”。井冈山革命根据地的创立，不仅标志着中国革命从此走上了农村包围城市，武装夺取政权的新道路，而且在全国点燃了“农村武装割据”的燎原之火，使人们从“红旗到底能打多久”的彷徨中看到了共产党的力量，看到了革命的前途和希望，从而使中国共产党人和全国劳苦大众进一步坚定了中国革命必胜的信念和信心，对中国革命的进程产生了广泛而深刻的影响。

长征精神，是中国共产党人和人民军队革命风范的生动反映，是中华民族自强不息的民族风格的集中展示，是以爱国主义为核心的民族精神的最高体现，为中国革命不断从胜利走向胜利提供了强大的精神动力。2016 年 10 月 21 日，习近平总书记在纪念红军长征胜利 80 周年大会上发表重要讲话，他指出：“伟大长征精神，就是把全国人民和中华民族的根本利益看得高于一切，坚定革命的理想和信念，坚信正义事业必然胜利的精神；就是为了救国救民，不怕任何艰难险阻，不惜付出一切牺牲的精神；就是坚持独立自主、实事求是，一切从实际出发的精神；就是顾全大局、严守纪律、紧密团结的精神；就是紧紧依靠人民群众，同人民群众生死相依、患难与共、艰苦奋斗的精神。伟大长征精神，是中国共产党人及其领导的人民军队革命风范的生动反映，是中华民族自强不息的民族品格的集中展示，是以爱国主义为核心的民族精神的最高体现。”[①] 习近平总书记的讲话，赋予了长征精神以新的科学内涵，阐明了继承和弘扬长征精神的实践价值和时代意义，为继承和弘扬长征精神提供了科学的理论指导和行动指南。

大生产运动中的“自力更生、艰苦奋斗、奋发图强”的精神，延安整风运动中形成的“实事求是、理论联系实际、批评与自我批评”的精神，白求恩、张思德在工作中表现出来的“毫不利己、专门利人、毫无自私自利之心”和“大公无私、全心全意为人民服务”的精神，以及中国人民在伟大的抗日战争中所表现出来的“不怕牺牲、排除万难、敢于斗争、敢于胜利”的愚公移山精神，这些具有鲜明个性特点的优秀精神凝聚成了具有普遍意义的延安精

---

① 习近平:《在纪念红军长征胜利 80 周年大会上的讲话》，人民出版社 2016 年版，第 8—9 页。

神。延安精神的主要内容就是江泽民所指出的，坚定正确的政治方向，解放思想、实事求是的思想路线，全心全意为人民服务的根本宗旨，自力更生、艰苦奋斗的创业精神。延安精神的形成，为中国共产党和中国人民提供了克服困难、战胜敌人的强大精神武器，不仅指引全党达到了历史上空前的团结统一，支撑着中国人民和中华民族取得了抗日战争的伟大胜利，而且也为夺取全国革命的胜利奠定了坚实的基础。

在中国人民抗日战争的壮阔进程中，形成了伟大的抗战精神，中国人民向世界展示了天下兴亡、匹夫有责的爱国情怀，视死如归、宁死不屈的民族气节，不畏强暴、血战到底的英雄气概，百折不挠、坚忍不拔的必胜信念。抗战精神包括“坚持国家和民族利益至上、誓死不当亡国奴的民族自尊品格，万众一心、共赴国难的民族团结意识，不畏强暴、敢于同敌人血战到底的民族英雄气概，百折不挠、勇于依靠自己的力量战胜侵略者的民族自强信念，开拓创新、善于在危难中开辟发展新路的民族创造精神，坚持正义、自觉为人类和平进步事业贡献力量的民族奉献精神”[①]。习近平总书记强调，伟大的抗战精神，永远是激励中国人民克服一切艰难险阻、为实现中华民族伟大复兴而奋斗的强大精神动力。在新的历史条件下，全党全国各族人民要大力弘扬伟大的抗战精神。

西柏坡精神是在中国革命历史性转折的重大关头形成和发展起来的。它的基本内涵突出体现在两个“敢于”、两个“善于”、两个“坚持”、两个“务必”上，即：敢于斗争、敢于胜利的革命精神；善于破坏旧世界、善于建设新世界的科学精神；坚持依靠群众、坚持团结统一的民主精神；务必继续地保持谦虚、谨慎、不骄、不躁

① 胡锦涛：《在纪念中国人民抗日战争暨世界反法西斯战争胜利 60 周年大会上的讲话》，人民出版社 2005 年版，第 12 页。

的作风，务必继续地保持艰苦奋斗的作风的创业精神。还有学者将西柏坡精神概括为“中国共产党人为实现崇高理想而团结奋斗、自强不息的爱国主义精神，是中国共产党人依靠群众、百折不挠、艰苦拼搏、敢于胜利的革命英雄主义精神，是中国共产党人永不自满、不懈追求、适应形势、开拓进取的创新精神”[1]。西柏坡精神在中华民族精神特别是中国革命精神的发展史上，具有承前启后、继往开来的重要地位和作用。它在吸收和继承以往优秀精神成果的基础上，将传统的中华民族精神和在战争年代形成的诸多革命精神提升到一个新境界，发展到一个新阶段，提出了在中华民族实现完全独立、中国人民获得彻底解放的新的历史条件下全党和全国各族人民应当建立的理想目标、价值观念和道德规范，实现了中华民族精神划时代的创新。西柏坡精神，不仅引导中国人民胜利实现了由新民主主义革命到社会主义革命的伟大历史转折，而且也为全党在伟大的胜利面前始终保持清醒的头脑，始终坚持党的性质和宗旨，在夺取全国政权之后经受住执政的考验，防止出现骄傲自满、贪图享乐、脱离群众而导致人亡政息的危险，提供了强大的精神支柱。

井冈山精神包含着坚定的理想信念、不屈不挠的英雄气概、血肉相连的党群关系、艰苦奋斗的创业精神；长征精神包含着坚定不移的革命信念、坚忍不拔的英雄气概、维护团结统一的高尚品德、联系群众艰苦奋斗的崇高思想；延安精神包含着全心全意为人民服务的精神、爱国主义精神、自力更生艰苦创业的精神。由于历史条件的不同，其中各自包含的理想信念、艰苦奋斗、联系群众等革命精神有其特定的内涵，但在本质上是一致的。

中华人民共和国成立初期和社会主义建设时期，党培育和形成

---

① 周振国、肖贵清:《西柏坡精神学习读本》“前言”，社会科学文献出版社 2005 年版。

了以“自力更生、艰苦创业、勤俭建国、团结奋斗”为核心的抗美援朝精神、铁人精神、孟泰精神、雷锋精神、焦裕禄精神、“两弹一星”精神、大庆精神等。

抗美援朝精神，是在抗美援朝战争中迸发出来的一种以爱国主义、国际主义为核心的崇高革命精神，即祖国和人民利益高于一切，为了祖国和民族的尊严而奋不顾身的爱国主义精神；英勇顽强、舍生忘死的革命英雄主义精神；不畏艰难困苦、始终保持高昂士气的革命乐观主义精神；为完成祖国和人民赋予的使命，慷慨奉献自己一切的革命忠诚精神；为了人类和平与正义事业而奋斗的国际主义精神。抗美援朝精神，是中华民族精神和中国共产党人的革命精神在现代战争中的生动体现和完美结合，它不仅激励中国军民取得了抗美援朝战争的伟大胜利，而且还在中华民族精神的发展史上耸立起了一座世世代代永放光芒的丰碑。①

雷锋精神的本质内涵集中体现在：“服务人民，助人为乐”的奉献精神，“干一行爱一行，专一行精一行”的敬业精神，“锐意进取，自强不息”的创新精神，“艰苦奋斗、勤俭节约”的创业精神。

大庆精神的内涵包括：发愤图强，自力更生，以实际行动为中国人民争气的爱国主义精神和民族自豪感；无所畏惧，勇挑重担，靠自己的双手创业的革命精神；一丝不苟，认真负责，讲究科学，“三老四严”（当老实人、说老实话、办老实事，严格的要求、严密的组织、严肃的态度、严明的纪律），脚踏实地地做好本职工作的求实精神；胸怀全局，忘我劳动，为国家分担困难，不计较个人得失的献身精神。1990 年，江泽民把大庆精神进一步概括为“爱国、创业、求实、奉献”八个字，将其解释为：为国争光、为民族争

① 张平、覃志红、许卉等:《精神航标——弘扬培育民族精神与时代精神》，河北人民出版社 2008 年版，第 179 页。

气的爱国主义精神，独立自主、自力更生的艰苦创业精神，讲究科学、“三老四严”的求实精神，胸怀全局、为国分忧的奉献精神。

改革开放以来，我们党带领人民在继承和弘扬伟大民族精神的基础上，立足新的时代条件，赋予中华民族精神以新的时代内涵，形成了以改革创新为核心的时代精神。邓小平倡导全党全民坚持发扬“五种精神”，“不但如此，我们还要大声疾呼和以身作则地把这些精神推广到全体人民、全体青少年中间去，使之成为中华人民共和国的精神文明的主要支柱，为世界上一切要求革命、要求进步的人们所向往，也为世界上许多精神空虚、思想苦闷的人们所羡慕。”①江泽民在改革开放和社会主义现代化建设的新时期，提出了“64字创业精神”，后又将其概括为“解放思想、实事求是，紧跟时代、勇于创新，知难而进、一往无前，艰苦奋斗、务求实效，淡泊名利、无私奉献”的五种精神。

载人航天事业培养造就了一支特别能吃苦、特别能战斗、特别能攻关、特别能奉献的高素质人才队伍，培育铸就了伟大的载人航天精神。载人航天精神是以爱国主义为核心的民族精神和以改革创新为核心的时代精神相结合的具体体现，是高科技时代爱国激情、科学态度、攻坚意识和奉献品质的有机统一。

在我国进行中国特色社会主义建设的伟大进程中，还凝聚形成了多种现代精神形式。以“一方有难、八方支援”“万众一心、众志成城、迎难而上、百折不挠”“同舟共济、共克时艰”为核心内容的抗灾精神，是民族精神和时代精神的集中显现，这在2003年的抗击“非典”、2008年初抗冰雪和5月的抗震救灾斗争中得到了淋漓尽致的展现。如“万众一心、众志成城，不怕困难、顽强拼

---

① 《邓小平文选》第二卷，人民出版社1994年版，第368页。

搏，坚忍不拔、敢于胜利”的“九八抗洪精神”；“万众一心、众志成城，团结互助、和衷共济，迎难而上、敢于胜利”的“抗击‘非典’精神”；“万众一心、众志成城，不畏艰险、百折不挠，以人为本、尊重科学”的“汶川抗震救灾精神”；等等。

以改革创新为核心的解放思想、求真务实、锐意改革、开拓创新的鲜明时代精神，是推动时代发展进步的强大精神动力，是当代中国人民不断创造新的辉煌的力量源泉。

民族精神和时代精神紧密相联，都是一个民族赖以生存和发展的精神支撑。一切民族精神都曾经是一定历史阶段中带动潮流、引领风尚、推动社会发展的时代精神。同时，一切时代精神都将随着历史的变迁逐步融入民族精神的长河之中，不断丰富和发展民族精神的时代内涵。民族精神是时代精神形成的重要基础和依托，时代精神是民族精神的时代性体现。

民族精神和时代精神共同构成了我们当今时代的中国精神。民族精神赋予中国精神以民族特征，是中华民族的精神独立性得以保持的重要保证；时代精神赋予中国精神以时代内涵，是中国精神引领时代前行、拥有鲜明时代性和强大生命力的重要根源。民族精神和时代精神的交融汇通，使得中国精神既具有鲜明的民族性，又洋溢着强烈的时代性，成为中华民族共有的精神家园、奋力实现复兴的强大精神力量。

三、新时代弘扬民族精神和时代精神的路径方法

党中央高度重视弘扬民族精神和时代精神。党的十八大提出：“大力弘扬民族精神和时代精神，深入开展爱国主义、集体主

义、社会主义教育，丰富人民精神世界，增强人民精神力量。”[①]党的十九大重申：“广泛开展理想信念教育，深化中国特色社会主义和中国梦宣传教育，弘扬民族精神和时代精神，加强爱国主义、集体主义、社会主义教育，引导人们树立正确的历史观、民族观、国家观、文化观。”[②]

大力弘扬民族精神和时代精神，是一项十分重要的战略任务。历史证明，任何一个民族，如果没有昂扬奋进的民族精神，没有坚韧不拔的民族品格，没有万众一心的民族志向，就不可能在世界民族之林中拥有自己的地位和影响。建设富强民主文明和谐美丽的社会主义现代化强国，实现中华民族伟大复兴的中国梦，是中华儿女的共同愿望，也是前无古人的伟大事业。伟大的事业呼唤伟大的精神。能否弘扬和培育民族精神和时代精神，凝聚民心，鼓舞斗志，直接关系着我们党和国家的前途命运，关系着我国社会主义事业的兴衰成败，关系着中国在日趋激烈的国际竞争中能否永远立于不败之地。

弘扬民族精神和时代精神，共同构筑中华民族自立自强的精神品格，是时代发展的迫切要求。

（一）要大力加强中国特色社会主义文化建设

弘扬和培育民族精神是中国共产党代表中国先进文化前进方向的题中应有之义。加强文化建设，就是要不断发掘、整理、倡导和传播优秀的民族精神，不断丰富民族精神的内涵，不断增强社会主

① 胡锦涛：《坚定不移沿着中国特色社会主义道路前进　为全面建成小康社会而奋斗——在中国共产党第十八次全国代表大会上的报告》，人民出版社 2012 年版，第 31 页。

② 习近平：《决胜全面建成小康社会　夺取新时代中国特色社会主义伟大胜利——在中国共产党第十九次全国代表大会上的报告》，人民出版社 2017 年版，第 42—43 页。

义文化的吸引力和感召力，带动整个民族精神境界的提升和精神面貌的更新。要旗帜鲜明地坚持以马列主义、毛泽东思想、邓小平理论、“三个代表”重要思想、科学发展观、习近平新时代中国特色社会主义思想为指导，坚持以爱国主义、集体主义、社会主义的思想道德为核心，正确处理新文化与传统文化、外来文化的关系，努力体现发展面向现代化、面向世界、面向未来的，民族的、科学的、大众的社会主义文化的新要求，培养合格的社会主义事业的建设者和接班人。

弘扬民族精神和时代精神必须正确处理古今中外文化的相互关系，既要传承优秀文化传统，发扬党领导人民在长期革命斗争与建设实践中形成的优良传统，又要立足改革开放和现代化建设的实践，着眼世界文化发展前沿，汲取世界各民族有益的精神成果，丰富和发展民族精神。具体而言，要十分珍惜和爱护中华民族历史上形成的优秀文化传统，继承和发扬五四运动以来特别是党领导人民创造的优良传统，大力弘扬红船精神、井冈山精神、长征精神、延安精神、抗战精神、西柏坡精神和红旗渠精神、“两弹一星”精神、载人航天精神、抗震救灾精神等，赓续精神谱系、传承红色基因。同时，要继往开来、与时俱进，适应人民群众精神文化生活需求的深刻变化，结合新的实践和时代要求，借鉴世界各国人民创造的先进文明成果，积极进行文化创新，不断充实、丰富和发展民族精神和时代精神的内涵。任何文化都是在各自民族文化的传承和变革中，在与世界文化的交流和碰撞中，求得生存和发展的。我们强调弘扬民族精神，决不意味着闭关自守、搞狭隘的民族主义。当今世界和时代的变化，对各个民族的生存和发展都提出了严峻挑战。每个民族只有根据这种变化，不断对其民族精神进行丰富发展，才能跟上时代发展的步伐；我们主张弘扬时代精神，也决不是搞历史虚无主义。只有继承和弘扬中华优秀文化传统，才能在历史提供的高起点上创造出更高层次的社会主义先进文化。

（二）要把弘扬和培育民族精神、时代精神纳入国民教育、精神文明建设和党的建设全过程

国民教育具有系统性和广泛性的特点，是弘扬民族精神和时代精神的重要途径。要把民族精神和时代精神教育贯穿到各级各类学校教育当中去，积极探索适合学生特点的教育形式，开展丰富多彩的教育活动，使学生树立和增强国家意识、团结意识、自强意识、科学意识、民主意识、法制意识、创新意识等现代思想观念。从幼儿园、中小学到大学、到成人，都要把弘扬民族精神和时代精神作为教书育人的重要内容，渗透到全部教学活动之中，渗透到学生、公民的日常行为之中。社会教育也是对全体国民进行民族精神和时代精神教育的重要组成部分，需要全社会方方面面都来关心和支持。社会舆论和传媒要积极为弘扬民族精神和时代精神营造浓郁氛围。

弘扬民族精神和时代精神与社会主义精神文明建设的价值取向是一致的，既是社会主义精神文明建设的重要内容，又是社会主义精神文明建设的重要途径。应该将弘扬民族精神和时代精神教育渗透到社会主义精神文明建设的各个方面，真正做到以科学的理论武装人，以正确的舆论引导人，以高尚的精神塑造人，以优秀的作品鼓舞人。一切思想文化阵地、一切精神文化产品，各类主题宣传教育、各类精神文明创建活动，都要积极传播民族精神和时代精神，充分体现民族文化和时代风采。

要善于从时代和社会的发展进步中汲取营养，不断丰富人们的精神世界、增强人们的精神力量。为此，要深化改革开放史、中华人民共和国历史、中国共产党历史、中华民族近代史、中华文明

史教育，弘扬中国人民伟大创造精神、伟大奋斗精神、伟大团结精神、伟大梦想精神，倡导一切有利于团结统一、爱好和平、勤劳勇敢、自强不息的思想和观念，构筑民族共有精神家园。要在全民中普及中华民族历史知识，进行革命传统教育，增强全民族的民族自尊心、自信心和自豪感；进行党的路线方针政策和社会主义现代化建设成就的教育，增强全民族的社会主义信念和对党的信任；进行国情教育，帮助人们系统了解我国的历史与现状，自觉地在社会主义现代化建设中建功立业；进行世界发展趋势和国际形势教育，帮助人们了解世界发展的现状和我国面临的挑战，增强紧迫感、使命感和社会责任感。

弘扬民族精神和时代精神，不单是哪一个部门、哪一个单位的任务，而是全党全社会全民族的共同责任。党政各部门、社会各方面，都要进一步强化弘扬和培育民族精神的意识，广泛动员起来，共产党员更应该起先锋模范作用，以满腔的热情、创新的精神、实际的行动，推动伟大的民族精神不断传承延续，不断发扬光大。

（三）要紧密结合实际，重实践，重实效。弘扬民族精神和时代精神要在“实”字上下功夫

要紧紧围绕全面深化改革开放、深入推进社会主义现代化建设，大力倡导解放思想、实事求是、与时俱进、求真务实的理念，倡导“幸福源自奋斗”“成功在于奉献”“平凡孕育伟大”的理念，弘扬改革开放精神、劳动精神、劳模精神、工匠精神、企业家精神、科学家精神，使全体人民保持昂扬向上、奋发有为的精神状态。要充分利用现实中民族精神和时代精神的载体，如传统节日、纪念日、爱国主义教育基地等，采取形象、生动的教育手段。同时要注重受教育者的情感体验和生活实践，知行统一，做到把个人的事业发展、道德提升与弘扬民族精神和时代精神统一起来。要重视制度建设，对弘扬民族精神和时代精神进行整体规划与部署，制定相应的机制，如整体规划机制、操作机制、监督机制、激励机制、传播机制等，防止只重形式而忽视科学内涵。弘扬民族精神和时代精神，不可心浮气躁、急功近利。要结合时代的变化与受教育者的特点，不断创新教育的形式和内容，注重寓教于情、寓教于理，让民族精神和时代精神深入人们的心灵深处，成为人们和谐团结、共同奋斗的精神纽带。

当前，大力弘扬民族精神和时代精神也同样面临着一些不容忽视的挑战和问题。随着经济全球化、政治多极化的发展，世界上各种思潮相互碰撞和交织的机会越来越多，各民族的文化相互影响、相互渗透已成必然。特别是西方敌对势力凭借其在经济技术上的优势，加紧对我国进行西化、分化，通过各种方式和途径大肆对我国进行文化渗透。对此，我们必须保持高度警惕，旗帜鲜明地进行驳斥，加强正面引导。

第 09 章

CHAPTER NINE

深化道德教育引导

/ 习语 /

继承和发扬中华优秀传统文化和传统美德，广泛开展社会主义核心价值观宣传教育，积极引导人们讲道德、尊道德、守道德，追求高尚的道德理想，不断夯实中国特色社会主义的思想道德基础。

——习近平

道德建设，实质上是一个将社会道德规范内化为个体道德行为的过程，遵循“从他律（服从外部的规范要求）发展到自律（听从内心命令）”的基本路径，而完成这个发展，深化教育引导是基本路径。

一、把立德树人贯穿学校教育全过程

学校作为系统化的道德教育场所，肩负着提升公民道德素养的重要使命。立德树人是现代教育的重要目标，也是新时代学校教育的一项战略性任务，应贯穿学校教育的全过程。

（一）全面贯彻党的教育方针，坚持育人为本、德育为先

第一，全面贯彻党的教育方针，要准确把握立德树人这一总体目标。2006 年中央政治局第三十四次集体学习正式提出“立德树人”，党的十八大报告提出“把‘立德树人’作为教育的根本任务”，习近平总书记指出：“高校思想政治工作关系高校培养什么样的人、如何培养人以及为谁培养人这个根本问题。要坚持把立德树人作为中心环节，把思想政治工作贯穿教育教学全过程，实现全程育人、全方位育人，努力开创我国高等教育事业发展新局面。”[①] 新时代教育肩负着培养德智体美劳全面发展的社会主义建设者和接班人的根本任务，这是党的教育方针，也是各级各类学校的共同使命。学校要确保用马克思主义理论培养学生，用中国特色社会主义信念引导学生，用社会主义核心价值观熏陶学生，培养学生爱祖国、爱民族、爱社会主义，培养学生增长知识见识、锻造奋斗精神、提升综合素质。

---

① 《习近平谈治国理政》第二卷，外文出版社 2017 年版，第 376 页。

第二，全面贯彻党的教育方针，要准确把握人的全面发展理念的新内涵。在全国教育大会上，习近平总书记将过去“四育并举”（德、智、体、美）的提法调整为“五育并举”（德、智、体、美、劳），赋予了全面发展新的内涵。具体而言，加强德育，就是要在加强品德修养上下功夫，教育引导学生培育和践行社会主义核心价值观，努力修好品德；加强智育，就是要增长知识、见识，着重培养学生的自主学习能力，将课程提升至深度探究、思辨、互动与实践的高度，从知识培养转至能力培养，引导学生求真理、悟道理、明事理；加强体育，就是要重视体育锻炼，帮助学生增强体质、健全人格、锤炼意志；加强美育，就是要以美育人、以文化人，提高学生的审美能力和人文素养；加强劳育，就是要在学生中大力倡导实践精神，引导学生崇尚并尊重劳动和劳动者，把书本上的知识转化为个人经历，进而升华为人生信仰。

（二）遵循道德养成规律和教育规律

第一，结合学生的个体特点与差异，进行有针对性的教育。道德教育必须遵循思想政治工作规律，针对学生的不同特点和发展阶段，因人而异选择不同的教育方式。由于学生的成长环境、生活经历、年龄阶段、个性特征、知识积累的不同，致使他们的思想状况、理解能力、觉悟水平、反思程度必然存在差异，只有强化在理论教学和实践环节过程中的针对性育人作用，才有可能发挥出教育的最佳效果。

第二，道德教育的主要内容是社会主义核心价值观和道德规范。“核心价值观，其实就是一种德，既是个人的德，也是一种大德，就是国家的德、社会的德。国无德不兴，人无德不立”。[①] 社会主义核心价值是当代中国的道德，它既从现实经济与政治关系的实际需要和可能出发，代表着我国现阶段道德价值观、道德规范和行为准则；又着眼于人民道德境界的不断升华，为国家伦理价值、社会公德精神、个体道德素养提供了社会主义道德的价值取向和目标导向，它凝聚着我国人民的道德共识。将之作为思想道德教育的主要内容，有利于实现社会主义核心价值观从知识体系向信仰体系的转换，从而将其渗透到受教育者的生活之中，真正内化为个体的道德需要，外化为行为准则。

（三）使传授知识的过程成为道德教化的过程

在学校的道德教育中，思想政治理论课发挥着主要作用，专业教育和通识教育的作用虽是间接的，但也是不可或缺的。习近平总书记深刻指出：“要用好课堂教学这个主渠道，思想政治理论课要坚持在改进中加强，提升思想政治教育亲和力和针对性，满足学生成长发展需求和期待，其他各门课都要守好一段渠、种好责任田，使各类课程与思想政治理论课同向同行，形成协同效应。”[②] 教学的目的不仅是要向学生传授知识，而且要帮助学生铸就道德品质和世界观的基础，引导学生在情感、意志、性格等方面不断完善。专业教育和通识教育可以从课程内容设计、课程方式安排以及课程对教师的要求等方面融入公民层面社会主义核心价值观培育，灵活地渗透到教学和实践环节，形成全方位的培育模式。

---

① 习近平：《青年要自觉践行社会主义核心价值观——在北京大学师生座谈会上的讲话》，人民出版社 2014 年版，第 4 页。

② 《习近平谈治国理政》第二卷，外文出版社 2017 年版，第 378 页。

（四）在社会实践活动中加强道德教育

陶行知说：教育只有通过生活才能产生作用并真正成为教育。道德教育，最重要的是通过道德情感、道德意志的转换，砥砺品格、学以致用，让学生在社会实践活动中去体验、感悟、理解、认同。

第一，社会实践是培养学生正确思想道德观念的重要途径。《中共中央、国务院关于进一步加强和改进未成年人思想道德建设的若干意见》提出："要按照实践育人的要求，以体验教育为基本途径，区分不同层次未成年人的特点，精心设计和组织开展内容鲜活、形式新颖、吸引力强的道德实践活动。"[①]《中共中央、国务院关于进一步加强和改进大学生思想政治教育的意见》中指出："要积极探索和建立社会实践与专业学习相结合、与服务社会相结合、与勤工助学相结合、与择业就业相结合、与创新创业相结合的管理体制。"[②]为了满足不同层次受教育者的需求，适应教育环境的变化，需要探索不同性质内容的实践活动形式，丰富实践育人的途径，通过社会实践、创新创业、志愿服务、勤工助学等活动形式，着力构建"第二课堂"，形成多方参与、贯穿全程、凸显主体、结构完整、内容丰富、形式多样的实践体系，将实践的互动性、体验性和开放性等优点充分发挥出来。

第二，在多种社会实践中，要特别重视劳动教育。习近平总书记在全国教育大会上强调，"要在学生中弘扬劳动精神，教育引导学生崇尚劳动、尊重劳动，懂得劳动最光荣、劳动最崇高、劳动最伟大、劳动最美丽的道理，长大后能够辛勤劳动、诚实劳动、创造性

---

① 《中共中央　国务院关于进一步加强和改进未成年人思想道德建设的若干意见》，人民出版社 2004 年版，第 12 页。

② 《中共中央国务院发出〈关于进一步加强和改进大学生思想政治教育的意见〉》，《人民日报》2004 年 10 月 15 日。

劳动。”[1] 劳动教育可以培养人吃苦耐劳的品性，在艰苦的事业中坚定自己的信念；劳动教育可以增进劳动能力，培养独立生活的技能；劳动教育能够培养美德，通过劳动教育意识到劳动成果是劳动人民的辛勤付出，是值得尊重的，通过在劳动教育中的互帮互助，养成与他人合作的习惯。要切实推进新时代劳育平台的搭建，为学校劳育营造更好的氛围、创造更多的机会、提供更多的指导，引导学生在劳动实践中发展自己、创造财富、收获幸福。

（五）加强师德师风建设

教育大计，教师为本；教师大计，师德为本。落实立德树人根本任务、培养时代新人，最终要依靠广大人民教师教书育人的实践与“学高为师，身正为范”的引领。教育者应把言传与身教结合起来，要求别人做到的，自己首先做到，用自己的服务精神、奉献精神、敬业精神、协作精神、治学风格、为人品行和先进的道德言行，去促进受教育者的道德品质与行为习惯的养成。一方面，教师要有坚定的理想信念，增强对教师这一职业的神圣自豪感、荣誉使命感。要以崇高的职业理想、正确的世界观和价值观，忠诚于党和人民的事业的理想信念，刻苦钻研教育教学工作，把教师职业作为神圣的事业去追求。另一方面，教师要加强自身的道德修养。教师的言谈举止、道德情操、行为举止、处事方式以及治学态度等总是深刻影响着学生思想素质、道德品质以及行为习惯。因此，教师要重视师德的示范引领，努力以优良的品质感染学生、以高尚的情操陶冶学生、以渊博的学识影响学生，使学生“亲其师而信其道”。

---

① 《坚持中国特色社会主义教育发展道路 培养德智体美劳全面发展的社会主义建设者和接班人》，《人民日报》2018 年 9 月 11 日。

二、用良好的家教家风涵育道德品行

家风就是民风，是社会道德的折射。家庭教育在教育领域的地位不容忽视。蔡元培在《中国人的修养》里写道："家庭者，人生最初之学校也。一生之品性，所谓百变不离其宗者，大抵胚胎于家庭中。"家庭是社会的细胞。家庭和睦则社会安定，家庭幸福则社会祥和，家庭文明则社会文明。

（一）弘扬中华民族传统家庭美德

我国历史上一向重视家风家教，且逐步形成了包括良好修养、高尚品德、乐观态度等在内的家风家教具体内容。中华传统家风文化的历史源远流长、卷帙浩繁。从先秦儒家以"修齐治平"思想奠定传统家风文化的内容核心和伦理本位，到各个时代、各个家族流传至今的家规家训——《弟子规》《颜氏家训》《朱子家训》《曾国藩家书》等，都蕴含着深刻丰富的家风建设的理论和实际经验。历史上那些世家大族的兴旺发达与家风文化的出现是分不开的，传统家风所提倡的修身正己的人格教育、睦亲和谐的传统美德、勤俭廉洁的淳朴品行，已经在传承和发展的过程中内化成了各家族的"家德"，深深影响着一代又一代的家族成员。可见，中华传统文化中蕴含着大量优良家风的内容，在今天的家风涵养过程中依然具有鲜活的生命力。

（二）用正确的道德观念塑造孩子的美好心灵

"夫同言而信，信其所亲；同命而服，行其所服。"习近平总书记指出："广大家庭都要重言传、重身教，教知识、育品德，身体力行、耳濡目染，帮助孩子扣好人生的第一粒扣子，迈好人生的第一个台阶。”[①]家风家教是家庭长期发展的重要产物，它督促着每一位成员在一定的约束和要求范围内开展自己的行为活动。注重家风建设，需要父母树立并践行正确的道德观念，把做人做事应该具备的道德品质通过言传身教、潜移默化的方式，传递给子女。父母在建设和培育家风的过程中，要明确自己的教育方式和教育内容，树立科学的教育理念，并在日常生活教育中以身作则，不断提升自己的道德素养和生活情趣，引导子女的言谈举止。

（三）自觉传承中华孝道

尊老爱幼、父慈子孝、兄友弟恭的家庭氛围是我们世代相传的家庭美德和所追求的目标。传统的家风教育特别重视“孝悌”，所谓“孝梯也者，其为仁之本与”。善事父母即为孝，孝是人伦之始，是一切道德的根本。孝道的实施和推行，不但是情感和道德上的需求，也是稳固在宗法制基础上所形成的家庭和社会的需要。这种孝悌行为推广到全社会，就是“老吾老以及人之老，幼吾幼以及人之幼”的崇高道德精神，在社会上可形成尊老爱幼、仁爱和谐的风气，有助于道德风气的涵养。

（四）在为家庭谋幸福、为他人送温暖、为社会作贡献的过程中提高精神境界、培育文明风尚

“家之兴替，在于礼义，不在于富贵贫贱。”用良好的家风家教涵养道德风尚，要强调让美德厚植于每个家庭。父母应该对当今社会倡导的美的事物进行深入领悟，以循循善诱的方式启发引导子女，并且努力在日常生活中去践行和示范，让子女在春风化雨中得到正

---

① 《习近平谈治国理政》第二卷，外文出版社 2017 年版，第 355 页。

确价值观的引领和进取精神力量的支撑。培养的家风也要随着时代的变迁而与时俱进，要与每个时代党所肩负的任务、与时代的主旋律紧密联系，更要适应新的历史阶段的发展要求并能促进社会的发展。新时代，家庭家风建设要“紧密结合培育和弘扬社会主义核心价值观”[①]。良好的家风思想和社会主义核心价值观存在天然契合点，是核心价值观内化于心的重要载体。如社会主义核心价值观中的“文明、和谐、诚信、友善”等内容，一直是培育优良家风的内容和追求，是对良好家风理念的弘扬，更是新时代家风建设的指导方针和具体要求。

三、以先进模范引领道德风尚

伟大时代呼唤伟大精神，崇高事业需要榜样引领。道德榜样是具有道德感染力、行为模仿力，能让人们产生情感共鸣，能激发大众产生尊敬、崇拜的心理并进行学习的模范、典型。道德模范事迹往往能成为启发道德自觉的良机。

（一）精心选树时代楷模、道德模范等先进典型

第一，确保选树的典型具备真实性、群众性、先进性和代表性。不同时代需要塑造不同的榜样形象，选树的道德榜样只有能够引起人们的共鸣和关注，才会成为学习的楷模和行动的指南。人民群众是社会历史的创造者，具有伟大的首创精神，先进典型必然产生于广大人民群众的社会实践中。党和政府历来倡导榜样教育从群众中来、到群众中去的做法，使选树的榜样贴近群众、贴近实际，从具体实践中发现了大量生动感人的事例，树立和推出了许多经得

① 《习近平关于全面建成小康社会论述摘编》，中央文献出版社 2016 年版，第 121 页。

起历史检验的优秀榜样人物。这说明，榜样必须产生于广大人民群众的生产生活实践中，经过自下而上的推荐和筛选，确保其真实性、群众性、先进性和代表性。真实性要求榜样的事迹必须真实可靠，不能随意夸张和拔高；群众性要求榜样必须具有群众认可的先进事迹，能够得到群众真正的认同；先进性是指榜样为群众中的优秀人物；代表性是指榜样具有某一行业或某类人群的精神特征。榜样既是时代发展的产物，又经历了实践的磨炼，凝聚了基层群众的创造性智慧。只有那些贴近实际生活、紧随时代步伐、经过深入调研而树立起来的先进人物，才能具有广泛而坚实的群众基础，在新时代的道德建设中能够产生示范引导作用。

第二，对先进典型的宣传要注重传播手段和方式的优化。在媒体格局和舆论生态发生深刻变化的新形势下，典型宣传要扩大覆盖面、增强影响力，就必须把握受众需求，探索更务实更管用的传播路径。相关部门应当深入挖掘典型人物的先进事迹、精神价值，加入艺术的手段编排融入到书本、微电影、公益宣传片、歌剧、舞蹈等各种表现形式中去，赋予道德榜样人物鲜活的艺术灵魂，让人们真切地感受到道德模范的艰辛与努力，了解到他们的高尚品德，从而增强吸引力和感召力；对于学校而言，可组织在校学生参与教育志愿服务活动，从实践活动中感受先进人物的力量，推动宣传效果的最优化。同时，要充分利用和发挥网络资源的优势，开辟榜样教育的网络阵地，创新榜样教育的实施手段，对广大网民进行榜样教育。

（二）让不同行业、不同群体都能学有榜样、行有示范，形成见贤思齐、争当先进的生动局面

道德榜样教育要体现个性化和多样化。在通过道德模范引导道

德建设的过程中，受教育者的个体差异直接影响到接受程度，这些个体差异包括年龄、心理承受范围、知识储备、阅历等。群体的个体差异要求选树的道德榜样形象既要拥有我们需要的时代精神、良好品质，又要有区别于一般人的品性。同时，我们也要遵循多维标准，根据个体差异建立多种榜样类型，找到各个行业领域的代表人物，力争让各个领域的人们都能找到贴近自身的道德模范，从而使其言行有更加具体的追随和学习对象。不同的道德榜样有不同的道德追求，“作为当今社会转型的一个直接结果，文化价值体系的多元化和道德水平的层次性决定了道德榜样选择的多元化、层次性。”[①]在此基础上，还要根据受教育者自身存在的差异，选出不同层次、类型和特点的道德榜样。

（三）尊崇褒扬、关心关爱先进人物和英雄模范，形成好人好报的价值导向

第一，道德模范是社会主义核心价值观的忠诚践行者，是加强公民道德建设的道德坐标和精神引领。通过大力褒扬、宣传功勋模范人物的典型事迹，向全社会发出关心模范、珍爱模范、尊崇模范的强烈信号，有利于在全社会推动形成见贤思齐、崇德向善、争做先锋的良好氛围。近年来，我国许多地方都相继出台了礼遇道德模范的办法和措施，努力让有德者有所得，感受到社会的温暖和关怀，例如，2018 年 5 月，中共中央办公厅、国务院办公厅印发《功勋荣誉表彰奖励获得者待遇规定（试行）》，按照“精神激励和物质奖励相结合，以精神激励为主”的原则，对国家勋章和国家荣誉称号获得者在政治待遇、生活待遇、工作待遇等方面享有的礼遇作了规

① 姜朝晖：《社会转型期榜样力量的理性思考》，《山东社会科学》2002 年第 3 期。

定[①]。礼遇道德模范是文明社会应有的姿态，也是加强公民道德建设的题中应有之义。从一定意义上说，礼遇道德模范是社会道德水平的“试金石”，能向全社会传递出“好人好报、德者有得”的价值理念，有利于激发更多人学习道德模范、争做道德模范。

第二，在制度上保障先进人物的合法权益。要在全社会形成好人好报的价值导向，先进人物不仅需要褒扬，还需要刚性的制度保障。近年来，我国注重将社会主义核心价值观融入法治建设之中，通过立法鼓励先进人物、弘扬社会正气。例如，2017 年通过并实施的《民法总则》第一百八十四条规定：“因自愿实施紧急救助行为造成受助人损害的，救助人不承担民事责任”，这一规定在社会上被称为“好人条款”，以立法方式将见义勇为人豁免规则制度化与规范化，让见义勇为者无后顾之忧，体现了对见义勇为行为的法律保障，有利于鼓励社会公众见义勇为，凝聚社会正能量。

四、以正确的舆论营造良好的道德环境

（一）坚持以正确的舆论引导人

新闻媒体承担着坚持正确的舆论导向，弘扬主流意识形态，发扬主旋律，为国家、社会改革发展稳定营造良好的舆论氛围的重大责任。舆论作为一种外在的社会价值力量，其以不同的方式给公众传递是非善恶的标准，以帮助人们形成科学的价值观，使其自觉调整自身行为。坚持正确的舆论导向，是媒体的工作的根本。“团结稳定鼓劲、正面宣传为主，是党的新闻舆论工作必须遵循的基本方针。”[②]只有把握好正面宣传这一基本导向，在舆论工作中融入社会

---

① 《就国家勋章和国家荣誉称号评选颁授工作答记者问》,《人民日报》2019 年 8 月 28 日。
② 《习近平谈治国理政》第二卷，外文出版社 2017 年版，第 333 页。

主义核心价值观，才有可能真正鼓舞人、激励人，进而为社会道德建设凝聚力量。作为舆论传播的载体，媒体必须遵循传播规律、重视自身的传播质量，对传播内容慎重把关，不断提高舆论引导水平，筑起一道坚固的防火墙，把不利于形成良好社会舆论局面的不良信息挡至门外，并适时地加以正确引导，确保思想舆论沿着正确的方向发展，为形成积极、健康、向善的舆论环境而不断努力。

（二）加强道德领域热点问题的引导

对于道德领域备受社会关注的热点问题，在人们的认知与了解尚不清晰时，媒体不能回避，而必须对这些问题进行持续跟进与挖掘，力争还原事件原貌，引导人们理性看待。近年来，我国主流媒体不断提高报刊出版质量和宣传报道水平，在弘扬社会主流文化，引领社会文明风尚方面发挥了积极作用，但也存在不少问题。例如，有些新闻报道仍以居高临下的姿态，空洞说教，挖掘解读不够，生动鲜活不足，使得老百姓敬而远之；有的存在表述生涩、形式单调的问题；有的形式上轰轰烈烈、豪华艳丽，但实效性不强，有的还存在新闻报道中的“标签化”、报道中忽视人文关怀、将道德问题与法律问题盲目混为一谈等不良倾向。在思想激荡、观点碰撞的今天，应当尤其注重保障媒体客观报导、关注社会热点、预估公众境遇和反应、引导监督舆论走向，通过舆论激发人们的荣辱感。而通过舆论引导公众对热点事件进行自觉的道德回应、道德反思，有利于在全社会营造健康向上的道德风尚，促使个体自觉地净化自己的道德认知、动机、情感和行为，通过以事说理、以案明德，达到疏解矛盾、弥合对立、凝聚道德共识的目的。

（三）发挥舆论监督作用

对道德行为而言，舆论是一种他律，即外在约束和引导。新闻舆论工作在褒扬正面价值的同时也需要对存在的道德失范现象或事物进行舆论监督，并从建设性的角度发现问题、提出解决办法。1989 年 5 月，习近平同志在福建宁德地区新闻工作会议上的讲话中指出："舆论监督是加强党的建设和民主政治建设的一项重要内容。不受制约和监督的权力，必然会腐败变质。能否有效地制止腐败现象关系到党的生死存亡和社会主义事业的成败。这就需要建立各种有效的监督机制，而新闻媒介的舆论监督是最经常、公开、广泛的一种监督方式。"[①] 当然，我们也要辨析舆论监督与负面新闻炒作的区别，舆论监督的出发点始终是积极的、建设性的，立足于理性，积极推进道德建设中问题的解决。

对道德问题加强舆论监督，一方面要对那些背离社会主义道德的错误言行、丑恶现象、消极现象进行揭露和批判，多方面宣传正能量的新闻报道，弘扬正气。另一方面，要强化人民群众在舆论监督中的主导地位。公民作为网络舆论监督的主体，在开展舆论监督的过程中，他们的监督地位得到进一步认可，就能够更主动、更有效地参与到舆论监督工作中来。

（四）抓好传媒从业人员的道德建设

认识到自身对社会、对人民的职责和使命，为社会的道德文化、精神文明生活负责，这是新时代传媒工作人员的道德责任。传媒从业人员应该将外在道德的客观要求内化为主观的道德自觉意识。一个合格的传媒从业人员，一个富有责任感和职业精神的新闻工作

① 习近平：《摆脱贫困》，福建人民出版社 1992 年版，第 65 页。

者，在促进社会形成良好的道德风尚的事业中扮演着重要角色。传媒从业人员要守护社会的“良心”，最重要的是要具有坚定的信仰，要热爱新闻职业，更要勇于担当社会责任。在传媒技术更新迭代、越来越深入渗透到人们日常生活中的今天，媒体更应意识到自身的责任。在对道德领域的事件进行报道、评论的过程中，应当保持小心、审慎的态度，对当事人应当保持中立，不先入为主，不断提升自身的职业修养和专业精神，维持媒体的公信力。而专业精神的培养，一方面要培养传媒从业人员的独立判断意识，另一方面要注重引导他们坚持马克思主义新闻观、坚守立场、如实报道。同时，媒体行业要注重探索自律制度建设，不仅从外在行为层面上对违反新闻道德的行为进行规范，而且要注重将新闻职业道德内化为自身的责任感。

五、以优秀的文艺作品陶冶道德情操

用文化熏陶人，用文化武装人是教育的重要目标和手段。邓小平曾指出，文艺工作者要“为建设高度发展的社会主义精神文明做出积极的贡献。在这个崇高的事业中，文艺发展的天地十分广阔。不论是对于满足人民精神生活多方面的需要，对于培养社会主义新人，对于提高整个社会的思想、文化、道德水平，文艺工作都负有其他部门所不能代替的重要责任”①。文化的形态丰富多样，梁漱溟将文化界定为包括精神生活、社会生活和物质生活的“一个民族生活的种种方面”，它具有多样化的形态，在人们的日常生活中无处不在，并使人们“在品味作品过程中体会到纯天然的发自心灵的美感的同时，帮助公民提升道德伦理的判断能力，从而起到启蒙教育、陶冶

① 《邓小平文选》第二卷，人民出版社 1994 年版，第 209 页。

情操与升华思想的作用”[①]。

（一）文化作品要把培育和弘扬社会主义核心价值观作为根本任务

思想和价值观是文艺创作的灵魂。当前，我国的文化事业蓬勃发展，社会对文艺作品越来越有包容性，但也有一些文艺作品，在取得巨大商业成功的同时却产生了巨大争议，不少宣扬封建迷信、凶杀色情、血腥暴力、拜金主义、低级趣味等文化垃圾涌入文化市场，非理性主义、文化虚无主义、泛娱乐化、艺术媚俗化、艺术商品化、艺术审丑化等不良的艺术倾向在我国的文化市场还比较普遍，这些争议反映了当前不同价值取向之间的博弈，也说明了那些思想混乱、价值错置的作品，即便外在再华丽，也不过徒有其表。不论是文艺作品的创作，还是文艺工作者，都应始终将核心价值观融入作品之中，将社会主义核心价值观生动地渗入作品之中，让作品体现积极向上的价值取向，弘扬人世间的真善美。同时，优秀的文艺作品也能够将社会主义核心价值观传递给广大人民群众，使人们在欣赏、品味这些作品的过程中受到道德的熏陶，启迪人们的心智，激发人们的道德情感，展现道德力量。

（二）坚持把社会效益放在首位

习近平总书记指出：一部好的作品“应该是把社会效益放在首位，同时也应该是社会效益和经济效益相统一的作品。”“文艺不能当市场的奴隶，不要沾满了铜臭气。优秀的文艺作品，最好是既能

① 朱诚蕾:《文艺作品对培育社会主义核心价值观的作用及路径选择》,《高校党建与思想教育》2017 年第 3 期。

在思想上、艺术上取得成功，又能在市场上受到欢迎。”[①] 文化是产业，在市场经济的条件下，文化事业的从业者必然面临市场的严峻考验，追求文化产品的经济效益，这无可厚非，但在现实中，有一些人罔顾艺术创作的规律，将艺术当作圈钱的工具，唯利是图，创作出的作品浮华、轻浅、趋时、易变，不但没有发挥出温润心灵、启迪心智、引领风尚的作用，反而很可能腐蚀人们的心灵。只有那些体现人民群众真情实感与真实生活实践的作品，那些从人民实践中反映出历史真理与规律的作品，那些体现人民群众爱国精神与民族精神的作品才是经久不衰的、能够抵抗市场洪流的作品。因此，文艺工作者要守住底线，自觉抵制诱惑，正确处理好艺术的经济效益与社会效益之间的关系，在创作中以人民为中心，创作出“有筋骨、有道德、有温度的文艺作品”[②]。广大媒体、评价组织在进行评论、评奖时，应把是否符合社会主义道德作为一条重要标准，帮助那些传递向上向善价值观的文艺作品取得良好的社会反响和社会效益，引导人们增强道德判断力和道德荣誉感，引导提升人们的艺术鉴赏力，用文艺的力量温暖人、鼓舞人、启迪人，引领新时代道德建设。

（三）抓好文艺工作者队伍的道德建设

文艺工作者是文艺事业的核心力量，那些艺术功底深厚、专业水平过人的文艺工作者是社会主义文艺事业的坚强后盾。文艺作品要发挥其对道德的滋养作用，且永葆鲜活的生命力，就要求广大文艺工作者不断提升自己的品行、修养、信念，并将其与自身的审美与作品的艺术价值融合起来，讲品位、重道德，恪守底线，绝不盲

---

① 《习近平谈治国理政》第二卷，外文出版社 2017 年版，第 320 页。

② 习近平：《在文艺工作座谈会上的讲话》，人民出版社 2015 年版，第 6 页。

目攀附于喧嚣的艺术亢奋之中，而要始终站在人民的立场，关心人民群众的真实诉求，扎扎实实地从生活的细节中寻找艺术灵感。正如习近平总书记所说的：“人民需要艺术，艺术更需要人民。”“以为人民不懂得文艺，以为大众是‘下里巴人’，以为面向群众创作不上档次，这些观念都是不正确的。文艺创作方法有一百条、一千条，但最根本的方法是扎根人民。只有永远同人民在一起，艺术之树才能常青。”[①] 文艺工作者要站在民族的高度，怀着对国家的热爱、对历史的尊重、对社会的责任，为中华民族伟大复兴的中国梦鼓劲呐喊；站在新时代的坐标上，把握时代的脉搏，不断创新前人的文艺成果。从文艺管理层面而言，要不断加强制度建设，为文艺市场的健康、积极发展打造最优环境，全面调动文艺战线的积极性、能动性，为文艺发展积累扎实的人才资源。

六、发挥各类阵地的道德教育作用

（一）要加强新时代文明实践中心建设

当前，伴随着信息化的迅速发展，尤其是随着自媒体成为人们表达的主要渠道之一，中国社会面临着各种网络犯罪、网络乱象的挑战，这对社会道德环境很大的破坏力。网络上经常充斥着不负社会责任的情绪化表达，并伴随着自媒体的叠加效应而不断放大，这极易影响人们尤其是青少年的道德判断和评价能力。新时代的道德教育必须建立在对这些挑战的清醒认知的基础上，直面问题，善用新兴媒介。通过新媒体进行大众道德教育，是当前道德教育的方向。新媒体覆盖面广、信息量大，受众比较多且传播信息及时的特点，使其具有广泛的适用性，可以适应道德教育对象的年龄、职业和地

---

① 习近平：《在中国文联十大、中国作协九大开幕式上的讲话》，人民出版社 2016 年版，第 10—11 页。

位等差异。道德教育要占领新媒体这个教育阵地，就必须更好地适应和利用媒体生态环境，进行新的道德教育路径的选择，尤其是在我国基层地区，要抓好县级融媒体中心建设，不断地提高使用新媒体工具的技能，充分利用现有的媒体融合契机，用好信息交流功能，使人们体验到寓教于新媒体中的优势和好处，给人以积极正面的体验，引导人们关注新媒体传播的道德现象和道德问题，通过对问题的思考和讨论而使人们对道德的认识更加深入，推动基层广泛开展中国特色社会主义文化、社会主义思想道德学习教育实践，引导人们提高思想觉悟、道德水准、文明素养。

（二）用好公共文化设施开展道德教育

公共文化设施建设是文化事业兴盛的重要支撑和保障，是引导社会道德风气的重要资源。现阶段，要加强爱国主义教育基地和革命纪念设施建设保护利用，充实展陈内容，丰富思想内涵，提升教育功能。民族团结、科普、国防等教育基地，图书馆、文化馆、博物馆、纪念馆、科技馆、青少年活动中心等公共文化设施，都要结合各自功能特点有针对性地开展道德教育，物尽其用、物尽其美，让公共文化设施效益最大化。一方面，可以依托书店、社区活动中心等文化阵地，利用新媒体平台，形成室内与室外、虚实结合的立体道德教育阵地，用老百姓生活中鲜活的道德故事，来传颂美德，引导向善。另一方面，利用宣传栏、专题讲座等的开展，根据不同群体思想发展的不同阶段，有针对性地引导人们阅读健康向上的书籍等，强化活动的德育功能。还可以在一些重大历史事件纪念日利用图书馆的优秀读物、博物馆的丰富史料等，组织观看有教育意义的专题片，在寓教于乐中让人们的思想境界得到提升，同时，图书馆、文化馆、博物馆、纪念馆、科技馆、青少年活动中心等公共文化设施要充分运用信息网络技术，结合自己的特点和优势，创办具有特色的思想道德教育网站，提高道德教育工作的科技含量。

道德是一种巨大的力量，春风化雨，润物无声，要注重循循善诱的教化、春风化雨的熏陶。教亦多术，因地制宜。开展道德教育，要多措并举、形式灵活，运用好各种户外媒介。只有拓宽思路与视野，善于运用开放性思维，借助有效载体，从观念、形式、方法、手段上不断创新，才能吸引更多的群众参与，更好地激发起人们崇德向善的道德自觉，使道德之花开放得更加绚丽。

七、抓好重点群体的教育引导

公民道德建设既要面向全体社会成员开展，也要聚焦重点、抓住关键、以点带面。

（一）抓好党员干部的教育引导

“圣哲君子，治之源也，官人守数，君子养源，故上好礼义，尚贤使能而无贪利之心，则下亦将綦辞让，致忠信，而谨于臣子矣。故政令不繁而俗美。百姓顺上守法而安乐之矣”（《荀子》）。在道德建设中，领导干部是非常重要的群体。领导干部“要讲政德。政德是整个社会道德建设的风向标”[①]。政德是领导干部的为官之本，从周公的“以德配天”思想，到孔子的“为政以德，譬如北辰，居其所而众星拱之”，再到司马光的“才者，德之资也；德者，才之帅也”，注重涵养政德、以官德教化民德一直为中华民族所尊崇。政德一方面要求守公德，也就是要求领导干部时刻牢记权力源自人民授予，必须始终以人民为中心，确保用权力为人民谋利；另一方面

① 《习近平在十三届全国人大一次会议重庆代表团审议中的重要讲话》，《光明日报》2018 年 3 月 14 日。

要求严私德，也就是要在个人品行方面严格要求自己，时刻自律，心有所戒、行有所止。要做到这两方面，固然要仰赖领导干部自身，但同时要认识到，政德从选人用人而来，从监督执纪而来，因此要着眼于选人用人制度，把握好干部标准，同时要加强作风建设，用好执纪监督四种形态，落实好监察法，使国法与党规、法律与道德同时同向发力，强化监督问责，让党员干部知敬畏、存戒慎、守底线。

（二）抓好青少年的道德教育

青少年是引风气之先的社会力量。整个社会的道德水平与文明素养很大程度上体现在青少年的道德水准和精神风貌上。他们处于世界观、人生观、价值观正在形成的关键时期，尤其需要从思想上对其进行精心引导和用心培育，使其有能力在面对喧哗、多元的思想环境时保持定力、认准方向，能够在处于复杂、多样的舆论环境时具备辩证思考的能力，明辨是非、拨开迷雾。习近平总书记认为，青年的价值取向会对未来整个社会的价值取向产生影响，而青年时期正是价值观形成和确立的时期，因此该阶段的教育指导更为关键，“这就像穿衣服扣扣子一样，如果第一粒扣子扣错了，剩余的扣子都会扣错。人生的扣子从一开始就要扣好”①。广大青年是新时代的见证者、亲历者，抓好青年的道德教育，就是要教育青年将国家、民族的命运与自身的命运结合起来，将个人梦想融入中华民族伟大复兴的中国梦之中，要教育他们实践社会主义道德规范，使其塑国魂、守公德、树家风、重人伦、崇敬业、尚和谐、厚品德，在日常生活中践行社会公德、职业道德、家庭美德、个人品德，使

---

① 习近平：《青年要自觉践行社会主义核心价值观——在北京大学师生座谈会上的讲话》，人民出版社 2014 年版，第 9 页。

自己成为造福社会、服务人民的好青年；要教育他们脚踏实地、掌握本领、积累经验，钻研科学，坚持科学精神、弘扬人文精神，使其能够抵御腐朽落后文化的侵蚀，追求真善美的统一，助力自己成才。

（三）抓好社会公众人物的道德建设

社会公众人物往往是社会各个领域的知名人士，其言行往往是人民群众效仿的对象，他们在道德领域所能产生的辐射力不容低估。但当前，公众人物道德滑坡、道德失范等问题比较严重，而这些问题往往能带来舆论的沸腾。因此，抓好公众人物的道德建设、发挥公众人物的道德示范作用非常重要。当今社会，随着自媒体的迅猛发展，公众人物的一举一动都处于大众视野之中，处于公众的道德监督之下，加强自律、做好表率是公众人物的必修课。首先，应该树立正确的道德原则。公众人物享受了比一般人更多的社会资源和社会地位，应当自觉承担起维护公共道德、引领社会风尚的道德责任，在道德修养方面，应当比一般人更加严格要求自己。其次，应当承担起作为社会精英的道德使命，在面对不良思想和利益诱惑时坚守底线，做到慎微、慎独、慎欲。再次，应当树立正确的道德观念，提升自身的道德认知能力，在名利面前保持淡定，在追捧面前保持清醒，珍视并维护好自己的社会形象。最后，从制度机制的角度提升公众人物的道德素质，通过完善针对公众人物的职业道德自律方面的相关制度机制建设，把社会公众人物置于人民群众的监督之下，扶正祛邪、激浊扬清、净化社会风气、提升社会道德水平。

第 10 章

CHAPTER TEN

推动道德实践养成

/ 习语 /

人民有信仰，民族有希望，国家有力量。实现中华民族伟大复兴的中国梦，物质财富要极大丰富，精神财富也要极大丰富。我们要继续锲而不舍、一以贯之抓好社会主义精神文明建设，为全国各族人民不断前进提供坚强的思想保证、强大的精神力量、丰润的道德滋养。

——习近平

新时代公民的思想道德建设重在实践养成。马克思主义认为，整个人类生活在本质上是实践的。因此任何外在的道德要转化为人内在的自觉行为，都在于实现理论与实践的统一，知与行合一。习近平总书记针对“加强全社会的思想道德建设”的命题时，要求把“提高道德实践能力尤其是自觉践行能力”作为重中之重。[①] 道德的实践养成既符合马克思主义关于道德实践观点的一致性，也是道德建设的必然要求，因此，大力推动社会主义道德实践养成，才能促进全社会整体道德素质的提高。

一、广泛开展弘扬时代新风行动

良好的社会风尚是衡量人类社会文明程度的标尺，它能够涵育公民美德善行，推动着社会和谐有序运转。中国共产党自成立以来，就将培育良好社会风尚作为自身改造和建设中国社会的重要内容，用极大的努力破除帝国主义、封建主义、官僚资本主义等施加在中国人民身上的旧道德、旧习俗，提倡新道德、新时尚，弘扬以马克思主义为核心的社会主义和共产主义道德，从而形成了一大批塑造良好社会风尚的红色精神集合，包括红船精神、井冈精神、苏区精神、延安精神、西柏坡精神、雷锋精神、女排精神等，这些精神实现了民族的团结统一，也引领着大众朝着民族解放、民族自强、民族复兴的方向努力。

良好的社会风尚既要有先进阶级的思想引领，更需要从社会实践中不断淬炼，在日常生活中不断磨砺，在具体工作中不断提高。要从现代文明的高度，鼓励人们文明生活和工作，引导人们文明出行、文明交通、文明旅游、文明就餐、文明观赛，自觉恪守社会

---

① 《认真贯彻党的十八届三中全会精神 汇聚起全面深化改革的强大正能量》，《人民日报》2013 年 11 月 29 日。

交往、公共场所中的文明规范，利用“全国交通安全日”教育人们文明出行，利用“爱牙日”教育人们关注健康，利用“清明节”教育人们文明祭扫，利用“端午节”教育人们文明踏青，利用“重阳节”教育人们尊老爱老……在北京，被市民称为“指路大王”的谢亮老人，18 年来，坚持为行人义务指路，风雨无阻，从未间断。早 7 点到晚 6 点，平均每天约为 1500 人义务指路，重大节假日时每天连续不断地要为三四千人指路；他能熟练背出北京 5000 多个站点的名字、数百条公交车路线；他不畏高龄，刻苦学习英语，给外国人指路，成为北京东直门一张靓丽生动的名片，以致街坊邻居纷纷加入指路队伍，争做指路先锋。他还教育人们从身边事做起，对不文明行为要及时纠正，他的指路行为断了东直门附近专找外国人“趴活儿”人的“财路”，净化了社会风气，成为助力良好社会文明风尚模范人物。

良好的道德实践环境有益于道德实践的养成。要紧密结合社会发展实际，着眼完善社会治理、规范社会秩序，推动街道社区、交通设施、医疗场所、景区景点、文体场馆等的精细管理、规范运营，优化公共空间、提升服务水平，为人们增强公共意识、规则意识创造良好环境。各级党政机关要着眼于人民对于美好生活的向往，不仅要关注人民群众在经济上的需求，更要关注人民的文化需求、政治利益和生态等方面的需求。各级政府应在各个市、县、村完善体育设施和建设文化广场，提升公民的身体素质和文化素质。要深入实施乡村振兴战略，完善道路交通，便利人民。要在乡镇建设医疗机构，提升乡镇卫生院的医疗服务水平，使村民能够实现就近看病。教育政策向农村倾斜，大力扶持农村学校的发展，利用优惠政策吸引更多优秀的教师来校，使农村学生能够有学上，给他们营造一个良好的教育环境，从而提升他们的道德意识。要在党政机关内部开展“做人民满意的公务员”活动，使公务员牢固树立为人民服务的理念，把人民的利益放在首位，利用人民所赋予的权力为群众办实事，关注弱势群体的公共需求，解决好人民群众最关心、反映最强烈的事情。各级政府要创新社会治理，完善社会治理领域的法律法规，调整各类社会利益关系，化解社会矛盾，维护社会秩序，为道德实践的养成营造良好的道德环境。要激发社会组织活力，适合由社会组织提供的公共服务和解决事项，交由社会组织提供和管理，同时也要依法加强对各类社会组织的监管，实现政府治理和社会调节、居民自治良性互动。

二、深化群众性创建活动

群众性精神文明创建活动是提升国民素质和社会文明程度的有效途径，是加强城乡精神文明建设的重要抓手。习近平总书记2015年2月28日在会见第四届全国文明城市、文明村镇、文明单位和未成年人思想道德建设工作先进代表时指出，“人民有信仰，民族有希望，国家有力量。实现中华民族伟大复兴的中国梦，物质财富要极大丰富，精神财富也要极大丰富。我们要继续锲而不舍、一以贯之抓好社会主义精神文明建设，为全国各族人民不断前进提供坚强的思想保证、强大的精神力量、丰润的道德滋养。”①

群众性创建活动，就是要坚持以活动为载体，以社会主义核心价值体系和核心价值观为引领，突出社会主义道德要求，将社会公德、职业道德、家庭美德、个人品德建设贯穿于创建的全过程，吸引公民普遍参与，以指导公民在社会、工作、家庭中的道德实践。在整个精神文明建设中，道德发挥着固本正源的作用，它与百姓日

① 《习近平谈治国理政》第二卷，外文出版社2017年版，第323页。

常生活紧密联系，不抽象，不空洞，在吸引群众、教育群众方面，有着强烈的自律性和亲和力。道德同时又是理解人的素质的核心和灵魂，重视道德，就是抓住了全面提高人的素质的牛鼻子。突出道德要求，就要弘扬美德、树立美德，在社会的各个领域提出道德要求，鼓励人们践行。近年来的“中国好人”“道德模范”“五好家庭”“好媳妇”“好婆婆”等各类评奖和表彰，都体现出重视和突出道德要求的目标。

群众性创建活动具有普适性，从本质上讲，是人民群众在党的领导下自觉自愿开展的群众性创建活动。同时这一活动又具有类别性和层次性，不同人群、不同部门、不同单位、不同职业对创建活动的要求不同，因此，就需要从实际出发，实事求是地开展群众性创建活动。文明城市、文明村镇创建要坚持为民利民惠民，突出文明和谐、宜居宜业，不断提升基层社会治理水平和群众文明素质。要加强基层党组织建设，发挥其在社会基层组织中的战斗堡垒作用。基层治理必须坚持以人民为中心，重视人民群众在社会发展中的主体地位，以人民群众的利益和需求为出发点，切实提高公众的满意度，让人民群众有更多的获得感、幸福感和安全感。关注民生和文化需求，积极实施文化惠民工程，开展多种形式的社区文化活动，并加强文明宣传教育，提升群众的道德素质。积极开展文化先进镇创建活动，要定期开展教育宣传，强化群众积极参与基层治理的意识。文明单位创建要立足行业特色、职业特点，突出涵养职业操守、培育职业精神、树立行业新风，引导从业者精益求精、追求卓越，为社会提供优质产品和服务，结合行业实际，扎实开展职业道德教育，迸发行业整体活力；开展文明单位评选活动，树立榜样作用，营造积极向上的文明氛围；在各个单位内部也要定期开展业务与道德兼具的“单位好员工”活动，使各个企事业单位形成向上向善的良好风尚。文明家庭创建要聚焦弘扬家庭美德，大力借助传播媒介讲述“家风故事”，引导各个家庭主动学习并形成优良家风；在村级或小区小范围内推选文明家庭模范，形成争先争优的氛围。文明校园创建要聚焦立德树人，培养德智体美劳全面发展的社会主义建设者和接班人，充分发挥学校涉及面广、人员集中的优势，以学生带动家庭，以家庭影响社会。要让文明创建覆盖各行业各领域，每个公民既是道德建设过程的参与者，也是道德建设成果的受益者，所以要以高度的主人翁精神，积极参与各种精神文明创建活动，从而使道德境界得到升华，推动道德实践的养成。

群众性创建活动是在党和政府领导下的群众作为主体的道德实践活动，是党领导人民建设美好生活的重要举措，离开了党和政府的领导，群众性创建活动就会陷入自发和无序状态，也就无法实现群众性创建活动的目的。党和政府要根据实际需要，把公民道德建设摆在更加重要的位置，以扎实有效的创建工作推动全民道德素质提升。政府在统筹安排群众性创建活动的过程中，要始终关注群众的切身利益问题，毛泽东指出：“马克思列宁主义的基本原则，就是要使群众认识自己的利益，并且团结起来，为自己的利益而奋斗。”① 习近平总书记说：“党的一切工作就是要为老百姓排忧解难谋幸福。”② 只有将创建活动与群众的切身利益结合好，才能使人民群众迸发出参与创建活动的巨大积极性，文明的种子才能在创建活动过程中发芽成长壮大，才能实现精神和物质的文明程度的互相渗透、互相促进、互相提高。

---

① 《毛泽东选集》第四卷，人民出版社 1991 年版，第 1318 页。

② 《高举新时代改革开放旗帜 把改革开放不断推向深入》，《人民日报》2018 年 10 月 26 日。

三、持续推进诚信建设

社会和谐表现为人与自然、人与人、人自身三大矛盾的协调和解决，从伦理道德的角度看，社会不和谐的根源表现为利于社会和谐的核心价值理念出现失衡，尤其是失信行为的泛滥，因而，要实现社会和谐，诚信建设是重要的突破口。诚信是社会主义公民道德的核心和基础，其核心内容是诚实和守信。诚实，意味着忠诚老实，不讲假话；守信，意味着信守诺言，说话算数。诚实表现为客观事物与内心世界的统一，根本意义是内不欺己；守信表现为对自己言语和行为的高度负责，根本意义是外不骗人。诚实和守信合二为一，表达了诚信观念在自然世界和现实社会贯彻过程中的统一性。在个人诚信的基础之上，爱国守法、明礼诚信、团结友善、勤俭自强、敬业奉献等公民道德自然会形成，因此，只有具备了诚信的品格，一个人才会真正遵循公民道德规范而行事，社会和谐也才能实现。

重信守诺是中华民族的传统美德，在新时代需要进一步发扬光大。同时，弘扬诚信文化还要结合时代的特点，将社会主义市场经济条件下形成的诚信理念、诚信文化、契约精神等发扬光大。弘扬诚信文化要重视诚信教育，在各级各类教育中开展既体现优良传统，又反映时代特点和主题的诚信教育，把握和研究诚信教育的特征和规律，在内容、形式、方法、手段、机制等方面的改进和创新。弘扬诚信文化要加强诚信制度建设，各级党委和政府一方面要采取各项政策对诚信行为进行激励，另一方面要设立失信行为黑名单制度，对失信行为进行惩戒。加快个人诚信、政务诚信、商务诚信、社会诚信和司法公信建设，构建覆盖全社会的征信体系，健全守信联合激励和失信联合惩戒机制，针对社会上诚信缺失问题，开展诚信缺失突出问题专项教育治理，提高全社会诚信水平。弘扬诚信文化要加强学术科研领域的诚信建设，建立健全科研诚信管理体系，制定更加细致的规范，实行更加严格的管理，将科研诚信工作纳入常态化管理，对本单位员工学术科研诚信要求及责任追究做出明确规定。要完善科研诚信方面的责任机制，学术委员会要认真履行职责，对作为责任主体的科研人员违背学术科研诚信要求的行为要及时严肃处理，对严重违背科研诚信的行为追究法律责任。要充分利用各种媒介对学术科研诚信问题进行宣传教育，对违背科研诚信要求的典型案例要进行曝光，起到警示作用。坚持零容忍，对违反学术诚信要求的行为主体实行终身追究制，一经发现，随时严肃调查处理。

诚信社会建设，不但需要建立和完善社会信用法律体系，加强社会信用管理，开展生活化的社会诚信教育，还需要各级党委和政府加强舆论引导，营造诚信社会氛围。黄凌燕，海南滴滴沃家生态农业科技发展有限发展公司董事长，获第七届诚实守信全国道德模范奖，她从 2014 年辞职回乡创业，通过自己的电商平台帮助村民销售海南农产品，面对农产品丰产和价格滑坡的窘境，她依然高价收购贫困户的农产品，“你们摘多少我收多少”，她的这句话令人印象深刻，但其中艰辛也可想而知，但她从未放弃，而是坚持“诚信践诺”的经营理念，打造更好的销售平台为更多的农户打通销售渠道，助力脱贫攻坚。各行各业都要以诚信经营作为自己的底线，要积极响应诚信行业、诚信单位、诚信示范街区、诚信经营示范店、“诚信建设万里行”、“诚信兴商宣传月”、“诚信之星”评比等活动，激励人们更好地讲诚信、守信用。

四、深入推进学雷锋志愿服务

雷锋精神是一支永不熄灭的火炬，是一面永不褪色的旗帜，引领和激励着一代又一代青年人成长。学雷锋志愿服务活动历经 60

多年，作为人们践行社会主义道德的重要途径，形成了良好的社会风尚。习近平总书记多次对弘扬雷锋精神、开展志愿服务作出重要指示，阐述重大意义、指明发展方向、寄予殷切期望，推动了党的十八大以来学雷锋志愿服务事业的大力发展。

学雷锋志愿服务是践行社会主义核心价值观的重要形式。多年来，这一活动形成了雷锋精神和奉献、友爱、互助、进步的志愿服务精神。学雷锋志愿服务要坚持以社会主义核心价值观为引领，弘扬以厚德仁爱、乐善好施、助人为乐、扶危济困为核心内容的中国传统美德，以为人民服务的宗旨、牺牲奉献的英雄主义为核心内容的革命美德、以民族精神和时代精神为核心内容的先进文化，要善于从中华文化中汲取力量，激励人们从事学雷锋志愿服务，打造中国特色志愿服务名片和品牌。学雷锋志愿服务要推动榜样引领，坚持从鲜活的案例中树立学雷锋志愿服务先进典型，要利用各类媒体资源、文创作品展览、社区巡讲等形式，宣传先进模范的善行义举，传播志愿服务的精神理念，在全社会形成崇德向善、见贤思齐、善行天下的志愿氛围。要教育青少年树立志愿服务精神，从小养成积极参与学雷锋志愿服务的生活习惯和生活方式，从日常小事身边小事做起，在点滴积累中弘扬和践行社会主义核心价值观。

习近平总书记曾在2019年7月24日致中国志愿服务联合会第二届会员代表大会的贺信中发出殷切希望："希望广大志愿者、志愿服务组织、志愿服务工作者立足新时代、展现新作为，弘扬奉献、友爱、互助、进步的志愿精神，继续以实际行动书写新时代的雷锋故事。"[①] 实现总书记的期望，首先要推进学雷锋志愿服务的常态化，夯实其基础。政府要加大支持力度，给予志愿组织以资金和

---

① 《弘扬奉献友爱互助进步的志愿精神　以实际行动书写新时代的雷锋故事》，《人民日报》2019年7月25日。

政策上的支持，发展壮大学雷锋志愿服务组织，使他们在扶贫救灾、体恤病残、法律援助、文化支教、环境保护等方面发挥重要作用。习近平总书记在给“郭明义爱心团队”的回信中说道：“雷锋精神，人人可学；奉献爱心，处处可为。积小善为大善，善莫大焉。”[①]因此在对学雷锋志愿精神进行宣传时要避免将雷锋神圣化，要使学雷锋成为一种务实的活动，将它塑造成一个离每个人都很近的“好人”，让更多人对其认同并效仿。要积极开展学雷锋志愿服务活动，激励人们投身志愿服务活动。重庆市秀山县第一民族小学数学骨干教师吴国玉，不顾及路途的遥远、不贪恋优越的条件，只为了反哺那些偏远山区的孩子，于2013年支教偏远的溪口镇中心校，2014年继续支教雅江镇中心校。吴老师在支教期间，除了日常教学工作以外，还对受援学校的老师们进行传、帮、带，借此提升农村学校教师的教育教学水平。江西九江市都昌县的程茂林，是一名普通的基层法律工作者，现任都昌县惠民法律服务所主任。他把基层法律服务看作司法工作的最后一公里。10年间，为困难群众提供法律援助150余人次，免除当事人费用近30万元，让底层群众真正感受到法治的好处，从而使底层群众认识法律、相信法律。推动学雷锋志愿服务常态化就是要突出榜样引领，推选出“最美志愿者”“最佳志愿服务组织”“最美志愿服务社区”，让这些先进典型指引着广大群众更多地服务贫困地区，更多地服务社会弱势群体，让我们的伟大祖国更加和谐美好。

推进学雷锋志愿服务事业的发展，不仅要体现价值引领、形成常态化的氛围，更重要的是要推动志愿服务由不精细向制度化转变，由常规化向专业化转变。加强志愿服务立法，为志愿者和志愿组织

① 《习近平给“郭明义爱心团队”的回信》，《人民日报》2014年3月5日。

提供法律保障，政府也应该鼓励银行、会计师事务所、律师事务所等专业机构为志愿服务组织提供法律咨询等志愿服务。同时提高志愿组织内部志愿者的薪资待遇，给予他们一些物质上的奖励，并为每个志愿者购买人身保险，给予他们人身安全保障和医疗保障。另外志愿组织要为每一位参加志愿服务的志愿者建立特殊档案，使其在招生、招聘等方面能够获得优先资格，以此作为以后优先获得服务的依据。同时志愿组织要优化其内部管理，选任专业管理人才进入管理层，对于普通志愿者要经常开展培训会、为他们安排更多的进修机会，提高志愿者专业的志愿服务水平。

五、广泛开展移风易俗行动

移风易俗是破除陈规陋习、树立文明乡风的群众性实践活动，做好移风易俗工作对于促进农村和谐文明发展、助推乡村振兴战略具有重要意义。中国共产党自成立之日起就把移风易俗作为基本主张，力图对妇女、婚育、社会生活、思想道德等多方面的陈规陋习进行革新，主张妇女解放、倡导男女平等、破除封建迷信、鼓励农民学习科学文化。从井冈山革命根据地官兵的每天五分钱的伙食到长征途中的挖草根、吃树皮再到土地革命时期的财政节省，共产党人一直践行勤俭节约的传统美德……正是这种移风易俗的精神才使得中国共产党能够取得一个又一个胜利，朝着中华民族伟大复兴的中国梦迈进。

习近平总书记在中央农村工作会议上强调，要旗帜鲜明地把反对铺张浪费、反对婚丧大操大办、抵制封建迷信作为农村精神文明建设的重要内容。2018 年《中共中央国务院关于实施乡村振兴战略的意见》指出："乡村振兴，乡风文明是保障。必须坚持物质文明和精神文明一起抓，提升农民精神风貌，培育文明乡风、良好家风、淳朴民风，不断提高乡村社会文明程度。”① 围绕实施乡村振兴战略，应倡导科学文明的生活方式，深入挖掘创新乡土文化、乡贤文化，不断焕发乡村文明新气象。加强保洁队伍建设，对生活垃圾分门别类地进行回收，改善农村的人居环境和乡村面貌。加大农村文化建设，在各乡镇、乡村建设文化广场、“农家书屋”、乡镇图书馆等丰富人民的精神生活，增长农民的文化知识和文化修养。各村村支书及村长应集合广大村民共同商量制定新的村规民约，对“厚葬薄养”、子女不赡养父母的现象加以制止；禁止互相攀比、肆意浪费之风蔓延；宣扬男女平等，以破除一些家庭仍然存在的落后的“重男轻女”观念。文明节俭地举办红白事是“民风建设的有效载体”，针对那些婚礼大操大办、要“天价彩礼”等陋俗，各村要建立“红白理事会”，对红白事铺张浪费等不文明现象进行合理制止，运用广播喇叭、宣传栏等加大宣传，提倡婚事新办、丧事简办的文明风尚。充分发挥村规民约、道德评议会、红白理事会等的作用，破除铺张浪费、薄养厚葬、人情攀比等不良习俗。古人云：“教者，效也。上为之，下效之。”要发挥好党员干部的示范带头作用，党员干部应该以身作则破陈俗、树新风，充当人民群众的表率，给人民群众树立正确导向，推动文明乡风的形成。

推动移风易俗的深入开展，不仅要形成文明乡风的氛围，还要建立移风易俗的长效机制。要定期开展丰富多彩的文化活动，定期开展文明道德教育活动，提升公民的思想道德素养和科学文化素养。要将孝德文化与社会主义核心价值观结合起来，积极开展孝亲敬老活动，营造一个良好的孝德氛围，让良好的村风民风蔚然成风。要将移风易俗工作纳入对于党员干部、文明村镇评优评先的考核制度

① 《中共中央国务院关于实施乡村振兴战略的意见》，人民出版社 2018 年版，第 16 页。

内，同时也要让广大人民群众参与进来，进行日常的监督检查，使人人在自我约束和他人监督中移风易俗。

六、充分发挥礼仪礼节的教化作用

仪式感是公民感知社会主义核心价值观、实践社会主义核心价值观的重要因素。为了培育和践行社会主义核心价值观，应制定国家礼仪规程，完善党和国家功勋荣誉表彰制度，规范开展升国旗、奏唱国歌、入党入团入队等仪式，强化仪式感、参与感、现代感，增强人们对党和国家、对组织集体的认同感和归属感。各大中小学要坚持每周升国旗、唱国歌、每次上课起立向老师问好等活动，使大中小学生将这种礼节沉淀成一种习惯，无形当中对他们进行爱国主义教育。在党政机关中提倡佩戴党徽、组织参观革命英雄纪念馆等活动，唤醒他们的理想信念，不忘初心，牢记使命，提升党性修养。对学校的优秀学生、企事业单位的优秀员工、社会上的道德楷模要举办表彰仪式，在隆重的气氛下强化优秀公民和普通公民共同的礼仪认知，使公民争优争先成为习惯。举行成人礼，使学生明白自今日起他们便是独立的个体，需要对自己的行为负责；举行开学典礼，让他们知道自己已经是这所学校的一分子，增强他们的爱校感和归属感。

各种重要节日、纪念日蕴藏着宝贵的道德教育资源，开展重大节日庆祝活动有利于丰富道德体验、增进道德情感，推动道德实践的养成。要利用“五四”“七一”“八一”“十一”等革命节日，“三八”“五一”“六一”等国际性节日，以及民间传统节日和重大历史事件、历史人物纪念日等，举行形式多样的群众性庆祝、纪念活动，让人们了解如今的美好生活来之不易，使人们在娱乐之余增强对祖国和革命先辈的敬仰和热爱之情，树立大德意识，陶冶道德情操。

中国是文明古国、礼仪之邦，但传统礼俗未必都适应当代社会需求，因此需要发展既能体现优秀传统又能彰显时代特色的文明礼仪。习近平总书记强调："要认真汲取中华优秀传统文化的思想精华和道德精髓，大力弘扬以爱国主义为核心的民族精神和以改革创新为核心的时代精神，深入挖掘和阐发中华优秀传统文化讲仁爱、重民本、守诚信、崇正义、尚和合、求大同的时代价值，使中华优秀传统文化成为涵养社会主义核心价值观的重要源泉。"①我们要继承中华优秀传统、适应现代文明要求的社会礼仪、服装服饰、文明用语规范，引导人们重礼节、讲礼貌，同时加强礼仪文化理论研究，创造出更多有价值的礼仪文化。要积极引导文化界多创造蕴含中华传统礼仪文化精粹的文化产品，重建富有中华民族特色与时代特色的礼仪文化。要把礼仪建设和培育好家训、好家风相结合，大力提倡家庭礼仪行为养成，注重父母礼仪行为的言传身教，将礼仪规范融入百姓日常生活之中，使礼仪建设更具生活中的亲情和温情，实现礼仪文化的创造性转换和创新性发展。研究提出承接传统习俗、符合现代文明要求的社会礼仪、服装服饰、文明用语规范，建立健全各类公共场所和网络公共空间的礼仪、礼节、礼貌规范，推动形成良好的言行举止和礼让宽容的社会风尚。

七、积极践行绿色生产生活方式

绿色发展、生态道德是现代文明的重要标志，是美好生活的基础、人民群众的期盼。要推动全社会共建美丽中国，围绕世界地球日、世界环境日、世界森林日、世界水日、世界海洋日和全国节

---

① 《习近平谈治国理政》，外文出版社 2014 年版，第 164 页。

能宣传周等，广泛开展多种形式的主题宣传实践活动，坚持人与自然和谐共生，引导人们树立尊重自然、顺应自然、保护自然的理念，树立绿水青山就是金山银山的理念，增强节约意识、环保意识和生态意识。开展创建节约型机关、绿色家庭、绿色学校、绿色社区、绿色出行和垃圾分类等行动，倡导简约适度、绿色低碳的生活方式，拒绝奢华和浪费，引导人们做生态环境的保护者、建设者。

（一）广泛开展生态环境宣传实践活动

要推动全社会共建美丽中国，围绕世界环境日、世界森林日、世界水日、世界海洋日和全国节能周等，利用生态节日对公民进行有效的教育，使公民自觉履行起保护生态环境的责任。要将生态文明建设与乡村振兴战略结合起来，改善农村人居环境，将生态观念融入公民的道德教育，培养公民的生态道德意识。各地政府应该积极开展“走进大自然”活动，带领广大人民群众游览生态保护区，并安排环境及资源环境相关专业的大学生志愿者向他们介绍生态环境的相关知识，使他们从中感受到大自然的好处，感受到青山绿水的宝贵，了解到生态环保的重要性。2018 年 9 月，郑州公交举办了“绿色出行宣传月”启动仪式，增强广大市民绿色出行的意识，并在活动现场设“绿色出行咨询台”、发放“公交都市”宣传册和“优选公交，文明出行”等宣传资料，号召人们采用绿色环保的出行方式。

这些主题活动的开展，对增强人们的节约意识、环保意识和生态意识起到了极为重要的作用。

（二）倡导简约适度的生活方式

开展创建节约型机关、绿色家庭、绿色学校、绿色社区和绿色出行等行动，拒绝奢华和浪费，引导人们做生态环境的保护者和建设者。各地政府要积极探索生态实践新模式，推动垃圾分类和资源回收利用等取得显著成效。同时在政府内部也要简政放权，精简机构，践行勤俭节约的作风。在大中小学都应该有计划地设置与绿色生态相关的环保课程，倡导他们践行生态环保的生活方式，引导他们在日常生活中养成节约用水、践行垃圾分类、节约粮食的好习惯。各大超市以及城市公共宣传栏等场所多张贴保护自然、绿色消费、节能减排等环保标语，对公民进行宣传教育。在社会上开展“低碳生活，从我做起”等绿色活动，让“白色垃圾”消踪匿迹，让“共享单车”成为一道亮丽的风景线。开展“垃圾分类我最棒”活动，通过活动，使更多人增长垃圾分类的知识，引导人们养成垃圾分类的习惯。

八、在对外交流交往中展示文明素养

公民道德风貌关系国家形象。实施中国公民旅游文明素质行动计划，推动出入境管理机构、海关、驻外机构、旅行社、网络旅游平台等，加强文明宣传教育，引导中国公民在境外旅游、求学、经商、探亲中，尊重当地法律法规和文化习俗，展现中华美德，维护国家荣誉和利益。培育健康理性的国民心态，引导人们在各种国际场合、涉外活动和交流交往中，树立自尊自信、开放包容、积极向上的良好形象。

（一）加强对中国公民在对外交往中的文明教育

对外交往中的文明素养的实现离不开文明知识和常识的普及。因此，国民在对外交往中要充分了解当地的宗教信仰和风俗习惯，政府部门也要对国民经常性地开展爱国教育和道德教育，培养国民的责任意识和爱国情怀，认识到自己出去代表着中国的形象，要彰显中国礼仪之邦的气质。同时，中国政府也要实施中国公民旅游文明素质行动计划，推动出入境管理机构、海关、驻外机构、旅行社、网络旅游平台等加强对他们的文明宣传教育，引导中国公民在境外旅游、求学、经商、探亲中，尊重当地法律法规和文化习俗，展现中华美德，维护国家荣誉和利益。

（二）培育国民形成健康理性的国民心态

引导国民在各种国际场合、涉外活动和交流交往中，树立自尊自信、开放包容、积极向上的良好形象。要加强民族文化的建设，大力弘扬中国优秀的文化成果和科技成果，使国民增强民族自信心，抵御西方文化价值观的渗透。发挥习近平新时代中国特色社会主义思想的引领作用，提升国民的科学文化素质和思想道德素质，引导国民以积极心态面对社会改革和发展，正视社会中存在的个别问题和挑战。充分利用新媒体，创作传播更多富含优秀中华文化的高质量的文化作品，为国民树立健康的国民心态提供精神食粮。促使国民不妄自菲薄，不狂妄自大，在对外交往中要保持友好谦逊的态度。弘扬社会主义核心价值观，特别是要把“平等、自由、公正、法治”真正落实到人民的心坎里，增强国民的文化自信，在对外交往中表现出理性从容的良好形象。在“日本购岛闹剧”中，国人在表达爱国主义的时候，存在一些盲目不理性的行为，既造成极大的经济损失，又极大地伤害了中国人民的感情。这是“愚蠢式”爱国，是狭隘的爱国主义。健康理性的国民心态的培育需要我们国民在面对国际事件时能够理性分析、不卑不亢，相信中国的国际地位和国际影响力，相信中国共产党具备应对国际争端和复杂问题的能力，展现出自信开放、理性包容、健康成熟的国民心态。

第 11 章

CHAPTER ELEVEN

网络空间道德建设的历史使命

/ 习语 /

发展好、运用好、治理好互联网，让互联网更好造福人类，是国际社会的共同责任。各国应顺应时代潮流，勇担发展责任，共迎风险挑战，共同推进网络空间全球治理，努力推动构建网络空间命运共同体。

——习近平

网络正以空前的力量和速度改变着世界，改变着中国，改变着我们。习近平总书记指出："新一轮科技革命和产业变革加速演进，人工智能、大数据、物联网等新技术新应用新业态方兴未艾，互联网迎来了更加强劲的发展动能和更加广阔的发展空间。发展好、运用好、治理好互联网，让互联网更好造福人类，是国际社会的共同责任。各国应顺应时代潮流，勇担发展责任，共迎风险挑战，共同推进网络空间全球治理，努力推动构建网络空间命运共同体。"[①] 网络问题不仅是一个技术问题，也是一个伦理问题。网络的迅猛发展在给我们带来众多便利的同时，也带来了许多社会、政治、法律和伦理道德问题。不过，人们往往关注网络技术的改进及便利，而忽视网络对生存方式、价值观、行为规范、伦理道德的影响，这就导致伦理道德建设与网络技术发展的时滞效应："技术常常比伦理学理论发展得快，而这方面的滞后效应往往会给我们带来相当大的危害。"[②] 全球化时代，如何更好地把握时机、应对挑战、引领潮流，传播中国价值、中国精神、中国道德文化，建构网络空间道德体系，是新时代公民道德建设不可回避的重大时代议题，这需要党和政府、社会以及公民协同担当起共同使命。

一、网络时代亟需新道德

人类在不同时期对道德规范会有不同的要求。网络时代的道德规范反映了人类对网络社会道德关系的基本要求。信息化、数字化浪潮席卷全球，网络的发展触及人类生活的方方面面，正急剧地改变我们与我们的世界，不断改变人与人之间的各种利益关系，相关

① 《习近平向第六届世界互联网大会致贺信》，《人民日报》2019 年 10 月 21 日。

② ［美］理查德 · A. 斯皮内诺，刘钢译：《世纪道德：信息技术的伦理方面》，中央编译出版社 1999 年版，第 2 页。

伦理道德关系也在发生变化。因此，网络时代需要构建网络空间道德体系。网络空间道德建设的主体、路径、方法既得到了技术系统的创新支持，也遇到了亟待应对和化解的问题与挑战。为此，要本着对社会负责、对人民负责的态度，依法加强网络空间治理，加强网络内容建设，做强网上正面宣传，培育积极健康、向上向善的网络文化，用社会主义核心价值观和人类优秀文明成果滋养人心、滋养社会，做到正能量充沛、主旋律高昂，为广大网民特别是青少年营造一个风清气正的网络空间。[①]这为新时代网络空间道德建设指明了方向。

（一）网络时代亟需加强网络空间道德建设

网络不仅成为人们生活生产的重要工具，也已经成为人们生活中的迫切需求。网络为我们的生活带来便捷服务，我们对这种便捷服务的依赖性也越来越强，我们的生活越来越离不开网络。2019 年 8 月 30 日，中国互联网络信息中心（CNNIC）发布《第 44 次中国互联网络发展状况统计报告》(以下简称“《报告》”)。《报告》显示，截至 2019 年 6 月，我国网民规模达 8.54 亿，互联网普及率达 61.2%，手机网民规模达 8.47 亿。[②]我们必须以坚定的文化自信和创造性的文化态度更好地肩负起网络空间道德建设的历史重任，引领网络空间道德建设，建立全社会的精神基础，推进网络社会与社会主义现代化建设的良性互动。

第一，网络社会的健康发展，除了具有高新技术形态特征以外，还有待建立与之相适应新伦理、新制度、新文明、新道德。技术总

① 《习近平谈治国理政》第二卷，外文出版社 2017 年版，第 337 页。

② 中共中央网络安全和信息化委员会办公室、中华人民共和国国家互联网信息办公室、中国互联网络信息中心:《第 44 次中国互联网络发展状况统计报告》，第 1 页。

有其局限性，技术发明并不总是与道德伦理、社会、文化以及职业进步的发展同步。“技术变成自律的，它制造出一个无所不能的世界，具有自身规律，拒斥一切传统。”① 只有建立起一种与网络社会化发展趋势相适应的网络精神文明与网络空间道德，才能为物质文明和制度文明的新发展而确立其巩固和发展的必要条件，才能体现出社会主义精神文明能够随着科技发展和时代进步而具有与时俱进的先进品质，才能真正构筑中国精神、中国价值、中国力量。

面对网络的迅猛发展，作为“不断提升公民道德素质，促进人的全面发展，培养和造就担当民族复兴大任的时代新人”的基础性工程的新时代公民道德建设，必须主动适应时代的发展，跟上时代发展的潮流，充分利用互联网，积极创新，引领网络空间道德建设，创造一种良好的网络生态环境，使网络更好地服务于全社会、全人类，同时，在网络社会化进程中要以计算机技术、通信技术和网络技术的融合为物质基础，引导、促进与社会主义相适应的思维方式、认知模式、价值观念、民族性格、道德观念等精神成果的塑造。

第二，网络空间是不同的社会意识形态和思想文化进行交锋与竞争的重要场所和重要渠道。习近平总书记指出，“网络空间是人类共同的活动空间，网络空间前途命运应由世界各国共同掌握。”② 但是，网络在技术层面上具有开放性和全球化的特征，决定了以之为基础而形成的网络社会，必然是一种开放性和全球化的虚拟社会系统。网络社会系统的出现，不仅为不同的社会意识形态和思想文化扩展自己的空间和影响提供了便利，而且为不同的社会意识形态和

① ［荷］E. 舒尔曼，李小兵等译：《科技文明和人类未来》，东方出版社 1997 年版，第 121 页。
② 《习近平谈治国理政》第二卷，外文出版社 2017 年版，第 534 页。

思想文化形式特别是西方发达国家利用网络为工具和渠道对不同的社会意识形态和思想文化形式展开竞争乃至攻击提供了便利。以美国为首的西方国家凭借经济科技的强势、网络基础设施和技术优势，在互联网上按照其国家利益和意识形态需要制定游戏规则，发动一场抢占信息空间和争夺信息资源的“信息战争”，企图通过“信息殖民”控制发展中国家的政治、经济、文化命脉：一方面大量传播西方的思想文化、意识形态和价值观念，冲击民族文化，企图使世界开始共享一个“基于西方大众文化的共同的大众文化”，这种被人们称为世界文化“托拉斯化”的现象在网络文化中更加凸显，西方文化大有席卷全球之势；另一方面大量散播对中国特色社会主义和中国政府的攻击言论，恶意炒作由国内外敌对势力蓄意制造的事件并散布谣言，煽风点火，支持不法分子利用网络作为其与党和政府进行对抗的工具和渠道。

我们必须从中华民族的总体利益出发，从中国特色社会主义事业的大局出发，顺应时代发展的历史潮流，以海纳百川的宽阔胸襟、以宏观的历史视野和创造性态度，在战略高度上提高网络空间道德建设重要性的认识，占领与开拓网络空间阵地，创造与引领网络空间道德建设，才能为中国特色社会主义事业确立起强大的网络社会基础和网上竞争优势，才能探索出一条实现中华民族伟大复兴的中国梦的文明大国之路，才能真正推动中国精神、中国价值、中国文化的传播。

第三，随着整个社会网络化程度的不断加深，现实社会和网络虚拟社会已经成为一片，通过网络组建的公共领域越来越多，网络上形成的公共利益也越来越多，网络将所有人联系到一起，组成一个网络共同体。网络共同体需要每个人自觉遵守网络道德规范，共同维护网络的健康良性发展。要引导网络共同体走向一种合理有序的发展境界，形成一个能够保证全人类可持续发展的网络“生态格局”，培育全体网民都能养成遂生乐业并发扬其人生价值的网络“心态秩序”，有赖于一种有效的网络空间道德建设的展开。

（二）网络空间道德建设的机遇

第一，互联网催生了公民道德建设主体和载体的多元创新。伴随移动互联网信息技术的普及，公民道德建设主体和载体变得比以往任何时候都更加多元化。网络的文化理念和思维方式，使公民道德建设主体趋于多元协同，在传统的国家、社会、公民三维主体基础上融入了诸如依托互联网技术、以虚拟人格参与互动的虚拟道德社区等非政府组织。参与主体的多元协同，不仅拓展了公民道德建设的内涵与外延，也为公民道德建设引入了新的功能与社会活力。公民的网络参与意识增强。网络的文化理念和思维方式，促进了公民道德建设载体的多元创新。微博、微信等社交平台成为第一时间向大众发布重大事件特别是突发事件现场信息的第一载体，从而塑造了“人人皆可发声”“人人皆是焦点”的话语格局。丰富的资源和多样化的呈现形式给了公民很大的自由选择权，公民可以在网上根据自己的喜欢和爱好去选择自己感兴趣的信息和资源。网络激发了公民参与网络的热情，提高了公民参与网络的主动积极性。

第二，公民道德建设更加开放、迅速。信息网络是开放的媒体，没有国家和民族界限，不属于任何国家、任何民族和任何组织。网络带来信息量的增加、传播速度的加快和传播范围的拓展，使人类社会由封闭走向开放、由封建走向民主、由隔离走向融通。网络内容的丰富性、功能的多样性、形式的可欣赏性与人机的互动性相结合，可以极大地调动和满足网上主体了解世界、追求真知、增强技能、渴望沟通等多方面、多层次的精神需求。任何一条网络信息都有可能迅速波及全球各地，任何一个网络上传播的“观点”都可能被网民所吸收。这加速了各种思想文化的相互交流、渗透、吸收和融合，促使各种思想文化在广泛传播中得到发展。我们可以学习和吸收世界各国优秀的思想文化成果，将中华民族悠久博大的文化传统与现代化的网络技术相结合，丰富、发展、提升社会主义的思想文化，创造出民族的、科学的、大众的社会主义新文化，可以利用网络主动向外传播信息，主动参与文化交流，扩大中国文化的世界影响，实现民族文化的现代化、全球化。

第三，互联网提升了公民道德建设的价值有效性。[①]互联网时代的文化理念、思维方式及其价值取向则为破解公民道德建设难题提供了新的技术支持系统。互联网的大数据、云计算功能以极其便捷的技术手段，将人们的失信、冷漠、闯红灯等不善行为纳入一个虚拟却又真实的网络存储空间，有效储存、建构、共享着人们的“道德档案”。互联网所建构出的虚拟数字化空间，“不仅为当代人类提供了一种先进的信息传输手段和开放式的信息交往平台，而且也提供了一种独特的社会文化生活空间。网络既体现为一整套信息技术和技术规则的集合体，也体现为一种社会文化建构的产物”[②]。

（三）网络空间道德建设面临的挑战

网络革命正以全新的信息流代替着传统的物流、人流和资金流，霸气十足地横扫道德空间，给道德体系带来全方位、多层次、宽领域的强烈震荡。传统的规范和秩序并不完全适用网络社会，而新的网络社会规范和秩序尚未完整地确立。网络改变了人们对于时间与

① 李兰芬：《“互联网 +”时代的公民道德建设》，《社会主义核心价值观研究》2016 年第 1 期。

② 冯鹏志：《数字化的泡沫：网络社会张力及其表现形式》，《天津社会科学》2000 年第 3 期。

空间的感受，拓宽了人们交往的领域，减少了人际面对面的接触，人们也就变得更为独立自由；在这样一种“流动的空间、压缩的时间”里，时间节奏突然加快，人们获得空前的独立感与自由感，人际交往日趋抽象化、虚拟化、多元化；信息传播的速度与方式日新月异，尤其是个人向外界传播信息的成本已经大大降低，甚至可以说“人人都有话语权”，这在极大地提升了生产力、文化创造力和传播力的潜能的同时，也极大地改变了传统意义的基于血缘、地缘、业缘关系建立起来的相互关系，传统的价值观念、伦理道德规范受到挑战，传统的道德行为和道德生活方式发生改变，新的道德行为规范与行为模式逐渐形成，不同伦理道德和价值观念之间冲突的可能性增大。

第一，信息化带来道德体系震荡。信息化深刻地改变了我们，在人们获得独立、自由感、“话语权”的同时，“它也削弱了人们对于权威、权力的敬畏感和人际关系纽带，个人责任感和义务感日益淡薄”；网络所提供的多元化以及“去中心化”发展，“理论上给予每名社会成员以充分发展的机会，但是多元化一旦与各种极端怀疑论、虚无论结合，便形成各种各样的相对主义，从而会瓦解人类共同的标准，使人们失去判断真假、善恶、美丑的标准”。任其发展下去，就会侵蚀整个社会的共识，甚至进一步瓦解整个社会的道德体系，进而瓦解人类社会。正如曼纽尔·卡斯特（Manuel Castells）所说的，随着责任感与义务感的日渐淡薄，人际关系纽带日益松动，人际交往日趋抽象化、化约化，这给人们带来失去控制的焦虑和无力感。人们迫切地需要找到一种凝聚的力量，来对抗“网络繁华背后的荒凉”——信息时代所产生的高度风险、抽象化趋势。

第二，信息泡沫化带来的道德失范。在利益的驱动下，“网络黑社会”绑架网络甚至控制舆论、左右司法，网络诈骗肆无忌惮，网民隐私与信息无处安放，甚至遭到故意泄露和贩卖等等。在“信息自由”的口号下，再加之缺乏有效的网络监控运行系统，冗余信息、污秽信息、盗版信息、虚假信息、失真信息、过时信息和错误信息都可借助网络而广为流传，“丰饶中的纵欲无度”而形成的道德败坏、精神空虚、享乐主义、拜金主义等腐朽生活方式和价值观念的信息大量地涌入，色情、暴力、种族主义宣传、宗教仇恨、法西斯思想、民族仇视、侮辱性言论等文化垃圾倾销，网上贩毒、赌博泛滥，其种类和数量触目惊心且愈演愈烈。从信息资源贫乏迅速地转变为信息资源泛滥，大量无价值的信息垃圾，不但掩盖有用信息，使其难以寻找，影响决策效率，而且占用信息空间，污染信息环境，蚕食着意志薄弱、信念混乱的人们特别是缺乏是非判断能力的青少年的心灵，使其人生观、价值观、道德观发生扭曲和错位，成为严重危害人们身心健康的公害，最终导致部分人逐渐走向堕落、犯罪的道路，造成社会秩序不稳定，将给国家的经济、政治、文化及人民日常生活等方面带来严重后果。

第三，人文精神萎缩带来的社会责任感缺失。互联网的时代张力在于用网络信息技术手段让人们更加注重与珍惜自己的道德资产。互联网技术的时代意义在于它是社会信息传播、公共精神弘扬的加速器和放大器，同样，它的最大风险也在于将因为公共精神的缺失、社会信息的误传而成为破坏性的加速器和放大器。网上科技意识的过度扩张，民族虚无主义、反传统主义和后现代主义的审美情趣以及西化倾向过度弥漫，会消解人们特别是青少年关于民族、传统、艺术、伦理的意识。网民们在虚拟情景中体验虚拟情感，沉醉于虚拟满足，形成“感觉主义”，利用虚拟的人机交往代替人际交往，以屏幕为界面回避直接面对矛盾，造成疏离近距离沟通，忽视近在咫尺的亲情和友情，不关心现实世界，造成“孤独的个体”，长此以往导致人际关系冷漠，形成“科技的封闭”，难以适应社会。青少年社会化的终级追求应该是青少年体能心智、道德品质和科技素质和谐而全面的发展。网络时代科技决定论思想膨胀，人文精神萎缩，将可能只把科技作为社会进步、人的发展的唯一尺度，不知历史、不懂传统、不讲政治理想和道德。

网络活动的开放性和隐匿性，为道德相对主义提供了温床，容易导致道德上的怀疑主义、虚无主义和个人主义。在网络上，道德对个人的约束越来越依赖于内心的道德信念，外在的社会舆论和传统习惯的制约越来越少，传统道德规范的运行受到干扰和阻滞，传统道德规范运行模式在网络社会并不完全适用，真实世界的道德规范难以规范其行为，从而引发了大量的失范行为，为众多恶行提供了新的场所。人们无法或来不及辨别接触信息的真伪、善恶，更难以形成理性、客观、独立的价值判断与价值观，更多的是人云亦云。关于“雷锋的真实性”“黄继光烈士的真实性”等网舆责疑均缘于此。这种道德虚无主义不仅是对榜样的质疑与否定，更是对传统的颠覆、冲突与替代，严重侵蚀着整个社会的道德规范。

二、内化于心、外化于行：传播、践行网络空间道德

从根本上说，网络空间道德建设就是公民道德内化于心、外化于行的过程。习近平总书记指出，要加强网上正面宣传，旗帜鲜明坚持正确政治方向、舆论导向、价值取向，用新时代中国特色社会主义思想和党的十九大精神团结、凝聚亿万网民，深入开展理想信念教育，深化新时代中国特色社会主义和中国梦宣传教育，积极培育和践行社会主义核心价值观，推进网上宣传理念、内容、形式、方法、手段等创新，把握好时度效，构建网上网下同心圆，更好凝

聚社会共识，巩固全党全国人民团结奋斗的共同思想基础。①

网络信息内容广泛影响着人们的思想观念和道德行为。西方发达国家是网络的发源地和发达地，在网络道德规范建设上先行一步。对于西方网络道德规范可以而且应该有批判地借鉴吸收。我国曾先后出台了一系列关于互联网的规章。比如，1999 年 4 月，新华社、人民日报等 23 家网络媒体主要出于保护网上知识产权宗旨，通过了《中国新闻界网络媒体公约》。2000 年 4 月成立的国际商会中国国家委员会 (ICC CHINA) 电子商务委员会，是我国电子商务领域第一个由商界组成的兼有自律和促进职能的机构。2001 年 11 月 23 日，团中央、教育部、文化部、中国青少年网络协会等单位联合推出了《全国青少年网络文明公约》。2001 年中国人民大学学生发出倡议书《遵守公约，文明上网，营造健康的网络道德环境》。2004 年，我国出台了《中国互联网行业自律公约》等等。现在,《新时代公民道德建设纲要》对网络空间道德建设提出了明确的要求与展望。

网络虽然是虚拟的，但参与网络生活的人却是现实的。具体而言，网络空间道德建设就是要加强网络内容建设，发展积极向上的网络文化，正确引导、有效引导，明辨是非、分清善恶，形成健康文明科学的网络道德规范，占领网络这个思想宣传阵地；要培养文明自律网络行为，通过积极地开展各种健康的网络活动，倡导文明建网、文明上网、文明治网，创造一种全新的网络生活方式，培养有正义感、责任感、上进心的合格网民，培育文明的网络风气，防止网络沉迷和网络成瘾，自觉维护良好的网络秩序；丰富网上道德实践，积极培育和引导互联网公益力量，壮大网络公益队伍，形成线上线下踊跃参与公益事业的生动局面；营造良好的网络道德环境，

---

① 《敏锐抓住信息化发展历史机遇　自主创新推进网络强国建设》,《人民日报》2018 年 4 月 22 日。

建立完善新技术新应用道德评估制度，维护网络道德秩序，促进网络空间日益清朗，同时，建设和发现一批优秀的中文网站，使之成为网络文明建设的主体，引导和规范中国网站建设，大力促进中国网络事业的发展。

（一）“治网”：加强网络内容建设

面对一系列的网络道德问题，发展积极健康的网络文化，营造风清气正的网络环境刻不容缓。要唱响网上思想文化主旋律，大力弘扬中华优秀传统文化，进而营造积极向上的网络舆论氛围。要加强网站内容建设，应该融入马克思主义指导思想和习近平新时代中国特色社会主义思想等，并通过群众喜闻乐见的方式和语言传递出来，引导公众树立正确的价值取向，坚定政治方向，提高辨别信息真假的能力，减少网络道德问题的发生概率。要以社会主义核心价值观为指导，进一步提升网络公共服务水平，提供满足人们多样化精神文化需求的产品，用优秀、健康的精神产品充实网络空间。要深入开展文明网站建设，大力扶植教育、文化艺术网站发展，实行网站评议制度，剔除不传播或传播少量正能量内容的网站，积极培育文明理性的网络环境，推动互联网传播社会主义先进文化。通过加强网络内容建设，切实把互联网建设成共建共享、健康有序、积极向上的美好精神家园。

第一，深入实施网络内容建设工程，以正确舆论引导人。弘扬主旋律，激发正能量，让科学理论、正确舆论、优秀文化充盈网络空间。网络在当今时代已经成为信息传播的主渠道，尤其是随着移动互联网的兴起，“人人都是自媒体”时代的到来，必须加强网络内容建设，以主流意识形态占领网络阵地，以科学理论、正确舆论、优秀文化引导网络空间的发展。互联网必须担当起引导公民道德建设的责任，坚决支持和鼓励积极健康的力量，让积极健康的网络空间道德获得更多的资源和更大的话语权。不能让主流意识形态在众声喧哗的互联网中孤立无援，不能让正在构建中的公民道德体系淹没在一片牢骚、抱怨之中。

传播媒体作为党和人民的舆论“喉舌”，必须顺应历史发展潮流，服务于全党全国工作大局，及时反映群众的呼声、要求和愿望，肩负正确反映公共舆论和引导舆论导向的神圣职责。网络媒体在发布消息时必须恪守媒体良知，不能只考虑媒体自身的兴趣、爱好、自身利益，要主动肩负起民族发展、国家繁荣、社会进步的重任。要从党的建设、国家发展和社会稳定这样的高度认识网络舆论引导工作的重要性，与时俱进、开拓创新、因势利导，坚持正确的政治立场，立足正确舆论导向的出发点，研究、分析和预测网络媒体的重大影响与发展趋势，并提出必要的应对之策，提高网络舆论的引导艺术。

第二，发展积极向上的网络文化，以优秀的作品鼓舞人。抓住机遇，占领网络思想舆论阵地，关系到打破西方的网络舆论垄断、挫败国际敌对势力的网络宣传攻势和网络思想文化渗透，关系到国家的长治久安、全民思想道德和科学文化素质的提高。必须用积极健康的思想文化占领网络阵地，探索加强和改进宣传工作的新手段、新方法、新途径和新机制，积极主动地认识网络、驾驭网络、运用网络，坚决突破传统观念的束缚，以创新促发展、促巩固、促提高，牢牢掌握宣传思想工作和网络舆论的主动权和领导权，进一步增强宣传思想工作的吸引力、感染力、战斗力、凝聚力和影响力。

网络资源丰富，公民可以根据自己的喜好，自由选择自己感兴趣的内容。必须引导互联网企业和网民创作、生产、传播格调健康的网络文学、网络音乐、网络电影、网络剧、网络音视频、网络动漫、网络游戏等。自媒体经过微信、微小说、微电影、微公益、直播的发展逐步成熟。自媒体在潜移默化中不断影响和改变着人们的思维方式。培育一批精品自媒体文化成果，将社会主义核心价值观寓于自媒体之中，让社会主义核心价值观融入到大众乐于接受、喜闻乐见的文化形式之中。

第三，加强网上热点话题的正确引导、有效引导，明辨是非、分清善恶，让正确的道德取向成为网络空间的主流。必须以高度的政治责任感和强烈的时代紧迫感，树立网络宣传观念，增强网络宣传意识，充分利用网络技术优势，更多更强地在网络上发出主流意识形态的声音，切实掌握网络宣传思想工作的主动权。有些网络新闻媒体发布消息时总是将明星、富豪、精英和所谓的成功人士作为新闻报道和关注的重点，把所谓八卦、花边新闻作为关注重点，久而久之，这样就会容易形成社会是精英社会的错误观念，从而影响网络空间道德建设。

要采取必要的防范措施来堵住网络上的“电子鸦片”，保证网络精神生产的健康发展、自由竞争和优胜劣汰。大力发展网络先进文化，支持网络健康有益文化，努力改造网络落后文化，坚决抵制网络腐朽文化。对网络中背离社会主义道德的错误言行、丑恶现象、消极现象进行揭露和批判，多方面宣传正能量的新闻报道，弘扬正气，宣传社会积极正能量。在对网络精神文化消费者实施正面引导的同时，要治理网络精神文化消费市场，与不健康的消费心理和不文明的消费习惯作斗争，尽力清除网络道德失范的社会土壤，自觉抵制网络文化垃圾对精神文化园地的侵蚀，培植网络精神文化健康消费的社会基础。要加快中文网站的建设，扩充网上的中文信息资源，推进互联网的汉化工作，对已进入互联网的主流媒体进行技术分析和配备先进电子设备，防范西方殖民文化侵略，用社会主义主流意识占领网络文化阵地，遏制西方在网络空间的价值观、道德观渗透，遏制消费主义、纵欲主义等，加快推进公民道德建设。

第四，加强互联网管理，营造良好的网络道德环境。正能量是总要求，管得住是硬道理，用得好是真本事。必须加快网络文化领域的立法工作，完善社会调控机制，运用法律手段来维护网民合法权益，必须对提供有害的精神产品的行为实施坚决打击、依法严惩，促使网络文化市场健康繁荣发展，营造良好的网络道德建设环境。一是严格依法管网治网，加强互联网领域立法执法，强化网络综合治理，加强网络社交平台、各类公众账号等管理，重视个人信息安全，建立完善的新技术新应用道德评估制度，维护网络道德秩序。二是开展网络治理专项行动，加大对网上突出问题的整治力度，清理网络欺诈、造谣、诽谤、谩骂、歧视、色情、低俗等内容，反对网络暴力行为，依法惩治网络违法犯罪，促进网络空间日益清朗。

（二）“治人”：培养文明自律网络行为

第一，建立和完善网络行为规范，明确网络是非观念，培育符合互联网发展规律、体现社会主义精神文明建设要求的网络伦理、网络道德。建立健全网络道德教育体系，增加网络道德教育内容，创新网络道德教育方法，推动网络道德教育制度化、规范化、常态化。普及网络法律知识和有关规定，养成网络法规意识，以法律的强制约束力去引导监督规范公民的网络行为，提高网民网络道德素养，使网络行为主体自觉地遵守网络法规或有关规定，文明上网、依法上网，自觉抵制违背网络法规的行为，养成良好的上网习惯。

网络道德教育的重点是增强青少年道德自律，引导青少年依靠内心自觉和高度的道德自律正确利用网络。传统社会中以服从为主的道德范式在网络社会中已部分失效，只有上升到道德习惯和道德信念层次上的自律性道德，才能有效规范个体的网络行为，使青少年通过慎独和自身修养教育，提高其道德素质，自觉抵制网络中低级庸俗的价值观，在网络实践中自觉杜绝抄袭、散布虚假有害信息等行为。

加强学生的网络道德教育。一是要让网络道德教育走进教材，走进课堂。学校应该加强对网络道德教育的重视程度，针对学生的互联网道德教育开设专门的教授课程。西方一些国家已经将网络道德教育课程作为必修课，但是这种情况在我国却很少见到。思想政治理论课是青少年思想理论教育的主要渠道和主要阵地，在继续发挥思想政治理论课道德教育主渠道作用的同时，可以开设专门的网络道德教育课程。我国很多学校也开设了网络与计算机课程，但仅仅传授技术知识，忽略了网络道德问题。技术传授与道德教育相结合是国外网络道德教育的经验，我国要以开设网络道德课程为渠道，将其融入德育教学内容之中，帮助青少年培养和形成良好的网络道德思维、观念。当然，家长应该积极配合，给予青少年上网行为更多的积极引导。二是要以引导学生将网络道德观念内化为道德自觉为主，结合人格养成规律，运用情感教育、实践教育等方法开展网络道德教育。可以积极开展网络道德实践活动，组织网上读书、道德讨论，举办网络道德方面的演讲赛、专题讲座、辩论会等活动，在教师指导下以青少年为主体创建校园网络道德教育网站、网络社区，让受教育者进行道德体验，通过青少年亲身体验网络活动中的道德要求和道德冲突，将网络道德规范内化为道德认知。三是要经常对学生进行抵制网上思想污染、色情污染、暴力污染的教育，加强他们辨别善恶、美丑、是非的教育，引导他们养成良好的上网习惯。

第二，倡导文明办网，推动互联网企业自觉履行主体责任、主动承担社会责任，依法依规经营，加强网络从业人员教育培训，坚决打击有害信息传播行为，依法规范管理传播渠道。一是推进网络媒体内部管理制度建设，规范信息发布流程，特别是要防止网络上假新闻的传播。要建立网络媒体的新闻信誉和社会效益评价标准，并制定奖惩措施，以此约束网络媒体端正立场，承担社会责任，发布真实新闻，抨击网络上的不良现象。要建立互联网服务商提供不良信息的记录制度，实行记录在案，加大监管，有效查处，引导互联网服务商提供文明、健康的服务。要定期组织对新闻媒体的培训活动，采取多种措施提高其媒介素养。二是作为网络媒体工作人员，始终要坚定地站在党性和党的政策的立场上，始终坚持维护人民利益，把握好正确的舆论方向。从理念、内容、体裁、方法、手段等方面着手，推动新闻舆论工作创新发展，努力推出有温度、有品质的新闻作品，推出有利于培育和践行社会主义核心价值观的作品，这有利于促进网上良好舆论氛围的形成。三是网络从业人员要树立正确的世界观、人生观和价值观。新闻引导社会舆论，作为新闻的报道者就要树立正确的世界观、人生观和价值观，那样公众的世界观、人生观和价值观也才能被正向引导。

政府部门要积极主动作为。政府相关部门要定期开展互联网治理专项行动，特别是对网上的不健康信息、不实信息要及时查处，积极主动辟谣，促进信息公开。要定期开展对网站经营者、互联网服务商的约谈活动，引导其坚持正确的互联网方向，改进自身工作，促进其提供更健康的互联网产品与服务。在日常的互联网管理中，政府部门可经常发布一些生活常识，普及科学知识，提高公众对不实信息的鉴别能力。政府部门应通过购买服务的方式，在网上建立网络道德教育的免费培训班，并且要培训一批专业的网络道德教育人才。

第三，倡导文明上网，广泛开展“争做中国好网民”活动，推进网民网络素养教育，引导广大网民尊德守法、文明互动、理性表达，远离不良网站，防止网络沉迷和网络成瘾，自觉维护良好的网络秩序。信息时代公民道德教育外部环境发生了重大改变，封闭的传统道德教育已挡不住网络社会的渗透和冲击，因此，要不断探索加强网络道德教育新方法。要根据不同群体的身心发展特点和知识水平，发放有针对性的网络道德教育手册；充分利用社区、街道的有限空间宣传道德精神，普及违背网络道德问题的标准，引发大众共鸣与认同感，使公民在网络上自觉规范自己的言行，不做违背道德法律的事情。同时，也可以通过组织一些规范汉语语言使用，抵制低俗用语的活动来增强大众的语言使用意识，鼓励大家在网络上文明发言。

（三）“治德”：丰富网上道德实践

网上信息资源取之于现实材料，源于现实生活，最终服务于现实生活，而相当一部分网络道德问题是现实社会中存在的问题在网络上的具体体现。因此，网络道德建设仍然离不开传统的道德教育，网络时代更要重视传统道德教育。不过，互联网为道德实践提供了新的空间、新的载体。为此，要发挥网络主体在网络空间道德建设中的作用，丰富网络道德实践。

第一，积极培育和引导互联网公益力量，壮大网络公益队伍，形成线上线下踊跃参与公益事业的生动局面。随着互联网的飞速发展，网络公益事业蓬勃兴起，并以迅猛的姿态强势进入到社会生活当中，为公益事业的发展注入蓬勃的动力。互联网凭借其快速传播性及延伸扩展无限的特性让公益辐射到更远的地方，影响和帮助了更多的人。微信、微博、博客、微信公众平台、论坛等都成为互联网传播的主要平台，丰富着互联网的传播形式。网上众筹、网上募捐等成为被广泛应用的公益手段，这一特性让爱心不受地域的限制，扩展到了更远的地方。互联网慈善更多依托于社交网络，传播速度和传播范围广，是传统慈善无法企及的。这也决定了传统慈善更适合应付大灾大难，而在“故事层出不穷”的时代里，传统慈善的反应速度往往会被社会误解为冷漠与不作为。互联网慈善的透明度比较高，从而可以调动和动员捐助者的积极性。互联网慈善的社交性，使捐助者能随时随地做到“随手公益”行动，捐赠额不会成为影响或妨害捐赠者生活水平的因素，有利于增进网民的社会自我实现感。我们可以利用互联网优势，构筑符合中国特色的大数据公益平台，将网民个体慈善、慈善组织、公募管理、慈善系统管理、公益活动支出等融会贯通，形成虚拟空间人人可以参与、可以监督，又和传统慈善对接的新型公益系统。

第二，加强网络公益宣传，引导人们随时、随地、随手做公益，推动形成关爱他人、奉献社会的风尚。拓展“互联网＋公益”“互联网＋慈善”模式，广泛开展形式多样的网络公益、网络慈善活动，激发全社会热心公益、参与慈善的热情。

互联网时代的文化理念、思维方式及其价值取向则为破解公民道德建设难题提供了新的技术支持系统。互联网的大数据、云计算功能以极其便捷的技术手段，将人们的失信、冷漠、闯红灯等不善行为纳入一个虚拟却又真实的网络存储空间，有效储存、建构、共享着人们的“道德档案”。不过，网络传播速度快，影响力大，一些不公平、不公正的事在网络中传播，就会掀起巨大的舆论影响。“好人得不到好报”，好心人救扶摔伤老人去医院，却被老人诬陷，反遭敲诈，这件事情在网络上被爆出后引起了强烈反响。随后，网络上也尽是报道关于好心人做好事却得不到好报的案例，以至于后来在人们的心中就形成“老人摔倒不能扶”“不能做好事”的印象。“好心送老人去医院反遭敲诈”只是生活中的个别案例，但是这件事情在网络中大肆传播，在公民心中就造成了赏罚错位的印象，致使后来发生多起老人摔倒无人救扶的事件，社会冷漠加剧。这就要求我们加强网络公益宣传，引导人们随时、随地、随手做公益，推动形成关爱他人、奉献社会的风尚；拓展“互联网＋公益”“互联网＋慈善”模式，广泛开展形式多样的网络公益、网络慈善活动，激发全社会热心公益、参与慈善的热情；加强网络公益规范化运行和管理，健全完善相关法规制度，促进网络公益健康有序发展。

社会信息化已经成为一种不可阻挡的时代潮流，在今后的发展过程中，互联网将成为助推社会的重要力量，同时互联网也会为公益事业注入更为强劲的力量，让整个社会充满崇德向善的正能量。

第 12 章

CHAPTER TWELVE

加强党的领导，
发挥制度保障作用

/ 习语 /

党政军民学，东西南北中，党是领导一切的。

——习近平

公民道德建设是中国特色社会主义现代化建设的重要内容，社会转型背景下的中国公民道德建设面临着许多挑战，也有着良好的发展条件和环境。公民道德建设需要公民个人自律和道德素养，也需要在党的领导下的法制和制度保障，以有效调动社会资源，充分发挥道德建设的激励、导向、教化等社会功能，汇聚推动社会道德建设的整体合力。中国共产党的领导是中国特色社会主义最本质的特征，是中国特色社会主义的最大优势，党的领导是党和人民事业成功的根本保证，公民道德建设必须依靠党的坚强、有力的领导。社会主义市场经济条件下的公民道德建设，必须不断完善法律和制度保障，在政府、社会、广大人民群众的共同努力下，建构起公民道德建设的法制和制度支撑，形成理想的制度道德环境，优化全体公民道德养成和道德遵守的社会氛围。

一、公民道德建设必须加强党的领导

中国共产党作为我国的执政党，是中国特色社会主义事业的领导核心，公民道德建设是党统揽全局、协调各方，科学制定和坚决执行党的路线方针政策的重要内容。新时代公民道德建设作为社会主义精神文明建设的有机组成部分，必须在党的统一领导下，确立公民道德建设的新目标、新要求、新追求，形成公民道德建设的新思路、新格局。公民道德建设需要广大党员干部的示范引领，党员干部要以身作则，积极正面引导人民群众加强思想道德建设，推进社会文明进步。每一个党员干部要坚持共产党人的价值观，发挥模范带头作用，每一个党支部要全面加强党的建设，发挥战斗堡垒作用，以模范带头作用积极推进新时代公民道德建设，推进中国特色社会主义文化建设。

（一）公民道德建设必须加强党的领导的原因

党的十八大以来，以习近平同志为核心的党中央高度重视社会主义精神文明建设特别是思想道德建设，将精神文明建设放在统筹推进“五位一体”总体布局，以及协调推进“四个全面”战略布局的重要位置加以谋划部署，更加注重以高尚的精神教育人、以优秀的文化鼓舞人、以丰润的道德滋养人，对表彰道德模范、开展学习宣传道德模范活动等提出明确要求，推动社会主义思想道德建设在新时代展现新气象、取得新成就，激励着广大人民群众弘扬真善美、汇聚正能量。当前，经济全球化深入发展，社会生活各领域发生深刻变革，人们思想多元多样多变的趋势日益明显，主流价值观和基本道德规范在一定程度上受到挑战，公民道德建设必须坚持和加强党的全面领导，公民道德建设离不开党的思想引领、实践引领、组织引领，坚持党和政府对公民道德建设的主导作用，才能顺利推进公民道德建设工程，从社会主义道德建设领域践行中国共产党为人民服务的根本宗旨。

1. 公民道德建设离不开党的思想引领

加强公民道德建设是一项系统、长期的重要工程，其中的决定性因素是党的倡导发起和思想引领。中华人民共和国成立以来，中国共产党十分重视道德规范建设，传承和创新中华优秀传统文化，发展社会主义先进文化，先后提出并确立爱祖国、爱人民、爱劳动、爱科学、爱社会主义的社会主义道德规范，爱国守法、明礼诚信、团结友善、勤俭自强、敬业奉献的基本道德规范，富强、民主、文明、和谐、自由、平等、公正、法治、爱国、敬业、诚信、友善的社会主义核心价值观，不断提升道德规范的地位，将此作为公民道德建设的指导思想，还提高到国家意识形态的主导思想，使道德规范的内涵根据国家建设总布局和经济社会发展目标不断更新完善。新时代中央相继出台建设公民道德、社会主义核心价值体系、建设文化强国等一系列重大思想道德建设的新方法、新措施。提出以德治国和依法治国相结合，以德治国与依法治国相互促进、相辅相成，成为中国共产党在新形势下推进国家治理体系和治理能力现代化的重要组成部分。党重视在公民道德建设中加强和改进思想政治工作，把先进性要求与广泛性要求结合起来，把解决思想问题与解决实际问题结合起来，理顺社会情绪、化解社会矛盾。公民道德建设正是在党的思想引领下不断深入、推向前进，公民道德建设已经成为影响社会风气、人们精神状态、社会文化软实力的重要力量，更是成为社会文明进步、促进人和社会现代化的巨大力量。党的坚强领导能够保证公民道德建设始终以马克思主义思想为指导，坚持社会主义发展方向，坚持为人民服务的价值追求。

2. 公民道德建设离不开党的实践引领

我们党对公民道德建设的实践引领通过党员干部的示范带动作用而实现。党员干部的道德状况是社会道德的标杆，他们的道德水准、作风如何，对党风政风乃至整个社会风气具有重要的影响，党员干部的道德行为和风貌直接对社会大众起示范效应和导向功能，影响民德、民风，党的政德建设在公民道德建设中具有重要的引领作用。习近平总书记要求党员干部特别是领导干部务必把加强道德修养作为十分重要的人生必修课，要求抓好道德建设，教育引导广大党员干部模范践行社会主义荣辱观，树立良好道德风尚，争做社会主义道德的示范者、诚信风尚的引领者、公平正义的维护者，始终保持共产党人的高尚品格和廉洁操守。强调选用干部要坚持德才兼备、以德为先、公道正派。他还强调，党员干部都能做社会主义道德的示范者、诚信风尚的引领者、公平正义的维护者，我国公民整体道德状况一定会有很大的改观，我们党的事业也始终会拥有坚实的群众基础。党员领导干部自觉加强道德修养，加强修身立德，追求高尚情操，永葆党的纯洁性和先进性，就能在道德建设方面为全社会做出表率，带头倡导和弘扬社会主义核心价值观，用自身的模范行为和高尚人格感召群众、带动群众，使人们在生活中对道德认知有实在的参照，形成心目中的标杆和追求目标，认识到自身的不足，督促自己完善道德品质，党员干部成为公民道德建设的示范者和引领者。因此，要加强党员干部的思想道德建设，提高党员干部的党性修养和道德修养，增强党员干部为人民服务的宗旨意识，提高为人民服务的实际本领，坚定政治方向和理想信念，坚守共产党人的精神追求。

3. 公民道德建设离不开党的组织引领

我们党能够适应新形势、新矛盾，基于新时代公民道德建设的特点和规律，在内容、方式、机制等方面改进和创新，通过思想教育、媒体宣传、制度创新等方式大力倡导先进道德观念，作出科学部署，安排实施具体可行的方法方案。通过理论指导、宣传引导、实践养成、示范带动相结合，推进公民道德建设健康发展，激发人们形成善良的道德意愿和道德情感，培育正确的道德判断和道德责任，提升公民道德素质和社会文明程度。领导组织开展群众性精神文明创建活动，不断拓展工作思路，丰富创建内涵，增强创建效果，适应时代和实践发展的新要求。各级党委和政府不仅要发展经济，创造更多社会财富，改善社会民生，还要教育引导民众，倡导良好的社会风气和高尚的道德风尚，完善社会治理，避免片面注重抓经济发展、追求物质利益，而放松精神文明建设和思想道德建设的不良倾向。制定出台政策时既要注重经济社会发展的需要，更要体现社会主义道德建设的要求，符合社会主义核心价值观的要求。要坚持正确导向，在全社会营造积极健康的思想舆论氛围，通过坚持不懈的道德建设满足人民对社会美德、和谐人际关系的向往，满足人民在向上向善的道德实践中享受真善美的社会生活。要通过加快推进自身改革、加强思想道德建设、构建更加公正的制度环境，更加充分地体现社会主义社会的公平正义，增强民众获得感。

（二）公民道德建设坚持加强党的领导的主要途径

推进公民道德建设必须坚持党的领导，各级党委和政府担负着组织实施公民道德建设的主要责任，从组织设置完善、方案制定实施、落实目标任务等方面全面履行职责，加强对公民道德建设的宣传引导，广泛组织开展公民道德实践活动，党员干部在公民道德建设中发挥表率带头作用。在党和政府的领导、推动下，有组织、有步骤、有秩序地推进公民道德建设，充分发挥广大民众道德建设的主体作用，使公民道德建设真正成为广大人民群众共同的事业、共同的追求，形成社会普遍的道德自觉，不断提升人民思想觉悟、道德水准、文明素养和全社会文明程度。

1. 各级党组织担负组织实施公民道德建设的主要责任

在推进公民道德建设进程中，各级党委担负主要责任，统筹抓好精神文明建设、公民道德建设各项工作。做好社会主义精神文明建设、公民道德建设工作，关键是要加强党的领导。各级党组织要切实承担起主体责任，把它纳入经济社会发展总体规划，作为各级领导班子和领导干部政绩考核的重要内容，为公民道德建设提供有力的组织领导保障。切实把公民道德建设纳入全面建成小康社会的指标体系，加强社会工作基础建设，形成鲜明的价值导向、工作导向和考核导向，制定切实可行的工作方案、工作计划。健全工作机制，把公民道德建设的成效作为硬指标，不断适应新时代要求及时调整考核、奖惩办法，推动道德建设走上规范化、制度化的轨道。加大经费投入力度，积极探索多渠道资金投入保障机制，鼓励支持社会力量奉献爱心。在组织保障方面，精神文明建设、公民道德建设工作领域宽、涉及部门多，各级党委和政府要加强统筹协调，“进一步完善党委统一领导、党政齐抓共管、文明委组织协调、有关部门各负其责、全社会积极参与的领导体制和工作机制。”[①]加强干部队伍建设，加强思想政治建设和作风建设，注重培养适应新时代要求的专业能力、专业精神，增强定力。全党扎实推进“不忘初心、牢记使命”主题教育，习近平总书记强调党员干部要加强党性锻炼和政治历练，不断提升政治境界、思想境界、道德境界。各级党组织以习近平新时代中国特色社会主义思想为指导，加强自身的思想道德建设，抓好整改落实工作，党员要做好自身思想道德建设。各级党组织要加强对党员各个方面的基本要求把控，时刻保持党员的纯洁性，牢记党的各项要求。

2. 党员干部在公民道德建设中发挥表率带头作用

习近平总书记指出，政德是整个社会道德建设的风向标。立政德，就要明大德、守公德、严私德。政德主体对社会道德建设具有榜样示范作用。党员干部处于党和国家政治生活的领导地位，其道德观代表和体现着社会主导价值观，党员干部的道德修养不仅仅是个人行为，更代表着党的形象。党员干部发挥着道德模范的示范作用，把道德要求通过表率、示范内化为人们的信念、行为和习惯。一是做思想政治的表率。党员干部要树立正确的思想意识和价值观，从思想意识上重视个人道德素养的提升，加强自身政治理论学习，增强“四个意识”、坚定“四个自信”，做到“两个维护”，以身作则发挥先锋模范作用，提高政治素质和思想道德水平，对党忠诚、对人民忠诚、对事业忠诚。二是做遵纪守法的表率。严格遵守宪法

① 《十九大以来重要文献选编》上册，中央文献出版社 2019 年版，第 106 页。

和法律，严守政治纪律和政治规矩，以高标准的思想道德准则，自觉严格要求自己，遵循各种约定俗成的道德观念，坚决抵制各种不良思想的侵袭，引导周围人民群众树立正确的世界观、人生观、价值观，坚守住党员干部的诚信和形象。培养高尚的情操，有良好的生活情趣，坚持自重、自尊、自爱、自励品德。做到讲党性、重品行、作表率，带动群众崇德向善。三是做高尚行为的表率。党员干部要身体力行，带头树立榜样，“弘扬科学精神，普及科学知识，开展移风易俗、弘扬时代新风行动，抵制腐朽落后文化侵蚀。”[①]带领群众一起弘扬新风新知，不断提升自身的道德修养，反对形式主义、官僚主义、享乐主义和奢靡之风，追求健康情趣的生活，始终保持廉洁自律。坚持走群众路线，密切联系群众，根据群众的所需所求全心全意为人民服务。用自己的高尚品德标示社会主导价值观念，影响带动社会风气向好的方向发展。

3. 加强对公民道德建设的宣传引导

习近平总书记强调，在现代化进程中，我们要引导人们注重修养品德、保持良知、增强爱心，给所有需要帮助的人提供关爱和帮助。各级党委要紧紧抓住舆论宣传阵地，强化引导意识，引领社会文明新风尚，各种融媒体要自觉弘扬社会主义核心价值体系、宣传社会正能量，用先进文化浸透和引领，把遵守道德规范的意识渗透到社会生活的各个层面和各个社会群体。要宣传公民道德建设的重要意义，通过宣传让大众逐步认识、理解公民道德建设的重要性，认同和自觉践行道德行为，让道德建设真正融入公民行为。围绕社会主义核心价值观宗旨，深入宣传遵纪守法、孝顺父母、勤劳节约、邻里友善，提升群众的道德修养，通过各种方式规范群众的言

---

① 习近平:《决胜全面建成小康社会　夺取新时代中国特色社会主义伟大胜利——在中国共产党第十九次全国代表大会上的报告》，人民出版社 2017 年版，第 43 页。

行，弘扬社会美德，践行社会文明；宣传新时代公民道德建设的主要内容，通过融媒体旗帜鲜明地昭示社会主导价值取向，导向清晰地向全社会表明提倡什么、反对什么，弘扬什么、批判什么，在全社会倡导和树立高尚的价值导向，形成人人尊崇道德楷模的良好社会风气，引领自我修养向高层次迈进。宣传科学理论、传播先进文化、塑造美好心灵、弘扬社会正气，激励人们积极向上，在全社会树立正确的是非观、善恶观、义利观。要使道德宣传教育经常化、大众化，把道德建设贯穿到整个国民教育体系，渗透到课堂教学、学校管理、课外活动等各个环节。报刊、广播、电视和互联网等大众传媒要把道德宣传教育作为重要任务，大力宣传体现时代精神的道德行为和高尚品质，为推进公民道德建设营造良好的文化氛围。改进公民道德建设宣传方式，运用各种有效方式和途径，贴近实际，结合广大群众的日常生活，采取群众喜闻乐见的表演形式，寓教于乐。通过大量的、细致的、长期的工作，抓好舆论阵地，强化舆论引导意识。同时，在宣传引导中强化党委领导权威和领导责任，加强引导、管理、监督，坚持社会主义意识形态主导权。

4. 广泛组织开展公民道德实践活动

党和政府要定期组织开展各项相关活动，树立社会新风尚，促进向上向善的文明新风吹遍社会的每个角落，激发群众心中向善的道德愿望，引导人们向往和追求讲道德、尊道德、守道德的现代文明生活。一是组织开展文明创建活动。积极推动创建文明城市、文明村镇、文明行业等活动，引导人们把道德原则、道德规范转化为道德实践。从一言一行做起，从一点一滴改起，从身边事开始，“吸引群众广泛参与，推动人们在为家庭谋幸福、为他人送温暖、为社会作贡献的过程中提高精神境界、培育文明风尚。”[①] 不断革除各种社会陋习，自觉追求文明健康科学的生活方式，养成良好的行为习惯，形成良好的意志品质和道德风尚。筑牢基层基础，扎实开展文明城市、文明村镇、文明单位、文明家庭、文明校园等群众性文明创建活动，改善城乡环境面貌和社会公共秩序。二是组织开展培育先进典型活动。运用道德模范的榜样力量，发挥典型示范作用，推出更多道德模范、时代楷模、最美人物、身边好人，让先进人物模范事迹传遍大江南北、千家万户，引领人们的思想行为，陶冶人们的情操，升华人们的道德境界，使见贤思齐的社会氛围更加浓厚。从 2007 年开始平均每两年举行一次的全国道德模范评选活动已经产生了良好的社会效应。全国道德模范体现了热爱祖国、奉献人民的家国情怀，自强不息、砥砺前行的奋斗精神，积极进取、崇德向善的高尚情操。大力宣传道德模范的先进事迹，积极学习道德模范的精神，广泛形成崇尚道德模范的社会氛围，使人人争做文明的践行者，凝聚成社会发展进步的巨大推动力。广泛开展“公民道德宣传日”主题活动，以贴近实际、贴近生活、贴近群众的方式展现良好的道德风范，奠定良好的思想道德基础，鼓励公民积极参与道德实践。开展道德领域突出问题专项教育和治理，紧紧抓住食品药品安全、社会服务、公共秩序等重点问题，把着力点放在解决人民群众日常的劳动、生活、交往过程中的道德问题上，着重解决诚信缺失、公德失范等道德领域的突出问题，把教育和治理工作做到每个单位、每个环节，踏踏实实，务求实效，在全社会形成知荣辱、讲正气的良好风尚。

① 《习近平谈治国理政》，外文出版社 2014 年版，第 165 页。

二、发挥制度保障作用

公民良好道德习惯的养成是一个长期、渐进的过程，公民道德建设既要由道德教育来引导，也离不开严明的法律及规章制度，通过制度安排把道德要求规范化、体系化。制度安排不仅能够优化道德效力发挥的外部环境，也能为道德实现提供制度保障。我国不断推进依法治国，重视法制对社会主义精神文明建设的保障作用。公民道德建设中的法制和制度保障在推进国家治理体系和治理能力现代化中，能够充分彰显中国特色社会主义制度的优越性，体现国家治理现代化的文明建构。

（一）公民道德建设必须发挥制度保障作用的原因

我国公民道德建设在取得显著成就的同时，也产生了一系列问题，导致这些问题的主要原因就是相关制度安排欠缺、法治建设滞后等，我国社会道德建设的制度建设具有现实性和紧迫性，所以，要通过合理的制度安排、完善的社会奖惩体系等加强公民道德建设，夯实制度基础，促进社会主流的道德观念内化为个人价值，推动公民不断认识道德规范、学习道德规范、实践道德规范、校正自己行为，帮助人们养成良好的道德观念，自觉遵守道德规范，树立正确的道德思想。可以说，公民道德建设必须发挥制度保障作用，是克服现代社会道德信仰危机、促进社会主义市场经济健康发展，形成现代社会良好道德秩序等方面的客观要求。

1. 克服现代社会道德信仰危机的客观要求

从总的方面看，我国社会主义精神文明建设呈现出积极健康向上的良好态势，公民道德建设迈出新的步伐。但是，随着改革开放和社会主义市场经济的不断发展，社会意识出现多样化态势，人们思想的独立性、选择性日益增强，各种道德问题，社会一些领域和一些地方出现道德失范现象，是非、善恶、美丑的界限出现混淆，拜金主义、享乐主义、极端个人主义有所滋长，见利忘义、损公肥私行为时有发生，不讲信用、欺骗欺诈成为社会公害，以权谋私、腐化堕落现象需要进一步打击。道德主体出现思想困境，造成道德信仰危机，人们开始怀疑、动摇既有道德信仰体系。完善道德建设和法制制度保障是克服道德信仰危机的重要方面。习近平总书记强调，要既讲法治又讲德治，重视发挥道德教化作用，把法律和道德的力量、法治和德治的功能紧密结合起来，把自律和他律紧密结合起来，引导全社会积极培育和践行社会主义核心价值观，树立良好道德风尚，防止封建腐朽道德文化沉渣泛起。这一论述着重强调了要完善相关制度机制，这对于人们养成良好的行为习惯和内在品性具有极为重要的作用。

2. 促进社会主义市场经济健康发展的客观要求

市场经济并非单纯是“物的经济”，也包含着制度、文化、道德、信用等因素在内。社会主义市场经济条件下的道德建设应当同国情相结合，实现“道德人”与“经济人”的有机统一，实现德治与法治的融合，才能促进经济发展。通过法治建设和制度建设，推进社会主义道德建设，对发展社会主义市场经济具有不可替代的价值导向和精神推动作用：规范市场经济行为，要求人们具备相应的思想观念和道德素质，遵循市场经济发展的基本道德规范，社会主体自觉承担相应的道德责任和义务。社会主义市场经济归根到底是服务于人民群众的经济，社会主义市场经济要通过制度创新和制度变革加强和改善道德建设。要继续倡导为人民服务的道德观，把为人民服务的思想贯穿于各种具体道德规范之中，运用法治思维和法治方式推进精神文明建设，提高全民族法治素养和道德素质，防止市场经济中见利忘义、投机取巧、私欲膨胀等不良行为损害消费者合法权益，破坏市场经济秩序，引导企业规范经营、诚实劳动，引导人们在市场活动中遵守契约、重信守诺，促进社会主义市场经济健康、有序发展。

3. 形成现代社会良好道德秩序的客观要求

形成良好的社会道德秩序需要人们道德自律性和他律性的统一。道德在本质上不仅是自律性的，更是他律性的，道德他律性要通过社会制度安排和规范约束来实现。公民道德建设不仅仅靠道德教育就能实现，它有赖于他律性的社会制度和规范的合理安排与供给。社会他律性的外在制度约束和规范是维持社会正义和社会道德秩序建构的基础，制度安排为社会制度体系建构提供必要的基本价值理念、社会道德资源支撑，成为个体追求道德自由的秩序保证。道德与制度共同塑造着社会主体的自由和秩序，确保社会发展的良性运行。将道德建设和制度安排统一整合起来，纳入一定的社会秩序之中，能够更好地在制度规则的运行中体现优良的传统美德，在道德自律、自觉和自由中升华制度的正义规则。公民社会培育是形成现代社会道德秩序的基础环节，而制度建设是培育公民社会的重要基础。我国公民社会正在快速成长、发展，制度化是极其必要的现实途径，制度公正使每个人的正当权利和义务能够得到保障。制度通过有效调节公民的善恶行为、公私行为和道德与幸福关系，提升公民道德水平和实现公民道德建设的目标。公民美德的培育与全民守法习惯的养成，都需要确定相应制度以规范权利与义务、自由与责任，优化全民守法的制度环境。制度规定明确个人权利价值取向，尊重公共利益和他人利益，引导公民不仅要追求个人利益，重视个人权利、价值的实现，也要认同、关注、发展公共利益，避免极端个人主义。

（二）公民道德建设发挥制度保障作用的主要途径

加强公民道德建设需要法律和制度保障，推动公民道德建设的制度机制创新，通过社会法制建设、管理制度建设、道德规范建设等途径，建构良好制度道德环境，筑牢公民道德建设保障防线。要把道德规范体现到法律法规的制定之中，通过法律法规和各项制度的严格执行，通过道德法律化强化道德的权威性与约束性，增强道德规范的约束功能、评价功能、激励功能、监督功能等，使外在的道德规范内化为人们的行为自觉，适应现代公民、社会、国家等公民道德建设多主体的关系，建构具有中国特色和时代特征的公民道德建设的价值导向、治理责任系统，推动整个社会道德水平的提高，同时推进实现国家治理体系和治理能力的现代化建设。在建立健全道德规章制度时，充分体现相关的道德规范和具体要求，把思想引导与利益调节、精神鼓励与物质奖励统一起来，加强督促检查，严格考核奖惩，保证各种规章制度、道德守则在实践中得到落实，为公民思想道德建设提供有效的制度保障。

1. 建立和完善道德教育制度

健全和完善日常道德教育制度，把道德教育融入学校教育、社区教育、职业教育、单位教育，完善学生守则、市民公约、行业规范、村规民约等，融入社会主义精神文明建设全过程，在社会生活的各个领域、各个环节传导主流价值观。通过引导、规范、制约、惩戒，引导社会成员增强道德认同，遵循道德规范，形成道德习惯，承担道德责任，营造健康向上的良好风尚。重点要加强青少年教育制度，完善学校教育，坚持以德为先，加强对青少年道德行为习惯的养成教育；重视家庭教育，高尚的道德品质要从小开始培育，家长要深入浅出地进行道德启蒙教育，通过言传身教使孩子从小就得到良好的教育，引导孩子分清是非、辨别善恶，树立正确的荣辱观；

完善社会教育，利用爱国主义教育基地和未成年人活动场所，积极开展喜闻乐见的道德教育活动，提高教育效果。

2. 建立和完善相关法律法规

习近平总书记强调，要把道德要求贯彻到法治建设中。以法治承载道德理念，道德才有可靠的制度支撑。充分认识道德法治化建设的重要性，依靠法制力量的强制引导和约束，构建完善的法制保障，借助于法治的强制力量推行社会道德规则，形成稳定良好的社会道德风尚。中国特色社会主义法律体系的制定和完善过程，要从国家、社会和公民的多元角度，体现价值诉求和法律宗旨，提升法律制度的科学性、系统性。特别是要发挥法治在解决道德领域突出问题中的作用，依法惩处严重突破道德底线的失信失德行为和社会丑恶现象，避免极端个别事件对社会公序良俗带来冲击。建立严格的法律和制度，把道德观念渗透到社会管理之中，把道德规范体现到法律法规的制定之中，并通过法律法规和各项制度的严格执行，使外在的道德规范内化为人们的行为自觉。对于社会不文明行为，应依法加强道德文明教育，督促公民道德自律，在道德自律无效的情况下应发挥法律强制力的作用，保障公民道德水平的提升。法律法规要树立鲜明的道德导向，弘扬美德义行，要把社会主义道德要求全方位地体现在立法、执法、司法等方面。立法方面，通过道德法制化增强公民道德建设的确定性，把实践中广泛认同、较为成熟、操作性强的道德要求及时上升为法律规范，加强相关立法工作，明确对失德行为的惩戒措施，以明确的法律法规鼓励和保护见义勇为行为，打击和惩处腐败、失信行为；执法方面，坚持弘扬真善美、打击假恶丑，通过严格执法增强公民道德建设的示范性，做到有法必依、执法必严、违法必究，真正体现法律权威性，将道德立法落到实处。相关行政部门要依法对各种不良行为给予批评教育和相应处罚。司法方面，充分发挥司法断案惩恶扬善的功能，通过公正司法体现公民道德建设的导向性，司法机关在案件审理的过程中要关注社会道德，注重司法对道德风气的引领作用，在司法中加入道德准则，以弘扬良好的道德风气。在法治实践中，要依法加强对群众反映强烈的失德行为的整治，建立相应的惩戒机制，促使人们趋善避恶，自觉养成良好的道德习惯。

3. 建立和完善社会保障制度

公民道德建设需要构建完善的社会保障制度。在现代社会，社会保障是经济社会平稳和有序运行的基本制度，对维护社会稳定、保证经济持续健康地发展有着极为重要的作用。社会保障和公民道德建设之间相互联系、相互影响，社会保障的良性发展，保障人们的基本生存和生活，获得基本的物质文化需求，有助于人们维护社会道德底线，激发人们追求高尚的道德理想。如果社会保障制度不完善、运行机制不合理，不能处理好社会群体之间的利益关系，导致部分社会成员的权益不能得到应有的维护，就会产生社会不公、民心不稳、道德失范等问题，给公民道德建设带来负面影响，甚至有可能使个体突破道德底线，做出违反道德的行为。因此，要努力完善社会保障制度，健全社会保障体系，促进公民个人道德内化，营造良好的外在环境，提升社会公德，提升社会道德水平。

4. 建立和完善道德信用制度

诚信问题已成为制约公民道德建设的重要问题，社会转型导致社会信用建设面临诸多新挑战，社会上存在着个别公民守信动力不足、守信奖励缺失，失信惩罚乏力，社会信用服务体系不够发达等现状。党的十八大报告指出要“深入开展道德领域突出问题专项教育和治理，加强政务诚信、商务诚信、社会诚信和司法公信建设。”[①]党的十九大报告提出要“推进诚信建设和志愿服务制度化，强化社会责任意识、规则意识、奉献意识”[②]。要将诚信问题作为公民道德建设的重要问题，构建社会诚信体系及约束机制。社会信用体系建设是公民道德建设的基础工程，要加快建立健全覆盖全社会的诚信体系，完善守信激励和失信惩戒机制，对突出的诚信缺失问题，既要抓紧建立覆盖全社会的征信系统，又要完善守法诚信褒奖机制和违法失信惩戒机制，使人不敢失信、不能失信。在生产经营领域加强诚信教育，强化企业信用意识，引导企业以诚信为本，打击、制止欺诈虚假、偷税漏税等违法行为，推进社会信用体系建设。在互联网、交通、邮递、电信、金融账户等领域全面推行实名制，对公民诚信行为做全方位记录、监督，对公民的信用度进行准确评估，让每个公民时刻感受到社会信用体系的监督和评判。对于公民和企业的严重失信行为，提高对失信行为发现的力度，提高失信行为被发现的概率，建立曝光与举报制度，使失信行为不仅受到全社会的舆论谴责，而且受到实际的社会惩罚，使失信者付出较大的失信成本，促使其养成诚信习惯。通过守信联合奖励机制引导公民自觉树立诚信观念，对有诚信优良记录和长期无失信记录的人给予奖励，降低信用优良者社会运行成本，让诚信者得到社会的认可和尊敬，使诚实守信成为公民的自觉行为规范。建立发现和举报失信激励机制，通过对发现失信行为的奖励，激励社会更多的人对失信行为的举报和揭发。政府部门要进行有效约束和监管，建设个人社会道德信用记录平台，对公民道德建设中的优劣行为进行记录，

---

① 胡锦涛：《坚定不移沿着中国特色社会主义道路前进　为全面建成小康社会而奋斗——在中国共产党第十八次全国代表大会上的报告》，人民出版社 2012 年版，第 32 页。

② 习近平：《决胜全面建成小康社会　夺取新时代中国特色社会主义伟大胜利——在中国共产党第十九次全国代表大会上的报告》，人民出版社 2017 年版，第 43 页。

并将此记录与公民个人发展、提供金融服务等结合，形成有效的约束机制。要运用媒体宣传、公益广告、典型示范、道德讲堂等多种形式开展诚信宣传教育，弘扬诚信文化的时代价值，形成人人守信用的良好社会氛围。

5. 建立和完善道德模范激励制度

激励道德建设中的先进模范，要用制度保证道德模范的社会地位，对遵守道德的行为进行奖励、表彰，制定让有德者有奔头、有地位、有益处的政策措施，倡导善行义举，激发出更多的社会正能量，引导群众转变思想观念、提升道德修养，让群众形成道德建设的自我推动力。改进道德楷模选树制度，立足社区、农村、企业、学校等基层单位，突出群众全面参与评选，着力推选群众身边看得见、摸得着、学得到的榜样。要完善道德模范表彰救助法规，礼遇帮扶道德模范，建立帮扶有困难的道德模范和身边好人的长效机制，从政策法规上关心关爱先进模范人物，将生活困难的道德模范、身边好人纳入挂钩帮扶和节日慰问对象，为全社会关爱好人、奉献爱心搭建平台，帮助他们解决工作、学习、生活中的困难，真正体现好人好报的价值导向。制定和实施激励党员干部起带头示范作用的制度机制，鼓励、奖励在道德建设中涌现出来的优秀共产党员，调动越来越多的党员的积极性，以先进觉悟身体力行，争当先进价值标杆，发挥先锋模范作用。过程中要发挥政府组织、相关政府部门的作用，把积极向上的社会力量、民间力量调动、组织起来，使公民道德建设和治理形成全社会齐抓共管、合力推进的良好态势。

公民道德建设永远在路上，我们有党的坚强领导，有中国特色社会主义制度的保障，公民道德建设必定会得到全面、健康发展。要以习近平新时代中国特色社会主义思想为指导，坚定道德建设信念，树立正确的价值观念，探索适合的发展道路，将公民道德建设与全面从严治党、全面依法治国、全面深化改革有机结合起来，进一步强化党的领导，保证社会主义道德建设的正确方向，强化制度保障，把社会主义核心价值观融入公民道德建设的各个方面。形成与社会主义市场经济体系相适应的道德体系，引导全体人民自觉践行，深入推进群众性精神文明创建活动，推进国家治理体系和治理能力现代化建设，为实现中华民族伟大复兴的中国梦凝聚起强大的精神力量和道德支撑。

后 记
AFTERWORD

经过反复讨论、研究、筛选与斟酌，这本小书终于呈现在我们面前。这是我们对新时代公民道德建设的研究与思考。

自 2001 年《公民道德建设实施纲要》印发以来，我国公民道德建设取得了长足的进步，公民道德建设研究也引起越来越多的关注，并形成了一大批优秀的学术成果。中国特色社会主义已经进入新时代，站在新的历史起点上，如何进一步推进公民道德建设？2019 年 10 月 27 日，党中央、国务院印发《新时代公民道德建设实施纲要》。《新时代公民道德建设实施纲要》提出了中国特色社会主义新时代公民道德建设的总体要求、基本目标和任务，对于我国公民道德建设具有战略性指导意义。

因此，我们一起努力，在已有学术成果的基础上推出这本小书。希望我们的研究能为新时代公民道德建设提供一些有益的参考。

这是研究小组通力合作、集体智慧的结晶。作者是来自高校、党校、社科院等研究机构从事公民道德建设的中青年学者。田芝健（第 5 章）、田海舰（第 6 章）、胡忆红（第 3 章）、杨建春（第 12

章）、林珊珊（第 9 章）、庞庆明（第 1 章）、朱昆（第 2 章）、安树彬（第 10 章）、张尔葭（第 7 章）、田雨晴（第 8 章）等同志参与了本书的撰写工作，他们付出了艰苦的努力。编写出版过程中，东方出版社的姚恋、李志刚等同志给予我们大力支持。成书之际，学界耆宿唐凯麟先生欣然为我们作序，并提出宝贵建议与勉励。在此一并表示衷心感谢。

不完美是自知的，从编书的初衷看最后的结果，很多地方离期待还很远。限于视野、学力、精力以及时间，匆忙间拿出此书，研究结论难免存在偏颇、出现纰漏，还望广大读者、同仁不吝批评指正。这样，期待的美好正离我们很近。

张治江

2019 年 11 月